货币政策调控与公司债务融资研究

Research on the Impacts of Monetary Policy on Debt Finance of Chinese Listed Companies

刘 飞◎著

中国经济出版社
CHINA ECONOMIC PUBLISHING HOUSE
·北 京·

图书在版编目（CIP）数据

货币政策调控与公司债务融资研究／刘飞著．--北京：中国经济出版社，2020.7
ISBN 978-7-5136-6235-2

Ⅰ．①货… Ⅱ．①刘… Ⅲ．①货币政策-影响-公司-债务-融资-中国 Ⅳ．①F822.0 ②F279.246

中国版本图书馆 CIP 数据核字（2020）第 121473 号

责任编辑　牛慧珍
责任印制　马小宾
封面设计　任燕飞

出版发行　中国经济出版社
印 刷 者　北京九州迅驰传媒文化有限公司
经 销 者　各地新华书店
开　　本　710mm×1000mm　1/16
印　　张　15
字　　数　220 千字
版　　次　2020 年 7 月第 1 版
印　　次　2020 年 7 月第 1 次
定　　价　68.00 元
广告经营许可证　京西工商广字第 8179 号

中国经济出版社 **网址** www.economyph.com **社址** 北京市东城区安定门外大街 58 号 **邮编** 100011
本版图书如存在印装质量问题，请与本社销售中心联系调换（联系电话：010-57512564）

本研究受教育部人文社会科学研究青年基金项目（14YJCZH094）和
河南省哲学社会科学规划项目（2019BJJ020）资助

前 言 PREFACE

在经历了 2008 年金融危机冲击之后，如何提高货币政策的有效性，已经成为货币当局亟须解决的问题。但由于中国经济正处于体制转型时期，市场运行机制还不够完善，不同类型结构的公司面临着不同的市场经营环境。当中央银行利用利率、法定存款准备金率以及其他货币政策工具实施统一的宏观调控时，不同类型结构的公司容易形成不同的货币政策反应，最终货币政策的效力可能会存在差异。此时，货币政策作为总量调控政策，就难以实现均衡、统一的调控，从而增加了中央银行政策调控的难度，降低了统一货币政策调控的准确性和有效性，削弱了调控的最终绩效，难以达到货币政策宏观调控的目标。基于以上分析，本书希望以中国现有的金融市场结构与成熟程度为背景，充分考虑中国货币政策的微观基础的特性，以上市公司的债务融资活动作为研究对象，研究中国货币政策对上市公司债务融资的影响问题。

在对相关的公司融资理论与货币政策传导理论进行梳理与总结的基础上，本书对中国的货币政策调控与企业融资状况进行了回顾与分析，然后基于上市公司的微观数据，对货币政策如何影响公司银行借款、商业信用以及公司债务结构的动态调整和融资方式的选择顺序进行了实证研究。除导论和结论外，本书共包括六章，每部分的主要内容如下：

第一章为货币政策影响公司融资的作用机制分析，将宏观的货币传导理论与微观的公司融资理论联系起来，构建货币政策调控下微观主体行为的理论基础，为本书的研究提供基本分析框架。

第二章为中国货币政策对企业融资影响的现实分析，首先对中国货币政策的操作和效果进行回顾与评价，回顾中国货币政策调控的基本工具、手段和特征。其次是中国货币政策影响上市公司融资的环境分析，讨论中国企业目前所面临的融资问题。

第三章为货币政策对上市公司银行借款的影响，首先利用中国非金融上市公司的财务数据，分析不同类型的货币政策工具对不同产权性质上市公司银行借款变动的影响及其差异；其次分析货币政策对上市公司银行借款期限结构与成本的影响；最后结合地区金融业竞争与政府干预差异等制度背景分析货币政策对上市公司银行借款的影响及差异。

第四章为货币政策对上市公司商业信用的影响，首先利用中国非金融上市公司的财务数据，分析货币政策对不同产权性质上市公司应付商业信用变动的影响及其差异；其次分析货币政策对上市公司应收商业信用的影响，讨论商业信用对货币政策效果的影响。

第五章为货币政策对上市公司债务结构动态调整的影响，利用中国非金融上市公司的财务数据，借鉴公司债务结构动态调整方法，分析货币政策对上市公司债务结构调整速度的影响，以及货币政策对上市公司债务结构偏离程度的影响。

第六章为货币政策对上市公司融资方式选择的影响，利用中国非金融上市公司的财务数据，首先研究货币政策对上市公司内部融资与外部融资方式选择的影响，其次研究货币政策对上市公司股权融资与债务融资等方式选择的影响。

本书的主要研究结论如下：

第一，货币政策对上市公司银行借款的影响具有显著的异质性特点。本书研究发现，货币政策对不同产权性质上市公司银行借款的影响是不同的。具体来说，非国有上市公司的短期银行借款在货币政策紧缩时会下降得更多，符合信贷配给的预期；而国有上市公司的长期银行借款在货币政策紧缩时会下降得更多，符合关系型融资的预期。总体来看，非国有上市公司在货币政策紧缩时期仍然会遭遇银行体系的信贷配给。货币政策紧缩时，非国有上市公司银行借款的成本会上升，而国有上市公司银行借款的成本会下降；同时上市公司会以长期借款替代短期借款，而这种效应在非国有上市公司中更明显。进一步的研究发现，货币政策在金融业竞争程度较低和政府干预程度较高的区域对公司的银行借款影响更大，同时，随着金融业竞争程度的提高和政府干预程度的降低，非国有上市公司短期借款在货币紧缩时所受信贷配给能够得到缓解。

第二，货币政策对非国有上市公司的商业信用具有重要影响。研究发现，在货币紧缩时期，相对于国有上市公司，易遭受信贷歧视的非国有上市公司的银行借款下降幅度更大，而非国有上市公司应付的商业信用上升的幅度更大，即商业信用在非国有上市公司中发挥着替代融资效应；但研究同时发现，无论在货币紧缩时期，还是在货币扩张时期，非国有上市公司都对外提供了更多的商业信用，这与传统的信贷再分配理论不一致，即国有上市公司并没有对外提供更多的信贷资源。

第三，货币政策紧缩能够显著影响上市公司债务结构的调整。本书研究发现，随着存款准备金率和贷款基准利率的提高，上市公司债务结构调整的速度会加快，其中负债过度公司与非国有上市公司在货币紧缩期债务结构的调整速度更快。研究还发现，存款准备金率和贷款基准利率提高，将增大公司实际债务结构的偏离程度，而这一效应在负债不足公司与非国有上市公司样本中更加明显。

第四，货币政策能够显著影响上市公司融资方式的选择。货币政策紧缩时，公司选择融资方式的顺序是内部融资→股权融资→债务融资；货币政策宽松时，公司选择融资方式的顺序是债务融资→股权融资→内部融资。在内部融资与外部融资的选择上，国有上市公司与负债不足公司对货币政策变化的反应更明显，而在债务融资与股权融资的选择上，非国有上市公司与负债不足公司对货币政策变化的反应更明显。

针对本书结论所提出的政策建议包括：

货币当局有必要对货币政策传导的微观基础加以关注，也需要针对微观主体的异质性区分不同的调控手段；而且货币当局不应仅仅关注对商业银行等正规金融机构的调控，也需要考虑诸如企业间商业信用、民间融资等非正规金融所起的作用，货币当局的操作力度有必要在非正规金融的抵消影响情况下进一步加强；中央银行需要鼓励金融体系对民营企业的融资支持，还需要大力发展为民营经济和小微企业服务的金融体系，而提高金融业的竞争程度和降低政府的干预程度，应该是中国金融体系发展的方向；中央银行在实施货币政策调控时，也可以考虑给受紧缩性货币政策影响更大的企业以更多的政策扶持。

本书研究的创新点主要体现在：

首先，国内已有货币政策文献大多基于宏观层面的数据，研究宏观经济指标对货币政策的反应，较少关注微观主体的行为，而本书利用上市公司财务报表数据将研究扩展至微观层面，并验证货币政策对微观主体的效应及其异质性，扩充了中国货币政策微观基础的相关研究。

其次，本书结合金融业竞争与政府干预的制度背景分析货币政策对上市公司银行借款的影响，从新的视角对货币政策区域效应产生的原因做出解释。现有文献多集中于从地区经济差异的角度研究货币政策的区域效应，本书的研究则发现制度背景方面的差别同样是造成不同区域上市公司对于货币政策异质性反应的重要因素。

最后，本书采用自然实验方法和双重差分模型研究了货币政策对上市公司商业信用的影响。由于自然实验方法可以有效降低变量的内生性，相比已有的研究不但能够更加准确地识别货币政策与商业信用的因果关系，而且还能比较不同企业之间对货币政策的异质性反应。

Preface

After going through a rare occurrence of the financial crisis, how to improve the effectiveness of monetary policy has become a crucial issue for the monetary authorities to resolve. Today's China is in transition, the market economic operation mechanism is not perfect enough, and different companies are face with different market environments When the central bank uses the monetary policy instruments such as interest rates, legal deposit reserve rate and so on to implement macro-control, different companies react differently to the unified monetary policy, and then the final effect of monetary policy may be different. At this point, it is difficult for the monetary authorities to achieve the goal of a balanced and unified regulation. The accuracy and effectiveness of monetary control policy would be reduced and the final performance of monetary policy would be weakened. It influences the realization of the policy target. Based on the above analysis, taking China's current financial market structure and mature degree as the background and the financing activities of listed companies as the research object, this thesis examines the influence of monetary policy on debt finance of Chinese listed companies, and gives full consideration to the characteristics of listed companies, the micro-foundation of monetary policy.

Based on the theory of corporate finance and monetary policy transmission, this thesis first reviews and analyses China's monetary policy regulation and companies' financing situation, and then conducts empirical research on the influence of monetary policy on the bank loans, trade credit, dynamic adjustment of debt structure and financing choices of corporate with the micro data of listed companies. Besides introduction and conclusion, this paper includes six chapters, and the main content of each part are as follows:

The first chapter is mechanism of influence of monetary policy on corporate finance. In this chapter, we built the theoretical foundation of behavior of enterprise under the effect of monetary policy with the monetary theory and corporate finance theory. Then, we provide the analysis framework for the study of how the monetary policy influences the corporate finance.

The second chapter is the real background. Firstly, we review the operation effects, policy instrument and character of Chinese monetary policy. Then we analyze the environment of monetary policy influences the corporate finance, and discuss the existing finance problems faced by enterprise in China.

The third chapter is empirical test on the impacts of monetary policy on the bank loans of listed companies. Firstly, we analyze the impacts of different monetary policy on the bank loans of listed companies with various property natures. Secondly, we empirical test the impacts of monetary policy on the cost and maturity structure of bank loans. Finally, we test the effect of bank loans to monetary policy in regions of different financial competition and government intervention.

The fourth chapter is empirical test on the impacts of monetary policy on the trade credit of listed companies. Firstly, we analyze the different impacts of different monetary policy on the account payable of listed companies with various property natures; then, we analyze the different impacts of monetary policy on the account receivable of listed companies with various property natures, and discuss the effects of trade credit on the regulation effects of monetary policy.

The fifth chapter is empirical test on the impacts of monetary policy on the dynamic adjustment of debt structure of listed companies. We learn from the method of dynamic adjustment of debt structure, and then we analyze the impacts of monetary policy on the speed of dynamic adjustment to the optimal debt structure and the bias from the optimal debt structure.

The sixth chapter is empirical test on the impacts of monetary policy on the financing choices of listed companies. Firstly, we analyze the impacts of monetary policy on the choices between external finance and internal finance. And then we analyze the impacts of monetary policy on the choices between equity finance and debt finance.

The main conclusions of this thesis are as follows:

First, the effects of monetary policy on bank loans of listed companies with different property natures are of the character of heterogeneity. The credit ration faced by non-state-owned corporation is not only reflected in the scales, but also reflected in the costs. The empirical results find that during the periods of tight monetary policy, the short-term loans of non-state-owned corporation are decreased more than that of state-owned corporation, it is agree with the hypothesis of credit ration. While the long-term loans of state-owned corporation are decreased more than that of non-state-owned corporation, it is agree with the hypothesis of relationship financing. In general, the bank credit of non-state-owned corporation is decreased more than that of state-owned corporate due to credit ration. During the periods of tight monetary policy, the cost of bank loans in non-state-owned corporation is increase, while the cost of bank loans in state-owned corporation is decrease. At the same time, the listed companies often replace short-term loans with long-term loans, and this effect is more significant in non-state-owned corporation. Further research finds that during periods of tight monetary policy, the bank loans of corporation in regions where the lever of financial competition is lower and the lever of government intervention is higher are more sensitive to monetary policy. And at the same time, the difference of effects of bank loans to monetary policy in corporation with different ownership which in regions of fierce financial and the regions where the level of government intervention is lower decrease significantly. It means the rise of financial competition degree and the drop of government intervention degree can alleviate the credit discrimination which non-state-owned corporate suffers.

Second, the effects of trade credit of non-state-owned corporation during the periods of tight monetary policy can not be ignored. The study finds that during periods of tight monetary, the bank loans of non-state-owned corporation are decreased more than that of state-owned corporation due to credit ration, and the account payable is increased more than that of state-owned corporation, it means account payable agree with the theory of alternative financing in non-state-owned corporation during periods of tight monetary. But at the same time, the study finds that the account receivable of non-state-owned corporation are increased more than that of state-owned corporate, and during periods of expansionary monetary policy, the account receivable of non-state-owned corporation are also increased more than that of state-owned corporate, this results show that it is not state-owned corporation but non-state-owned corporation that play the role of credit resource reallocation.

Third, monetary policy tightening will accelerate the adjustment speed of debt structure and increase the bias from the optimal debt structure. The study finds that the higher of legal deposit reserve rate and interest rates is, the higher of the speed to the optimal debt structure will be, and this effect is more significant in the over-indebted and non-state-owned corporation. Further research finds that the higher of legal deposit reserve rate and interest rates is, the more the bias from the optimal debt structure will be, and this effect is more significant in the non-state-owned corporation and the corporation that debts below the optimal level.

Fourth, monetary policy can affect corporate financing choices. The study finds that during the periods of tight monetary policy, the corporate financing order is internal finance→debt finance→equity finance; but during the periods of expansionary monetary policy, the corporate financing order is equity finance→debt finance→internal finance. Further research finds those state-owned and non-over-indebted corporations are more sensitive to monetary policy when they faced the problem on the choice of internal financing and external financing, while non-state-owned and non-over-indebted corporations are more sensitive to monetary policy when they faced the problem on the choice of debt financing and equity financing.

The policy recommendations which aim at the empirical conclusions include:

The monetary authority should pay more attention to the micro-foundation of monetary policy, and introduce different regulation policy according to different micro participants. The monetary authority should not only focus on the regulation to the formal financial institution such as commercial bank, but also focus on the effect of informal finance such as trade credit and nongovernmental finance in monetary transmission. And taking the counteract effect of informal finance into account, the operating force of the monetary authority need to be strengthen further. When the central bank takes the total amounts of social financing as intermediary goal, it should not only focus on the change of total social financing scale, but also focus on the change of the internal structure, and which will provide information for the monetary authority. Furthermore, it is important to develop the financial system served for private enterprises and small and micro enterprises, and it is also the develop direction for the financial system to raise the level of financial competition and decrease the level of government intervention. When the central bank conducts monetary policy, the government should consider supporting those enterprises who are affected more by the monetary policy.

The innovations of this thesis include:

First, since most existing studies research on the problems of monetary policy using macro data and macro index, this paper researches on the monetary policy transmission from the microcosmic point of view and based on financial statements of listed companies. It extends the related researches on the micro-foundation of monetary policy in China and is helpful for the central bank to find the micro heterogeneity of monetary transmission.

Second, taking into account the institutional background of financial competitions and government intervention, this paper researches on the impacts of monetary policy on the bank loan of listed companies, and provides the reason for the regional effects of monetary policy from a fresh perspective. Since previous studies about regional effects of monetary policy focus more on the reason of regional economic disparities, this paper finds that differences in institutional background are also the important factors which lead to the different reactions for listed companies in different areas to the changes of monetary policy.

Third, in a framework of natural experiment and applying differences-in-differences model, this paper researches on the impacts of monetary policy on the trade credit of listed companies. Natural experiment can decrease the endogeneity of model and identify the casual relationship of monetary policy and trade credit more precisely compared with previous studies. It is also helpful for the central bank to compare the different responses of enterprises under the circumstances of changes of monetary policy.

目　录 CONTENTS

导 论

一、研究背景及意义

在经历了 2008 年金融危机冲击之后，如何提高货币政策的有效性，已经成为货币当局亟须解决的问题。中国 2011 年 3 月 16 日发布的《国民经济和社会发展第十二个五年规划纲要》也提出要优化货币政策目标体系，健全货币政策决策机制，改善货币政策的传导机制和环境。这一切，都要求我们深入研究中国货币政策的传导机制与调控效果，为货币政策调控提供基础性信息。

货币政策调控的有效性主要体现在其传导机制是否完善，而货币政策的传导则取决于整个金融体系是否均衡地服务于实体经济。如果实体经济的微观主体差异较大，金融体系又有特定的偏好，那么货币政策的有效性会大打折扣。换句话说，如果货币政策对所有的微观主体不是在同样的平台上发挥作用，货币政策所遗留的问题会更加严重，不仅不能在短期内熨平经济波动，还有可能在未来引发更大的经济波动。

基于以上分析，本书希望以中国现有的金融市场结构与成熟程度为背景，充分考虑中国货币政策的微观基础，以上市公司的债务融资活动作为研究对象，全面系统地研究中国货币政策的相关问题。当中央银行实施不同类型的货币政策时，作为经济发展主体的上市公司，货币政策会对其获得银行借款和商业信用产生怎样的影响；不同产权类型的上市公司存在怎样的差异；处于不同制度背景区域的上市公司对货币政策的反应又会有怎样的差异；上市公司商业信用会对货币政策调控效果产生怎样的影响；货币政策如何影响上市公司债务融资的动态调整；货币政策如何影响上市公司融资方式的选择。这些都是本书的研究主题。

传统上，国内对货币政策的研究是基于宏观层面进行的，分析货币供应量、银行信贷、利率与投资、消费、物价、产出等变量之间的关系。但这些研究可能会由于忽视微观主体异质性、资本市场摩擦等问题导致有偏的估计结果，从而妨碍得出适当的结论。中国人民银行行长周小川早在 2004 年就指出研究货币政策问题时要充分关注其微观基础①，但目前这方面的研究还有很大的欠缺。

作为经济发展主体的公司，无论是其融资、投资、股利支付、兼并收购等财务活动，还是生产、销售、存货、研发等经营活动，都需要密切关注货币政策、财政政策、产业政策等宏观经济政策的变动与经济周期、通货膨胀、汇率波动等宏观经济变量的走势。因此，公司的微观行为研究也不能与宏观经济研究完全割裂，但目前国内学术界这种现象却非常严重②。因此，本书研究中国的货币政策调控对公司融资的影响具有一定的理论意义。

本书的实际意义在于，一方面，能够使我们对中国货币政策传导的微观基础、货币政策对微观主体的影响有更为深入的理解，从而有助于货币当局寻找更为切合的货币政策中介目标，提高货币政策的调控效力；另一方面，有助于我们深入考察公司融资问题，从而为我们完善公司融资体制、促进经济的发展提供思路。

二、文献综述

（一）货币政策研究新进展——基于微观异质行为的述评③

1. 货币政策对银行行为的影响

（1）货币政策与银行信贷供给

自从以 Bernanke & Gertler（1995）与 Kashyap & Stein（1993）为代表的

① 周小川．研究和完善货币政策传导机制需要关注的几个问题．金融时报，2004-04-11.

② 姜国华，饶品贵．宏观经济政策与微观公司行为——拓展会计与财务研究新领域．会计研究，2011（3）.

③ 该部分根据刘飞（2013）的内容扩充而成。

一批经济学家提出货币政策的传导存在信贷渠道之后①，货币政策影响银行信贷供给的研究逐渐受到重视。一般认为，货币政策的实施往往通过不同的银行资产负债表状况影响银行贷款供给进而影响公司债务融资，由于货币紧缩对资本较少的银行总存款的冲击较大，而银行流动性又在存款紧缩是否传导到贷款方面起到关键作用，因此流动性好、资本雄厚的银行紧缩期更有能力提供贷款，从而较少受到货币紧缩的影响②。Jiménez et al.（2010）进一步将银行特征与公司特征结合进行研究，指出资本较少、流动性小的银行及与其打交道的资本较少、流动性小的公司紧缩时对信贷可得性的负面影响较大，从而得出任何仅在银行水平上的分析明显低估了银行贷款渠道的结论③。需指出的是，Chatelain et al.（2003a）与 Brooks（2007）通过研究均指出资本总额对银行贷款行为并没有产生大的影响。

以银行规模分类，不同文献得出的结论存在差异。Kashyap & Stein（2000）通过对美国商业银行的研究得出流动性差的小银行贷款供给受货币政策影响更严重的结论。Sichei（2005）与 Pandit et al.（2006）通过南非与印度大小银行贷款行为的研究同样指出紧缩时这种不对称性的存在。但是，与上述观点不同，也有相关研究认为银行规模并不影响银行贷款供给④或其影响不确定⑤。基于 Gambacorta（2005）对意大利银行的研究，发现小银行可能流动性更强，从而缓和了货币冲击对贷款供给的影响，使小银行对紧缩的反应并不比大银行敏感。而 Chatelain et al.（2003b）同样认为不同规模银行对货

① Bernanke, B. S., Gertler, M.. Inside the Black Box: The Credit Channel of Monetary Policy Transmission, *The Journal of Economic Perspectives*, 1995, 9（4）.; Kashyap, A., Stein, J., Wilcox, D.. Monetary Policy and Credit Conditions: Evidence from the Composition of External Finance, *American Economic Review*, 1993, 83.

② Karim, Z. A.. Monetary Policy Effects on Investment Spending: A Firm-Level Study of Malaysia, *Studies in Economics and Finance*, 2012, 29（4）: 268-286.

③ Jiménez G, Ongena S, Peydró J-L, Saurina J. Credit Supply: Identifying Balance-sheet Channels with Loan Applications and Granted Loans. *Working Paper*, 2010.

④ Karim, Z. A.. Monetary Policy Effects on Investment Spending: A Firm-Level Study of Malaysia, *Studies in Economics and Finance*, 2012, 29（4）: 268-286.

⑤ Brooks, P.. The Bank Lending Channel of Monetary Transmission: Does It Work in Turkey? *IMF Working Paper*, No. 07/272, 2007.

币政策的反应不存在差别。

（2）金融业市场结构对货币政策效应的影响

金融业市场结构往往会通过金融业间的竞争、金融业市场集中度及市场势力等对货币政策产生影响。Baglioni（2007）研究了金融业在垄断竞争和寡头垄断下对货币政策不同的反应行为，揭示了前者的货币政策效应较大，而后者较弱。对此，基于市场势力方面的解释，Brissimis et al.（2010）认为大的市场势力能缓冲利率变动的影响，因而能削弱货币政策效力，并进一步得出了有较强市场势力的银行在利率提高时能获得较高利润的结论。

Adams & Amel（2005）通过检验美国金融业市场集中度对银行信贷渠道的差异性影响，研究了金融业竞争和货币政策传导的关系，结果发现，在金融业集中的市场上货币政策对贷款供给的冲击较弱，因而得出银行贷款渠道在农村市场上存在、在城市市场上较弱的结论。与之相似的是，Olivero et al.（2011）利用亚洲和拉丁美洲的数据，结合银行特征研究同样得出了金融集中度与货币政策传导间的负向关系，并进一步指出由金融危机所导致的金融业兼并削弱了银行贷款渠道的效力。

另外，在将独立银行与位于银行业集团中的银行进行比较时，Sichei（2005）从整体上指出银行业集团能运用其雄厚的资本减弱紧缩货币政策的影响。而 Ashcraft（2006）与 Bluedorn（2014）则认为，多银行持股公司中的附属银行比独立银行更能得到外部资金，从而紧缩时免受货币政策冲击影响。这与 Gambacorta（2005）关于意大利银行持股公司中内部资本市场在应对货币政策变动时发挥积极作用的观点相一致。以往研究认为，银行集团化或大银行削弱了货币政策的影响①，但是 Altunbas et al.（2009）研究发现在银行规模较小、较少集团化的情况下货币政策的作用比过去已经减弱。

仅有少数研究以银行所有权的差别分类比较货币政策传导的差异性。Pandit et al.（2006）将印度银行业分为国有银行与私有银行，发现国有银行

---

① Gambacorta, L., Marques-Ibanez, D., The Bank Lending Channel: Lessons from the Crisis, *Economic Policy*, 2011, 26 (66); Ashcraft, A. B.. New Evidence on the Lending Channel, *Journal of Money, Credit and Banking*, 2006, (38).

更易受货币政策冲击。由于印度国有银行平均占总银行资产的80%，因此这一结论对于印度货币政策传导的整体效应估量较为重要。Arena et al.（2006）运用亚洲和拉丁美洲银行的数据，比较了国内银行与外资银行在贷款、存款、存贷款利率等方面对货币政策变动的反应，发现对于财务状况良好的银行来说，无论是国内银行还是外资银行存贷款对货币政策的反应都大致相同。由于外资银行存贷款利率极少随东道国货币政策变化，实际上外资银行的进入某种程度上还应有助于新兴市场国家信贷市场的稳定。

国内对金融业竞争影响货币政策传导效果的研究仍集中于理论分析，钱雪松（2008）利用资本市场一般均衡模型分析认为，如果要提高货币政策的有效性，需要从改变金融业垄断性市场结构入手，逐步完善货币传导机制的微观基础；胡莹和仲伟周（2010）对货币政策传导机制在垄断竞争金融业市场结构背景下的运行予以研究，采用贷款市场总体均衡模型发现通过金融业传导的货币政策信贷机制是存在的；刘洋（2011）通过金融业均衡模型的研究则发现，对货币政策制定者来说，商业银行不完全竞争市场结构下货币政策的传导弱于竞争市场结构；现有文献中仅有张旭涛和胡莹（2010）为实证研究，实证结果发现，中国金融业的竞争会对货币政策传导效果产生较为显著的正向效应，但这一研究是基于银行行为而非企业行为的视角。

（3）金融创新对货币政策效应的影响

大量研究发现，货币政策效力逐渐减弱的现象与金融发展、金融创新和金融市场全球化相伴而行。Altunbas et al.（2009）通过对欧洲银行证券化行为的研究，指出银行作用从“发起并持有”到“发起、包装、销售”的转变已经改变了其提供贷款的能力，使银行贷款供给免受货币政策影响，从而降低了银行贷款渠道的有效性。但是，他在强调证券化加强了银行提供新贷款能力的同时也指出这种能力依赖于经济周期状况，尤其是银行风险状况特征。Loutskina & Strahan（2009）则进一步指出证券化减弱了银行财务状况对贷款供给的影响，从而缓和了货币政策的实际影响。Aysun & Hepp（2011）将前述研究得出的金融创新与银行贷款渠道传导间负向关系的原因归结为：金融发展和创新减少了银行产生可贷资金的成本，从而限制了货币政策影响力。

然而，通过局部均衡研究方法他们发现货币政策对资产证券化的银行影响更大，从而得出了与前述文献相反的结论，即证券化能提高货币政策有效性。他们通过证券化对信贷渠道的两种相反的影响来解释：一方面，银行对货币政策不敏感其原因在于证券化下银行贷款权力有限；另一方面，证券价格与利率间的负向关系又会通过其对银行流动性约束的影响迫使证券化银行增减贷款。由于证券价格与利率间的高敏感性使得后一影响更为显著，因此，前者对信贷渠道的负向影响可被后者的正向影响所抵消，则其对整个货币政策传导的影响应该为正效应。

国际金融危机后，作为房地产抵押贷款市场上金融产品创新的次级抵押贷款备受关注。Black et al.（2010）通过对美国银行业抵押贷款的研究，将银行分为传统银行、以市场为基础的银行与过渡银行三类，发现只有在核心存款有限但大量贷出次级债的过渡银行中贷款渠道最强，而其他两类银行中没有发现银行贷款渠道存在。由于信息不透明，次级债贷款类似于小公司贷款，当货币紧缩时过渡银行核心存款缩水，影响了其以核心存款为次级抵押贷款提供资金的能力，因此这类银行常常以减少抵押贷款作为对货币紧缩的响应。

Cetorelli & Goldberg（2008）通过研究美国银行全球化对货币政策传导的影响，同样揭示了货币政策效力的变化。研究显示货币政策贷款渠道是通过内向型的没有国际业务的银行进行传导，而拥有更多全球业务的银行由于可通过内部资本市场跨境转移资金，不易受到货币政策的影响。因此，随着银行变得更加全球化，贷款渠道在国内传导的强度减弱。这与 Ashcraft（2006）得出的结论相似。实际上，这一结论同时也反映了内部资本市场的存在会通过国外分行贷款将国内流动性冲击传导至国外，贷款渠道实质上比以往研究更为有效，从而暗示了一国国内货币政策的国际传导问题。

2. 货币政策对公司财务行为的影响

（1）货币政策与公司债务融资

基于公司融资行为视角检验货币政策效应的研究往往结合紧缩期公司银行债务如何变化来考察。Bhaumik et al.（2007）通过印度上市公司数据检验货币政策对公司债务结构的影响，发现利率水平上升减少了总债务及短期债务占总债务的比重，支持了 Prasad & Ghosh（2005）关于印度公司通过减少银行短期债务降低总债务水平的结论。这与 Hann & Sterken（2002）利用欧元区国家和英国公司面板数据得出的结论一致。但不同的是，后者在指出短期银行债务率减少的同时得出长期银行贷款率上升的结论。这说明短期利率上升时，公司债务期限结构由短期向长期调整。这显然与 Ghosh & Sensarma（2004）关于公司债务结构从短期债务调整为商业信用的观点不同。而 Bhaumik et al.（2007）则认为货币政策变化对公司间贷款影响不大。

20 世纪 90 年代欧盟流动性宽裕，欧洲央行执行宽松的货币政策，但是与预期相反的是公司银行贷款需求下降，意味着货币政策并不十分有效。为解释这一现象，Valverde et al.（2009）以西班牙公司为对象通过研究公司资产负债管理行为考察货币政策的效应。研究发现当利率上升时，公司一方面会保持高流动资产水平从而减少对银行贷款的依赖性，另一方面由于非银行债务对利率变化不敏感，公司也会增加非银行债务替代银行债务。Yang et al.（2009）的研究得出商业信用是银行贷款替代融资的结论，部分支持了上述观点。而 Prasad & Ghosh（2005）在得出相似结论的同时强调银行债务与非银行债务间的替代存在滞后期这一问题。总之，公司银行依赖性的减小及银行债务向非银行债务结构的变化暗示了信贷渠道有效性的减弱。

研究显示，根据资产规模、信用等级、偿债能力等指标分类的公司在银行贷款获得方面存在差别，较差的公司紧缩期难以得到银行贷款。Mizen & Yalcin（2003）基于公司融资行为视角研究英国货币政策的影响时得出：小规模、高风险、高负债的成长性公司银行贷款更易受货币紧缩的影响。而且，紧缩政策对具有较差偿债能力、成立时间短、高杠杆、实物资产少的中小公司影响更严重。这与 Valverde & Paso（2005）关于小规模、低流动性、低市值公司银行贷款更易受利率上升影响的结论相似。而 Ghosh（2010）关于印度公司融资行为的研究得出不同的结论，即货币紧缩的净效应是高债务、低利润公司短期银行借款增加。对此他解释为：货币紧缩时尽管短期贷款减少，但由于银企关系的存在，作为紧急贷款的短期银行贷款增加而导致公司债务结构发生改变，从而支持紧缩货币政策下的关系贷款观。由于这种关系贷款观强调银行与公司间建立长期关系，因而紧缩期银行对替代资金少的、受约束的借款者仍维持资金供给。这与 Prasad & Ghosh（2005）关于杠杆公司、小公司紧缩期债务增加支持关系贷款观的观点相一致，与 Mizen & Yalcin（2003）关于英国关系型贷款仅支持规模大的、成立时间长的、更安全的公司观点有显著不同。

Haan & Sterken（2000）通过研究欧元区货币政策与公司治理特征的关系研究货币政策，分析货币政策对公有公司与私有公司资产负债表冲击的影响。结果显示，私有公司比公有公司更依赖于银行贷款，更易受货币政策冲击。然而在 2002 年，他们对前述模型进行了修正，加入有形资产、利息、折旧等控制变量进行研究，发现货币政策对总债务、短期银行债务的负面影响私有公司显著小于公有公司，从而得出与前述研究相反的结论。Ghosh & Sensarma（2004）利用印度公司数据做了与之类似的分析，最终支持公有公司比私有公司更易受货币政策影响这一结论。而关于这一结论合理性的解释，他们都认为是关系贷款观的体现。由于缺乏公有公司所拥有的公开发行股份融资的权利，规模小的私有公司相较而言更倾向于与银行维持长期的银企关系。关系贷款的存在使银行能够掌握公司特有信息从而在紧缩期仍维持给私有公司贷款，因而减弱了货币冲击对私有公司的影响。

将上市公司与非上市公司比较考察货币政策的影响方面，Haan & Sterken（2002）指出，由于紧缩时高杠杆公司债务结构由短期向长期调整，结果显示上市使债务到期日结构的这种调整变得更加容易。Prasad & Ghosh（2005）则考察了紧缩后印度上市公司相较于非上市公司总债务增加的原因，将其归结为短期银行借款增加所致，从而强调印度上市公司与银行间关系贷款的存在。为了维持与银行的长期稳定关系，即使上市公司有能力在紧缩期得到非银行资金融资，也会维持一定的银行借款额度。

中国学者则更多地从公司的不同所有权性质方面进行研究，陆正飞等（2009）认为货币紧缩时民营上市公司较国有上市公司受影响更严重，根源在于对民营上市公司信贷歧视的存在；陈鹄飞（2010）通过紧缩期国有上市公司银行借款增加的事实支持了上述结论；叶康涛和祝继高（2009）认为，紧缩时信贷资金向国有公司倾斜，更可能是服从于非经济效率目标而降低了信贷资金的配置效率；张娅和任婕柠（2012）的研究也发现，在信贷政策冲击下，国有比非国有上市公司债务结构调整幅度更大，从负债结构上看，国有上市公司流动负债率与长期负债率的敏感程度均小于非国有上市公司，且非国有上市公司负债期限的变动更加明显；陆静和黄霞（2013）的实证研究也发现，信贷紧缩使民营企业的资产负债率相对下降幅度更大；郑军等（2013）的研究发现，在货币政策紧缩时期，相对于国有企业，非国有企业的债务融资成本增加更高；刘飞（2013）则采用双重差分方法发现紧缩的货币政策对不同所有制性质公司的债务结构具有不同影响；张西征和刘志远（2011）还发现，不同货币政策对不同信用级别的公司存在较复杂的非对称性冲击。

此外，张太原等（2007）的研究表明，短期利率与债务融资比率显著的正相关，而长期利率与债务融资比率显著的负相关；曾海舰和苏冬蔚（2010）则在一个自然实验框架内研究发现，在信贷紧缩后，规模小、民营化程度高及担保能力弱的公司有息负债率显著下降，但公司应付账款显著增加；李志军和王善平（2011）研究发现，信息披露质量较好的公司在货币政策趋紧时能够获得更多的银行借款，且随着融资需求的增大，获得的银行借款更多；马文超和胡思玥（2012）的研究表明，当货币政策变化影响到信贷供给时，未受约束企业的债务结构在政策紧缩时受影响较小，而受约束企业的资产负债率则随着政策的紧缩而减小。

（2）货币政策与公司的融资约束

除直接检验货币政策对公司融资行为的文献之外，还有基于公司投资行为视角考察货币政策对公司融资约束状况影响的文献。Modigliani-Miller 于 1958 年提出资本结构无关论，暗示了在完善的资本市场中内外部资金可完全替代，投资决定与融资无关。但 Oliner & Rudebusch（1996a）指出，现实中由于信息不对称和道德风险因素的存在，内外部资金不能完全替代，公司投资决定更易受到内部资金影响。特别是在货币紧缩时，外部融资成本的上升使融资约束问题变得更加严峻，资金成本的上升与资金可得性的下降进一步加大了内部资金的重要性。而 Oliner & Rudebusch（1996b）还指出货币政策也会影响企业当前的净资产并因此影响其流动性状况，货币紧缩会降低资产投资的净值，企业的信贷资信会下降，遭受信贷配给的企业财务状况会更加恶化。D'Espallier et al.（2009）则进一步指出由于投资现金流敏感度与公司融资受限状况密切相关，紧缩时当公司内部现金流处于较低水平时投资现金流敏感度会更大，从而进一步暗示了何种因素影响货币政策效应强度大小的问题。

大多数文献的研究是基于金融加速器原理，在新古典资本需求（the neo-classical demand for capital）理论框架下加入流动性约束项展开的，通过考察货币紧缩时投资对现金流敏感度的变化来检验货币政策的效应。相关研究利用公司数据分别检验了比利时（Butzen et al.，2001）①、奥地利（Valderrma，2002）②、卢森堡（Lunnemann & Matha，2002）③、英国（Angelopoulou & Gibson，2007）④ 以及德国、意大利、法国、西班牙（Chatelain et al.，2003c）⑤ 等发达国家公司投资对货币政策的反应，印证了紧缩期存在投资对现金流的正向敏感性关系，支持了信贷渠道在发达国家的存在。对于发展中国家，Karim（2010）通过马来西亚信贷渠道存在性的证据，同样支持上述结论。而 Bryson（2009）虽指出牙买加存在资产负债表渠道传导效应，但认为作用较小，其传导的重要性远低于利率渠道效应。

---

① Butzen，P.，Fuss，C.，Vermeulen，P.. The Interest Rate and Credit Channels in Belgium：An Investigation with Micro-level Firm Data，*ECB Working Paper*，No. 107，2001.

② Valderrama，M.. Credit Channel and Investment Behavior in Austria：a Micro – Econometric Approach，*Austrian Central Bank Working Paper*，2002.

③ Lunnemann，P.，Matha，T.. Monetary Transmission：Empirical Evidence from Luxembourg Firm-level Data. *BCL Working Papers*，No. 5，2002.

④ Angelopoulou，E.，Gibson，H. D.. The Balance Sheet Channel of Monetary Policy Transmission：Evidence from the UK，*Bank of Greece Working Paper*，2007.

⑤ Chatelain，J. B.，Generale，A.，Hernando，I.. Firm Investment and Monetary Policy Transmission in the Euro Area，*Monetary policy transmission in the euro area*，2003（c）.

基于公司融资约束视角的研究显示，小公司（Bryson，2009；Karim，2010）[①]、成长公司（Lunnemann & Matha，2002）[②]、高杠杆公司（Angelopoulou & Gibson，2007）[③]、信用级别低的公司与抵押品不足的公司（Chatelain et al.，2003a）[④] 投资现金流的敏感性相对更大，受货币紧缩影响更严重。作为对此结论的解释，两方面研究都归因于公司较差的资产负债表特征对融资条件的影响方面。紧缩时，由于这类融资约束公司相较而言更难以进入外部资金市场如债券及资本市场融资，从而更依赖于银行而缺乏替代性的资金来源；同时，恶化的融资条件也使公司投资表现出较强的流动性敏感性，从而更易受到货币紧缩的影响。因此，货币政策传导主要通过融资约束公司发挥作用，且不同融资约束水平下传导具有异质性特征。然而，Chatelai et al.（2003c）通过对四个最大的欧元区国家——德国、法国、意大利和西班牙不同规模公司投资行为的研究，发现只有在意大利利率变动时小公司投资现金流敏感性比大公司更强，而其他国家并未发现大小公司对货币政策反应有显著差异，从而指出规模大小的差别也许并不足以反映信息不对称状况。

同时，相关文献还研究了货币政策在不同行业间传导的不同特点。其中，服务业几乎不受货币政策变动影响（Butzen et al.，2001）[⑤]；资本品部门的公司投资对现金流有较强的敏感性（Chatelain et al.，2003a）[⑥]；制造业公司投

① Bryson，T.. Firm Investment and Monetary Transmission in Jamaica：An Investigation of the Balance Sheet Channel with Micro-Level Firm Data，*Bank of Jamaica Working Paper*，2009；Karim，Z.，Ngah，W.，Saini，W. A.，Karim，B.. Bank Lending Channel of Monetary Policy：Dynamic Panel Data Evidence from Malaysia. MPRA Paper，2010.

② Lunnemann，P.. Monetary Transmission：Empirical Evidence from Luxembourg. *BCL Working Papers* No. 5，2002.

③ Angelopoulou，E.，Gibson，H. D.. The Balance Sheet Channel of Monetary Policy Transmission：Evidence from the UK，*Bank of Greece Working Paper*，2007.

④ Chatelain，J. B.，Generale，A.，Hernando，I.，et al.. New Findings on Firm Investment and Monetary Transmission in the Euro Area，*Oxford Review of Economic Policy*，2003（a），19（1）.

⑤ Butzen，P.，Fuss，C.，Vermeulen，P.. The Interest Rate and Credit Channels in Belgium：An Investigation with Micro-level Firm Data，*ECB Working Paper*，No. 107，2001.

⑥ Chatelain，J. B.，Generale，A.，Hernando，I.，et al. New Findings on Firm Investment and Monetary Transmission in the Euro Area，*Oxford Review of Economic Policy*，2003（a），19（1）.

资对市场利率高度敏感而非制造业公司敏感性较小（Bryson，2009）[①]；建筑业比一般产业融资约束更强，由于其高融资需求与较强的银行依赖性使得即使在宽松政策下融资约束也并没有减弱，从而暗示了建筑公司受货币政策影响更严重（Wang，2008）[②]。

（3）货币政策与公司商业信用

以往较多文献以货币紧缩期公司投资对现金流敏感度的提高来验证信贷渠道的存在性，由于紧缩性货币政策更多的影响受融资约束较大的公司，因而一些学者往往以公司面临的融资约束大小分类进行研究。结果发现，小公司（Ehrmann，2000）[③]、财务困境公司（Dedola & Lippi，2005）[④]、银行依赖型公司（Kashyap et al.，1994）[⑤]、成长公司与高负债公司（Mizen & Yalcin，2002）[⑥] 更易受到货币紧缩的影响，从而得出货币政策传导的信贷渠道存在，并且主要通过融资约束公司发挥作用这一结论。

但是，也有学者在研究一些公司投资行为时发现，对于可能面临较强融资约束的公司来说，投资对现金流的敏感性实际上更弱（Kaplan & Zingales，1997；Cleary，1999）[⑦]，这一发现似乎对于信贷渠道的存在性提出质疑。经过相关研究发现，商业信用融资形式的存在为这一问题的解释提供了依据[⑧]，有学者研究认为，商业信用融资形式的存在削弱了信贷渠道的效力，之后越来

---

① Bryson，T.. Firm Investment and Monetary Transmission in Jamaica：An Investigation of the Balance Sheet Channel with Micro-Level Firm Data，*Bank of Jamaica Working Paper*，2009.

② Wang，C-A.，Chang，C-O.. Is It a Heavy Log that Broke the Camel's Back？Evidence of the Credit Channel in Taiwan's Construction Industry. *International Real Estate Review*，2008（1）.

③ Ehrmann，M.. Firm Size and Monetary Policy Transmission：Evidence from German Business Survey Data. *European Central Bank Working Paper*，No. 21，Frankfurt，2000.

④ Dedola，L.，Lippi，F.. The Monetary Transmission Mechanism：Evidence from the Industries of Five OECD Countries. *European Economic Review*，2005，49（6）.

⑤ Kashyap，A.，Lamont，O.，Stein，J.. Credit Conditions and the Cyclical Behavior of Inventories. *Quarterly Journal of Economics*，1994（109）.

⑥ Mizen，P.，Yalcin，C.. Monetary Policy and Corporate Credit Conditions：Accounting for Firm-Specific Characteristics，*Working Paper*，2002.

⑦ Kaplan，S.，Zingales，L.. Do Investment-Cash-Flow Sensitivities Provide Useful Measures of Financing Constraints？. *Quarterly Journal of Economics*，1997（112）；Cleary，S.. The Relationship between Firm Investment and Financial Status. *Journal of Finance*，1999，54（2）.

⑧ 刘飞. 货币政策、信贷歧视与企业间商业信用. 浙江金融，2013（2）.

越多的研究也开始关注商业信用作为一项重要的外部资金来源在信贷渠道中所发挥的作用。商业信用是指企业在购买产品的过程中延期交付货款而从对方那里获得的信用，现实中，企业不仅可以通过金融机构融资，而且还能通过它的供应商获得融资。企业以延期付款的方式从供应商那里获得的商业信用，其实可以看作一种贷款的替代。2000 年，Kohler et al. 首先将这种商业信用对银行信用的替代的机制概括为“商业信用渠道”。随后，一系列研究利用不同国家的数据进一步论述了商业信用渠道的存在，以及商业信用能在一定程度上降低货币政策的效果。

其实，Meltzer（1960）曾指出：“当货币紧缩时，拥有较多现金余额的企业会延长其为客户所提供信用的偿付期限，而这种扩展的商业信用尤其受到那些遭受信贷配给企业的欢迎。”也就是说，当从银行获得的借款因货币紧缩而减少或需要支付更多利息时，企业就会转而求助于其供应商，需求导向促使企业间商业信用成为银行借款的一种重要的替代融资方式，这也意味着商业信用的存在在一定程度上削弱了货币政策的效果。

近年来，随着计量方法的发展和大样本企业微观数据的采用，越来越多的研究为商业信用渠道提供了支持。Kohler et al.（2000）发现，在货币紧缩时期，英国的上市公司提供给非上市公司更多商业信用的同时，使用更少的商业信用，这一证据支持存在商业信用渠道。Nilsen（2002）认为，相对于银行，供应商在企业信息获取与客户控制上更具有优势，这使得供应商可能在货币政策紧缩期提供商业信用给企业。Nielsen（2002）的研究也表明，小企业在货币紧缩期会增加其使用的商业信用，但与 Meltzer 的主张有所区别的是，Nielsen（2002）同时发现大企业也会增加商业信用的使用。

利用企业数据，Atanasova & Wilson（2003）发现在货币紧缩期，银行借款约束的企业比例有所上升，银行借款约束企业会以商业信用来替代银行信用，这一证据支持货币政策商业信用传导渠道的存在，即由于企业增加了商业信用的需求，说明他们并不会自动减少对银行贷款的需求。Choi & Kim（2005）发现，在控制了商业信用的交易动机与资产管理动机后，企业应收与应付的商业信用在货币紧缩期都会增加，意味着商业信用能够帮助企业吸收信贷紧缩带来的影响。

Mateut et al.（2006）在 Nielsen（2002）的基础上，利用英国企业的数据得出商业信用有助于缓解货币紧缩程度的结论。Guariglia & Mateut（2006）利用 1980—2000 年 609 家英国企业的面板数据检验商业信用渠道的存在，结果显示，在英国，银行信贷渠道和商业信用渠道都发挥作用，而后者会削弱前者的效力。Özlü & Yalçn 通过比较商业信用与银行贷款的运用，发现易遭遇融资约束企业在货币紧缩期会使用商业信用来代替减少的银行信贷。

但是也有学者通过实证否定商业信用渠道的存在或认为商业信用传导的证据较弱，有研究认为，商业信用与银行贷款之间是一种互补的关系（Cook，1999）[①]，即二者之间应当存在同时增加或同时减少的状况，这也意味着，商业信用对货币政策的信贷传导具有强化而不是抵消的作用。此外，还有的研究发现，商业信用与货币政策之间没有必然的联系，Marotta（1997）通过对意大利小企业的研究发现，商业信用渠道的证据并不存在。De Blasio（2004）利用意大利制造业公司存货行为的微观数据，来检验货币紧缩期商业信用与银行贷款之间是否存在替代效应假说，结果也发现这一效应并不明显。

国内对货币政策与商业信用的研究相对较晚。石晓军等（2009）以中国上市公司的财务数据为基础，也证实了当银行实行紧缩银根的信贷政策时，商业信用作为体系外的“信贷”会补充进来，使整个经济系统中紧缩的效果受到一定程度的削弱。陆正飞和杨德明（2011）使用中国 1997—2008 年 A 股上市公司数据的研究也表明，在紧缩性货币政策的背景下，中国资本市场商业信用的大量存在符合替代性融资的特征。饶品贵和姜国华（2013）的研究发现，在货币政策紧缩期，相对于国有企业，非国有企业在银行信贷方面受到的冲击更大，但企业以商业信用作为替代银行信贷的融资方式可以弥补资金供给缺口。

---

① Cook, D. O., Tang, T.. Macroeconomic Conditions and Capital Structure Adjustment Speed. *Journal of Corporate Finance*, 2010, 16 (1).

（二）国内货币政策研究的重点

国内学术界关于中国货币政策的研究绝大多数仍停留在宏观层面，着眼于对货币政策调控效果做总量的解读，主要包括以下几个方面。

1. 货币政策传导渠道研究

钟正生（2010）研究发现，1996 年 1 月至 2009 年 7 月中国货币政策传导市场利率渠道发生了一次体制转换，转换之后同业拆借利率变动平抑产出和物价波动的效果都更强。汪川、黎新、周振峰（2011）在一个带有“金融加速器”的 DSGE 模型中讨论了中国宏观经济波动背后的信贷因素，并检验了“金融加速器模型”对中国宏观经济波动的解释能力。张辉和黄泽华（2011）认为，中国的利率市场化正在推进过程中，在存贷利率管制完全放开之前，货币市场利率在货币政策传导方面正发挥着重要作用。朱新蓉和李虹含（2013）则以中国上市公司的货币资金和投资现金流净值面板数据为基础，分析了中国货币政策传导的企业资产负债表渠道是否有效的问题，研究发现资产负债表传导渠道基本有效。冀志斌和宋清华（2013）分析了银行高管薪酬与货币政策信贷传导效率的关系。李涛和刘明宇（2012）及廖慧等（2013）基于中国商业银行的非平衡面板数据，分析了商业银行特征对银行贷款渠道的影响。庞欣等（2013）讨论了中国上市银行经营绩效与货币政策信贷传导之间的关系。曹廷求和朱博文（2013）则验证了银行治理在货币政策传导的银行贷款渠道中的作用。

此外，马理等（2013a）从银行资本约束讨论了对货币政策传导的改变作用；陈静（2013）和扈文秀等（2013）则研究了量化宽松货币政策的传导机制及实施效果问题；盛松成（2012）研究了社会融资规模作为中介目标在货币政策传导中的作用；余辉和余剑（2013）研究了中国金融状况指数对货币政策传导的效应；马理等（2013b）研究了从央票操作到市场利率与货币供应量，再到经济产出与物价水平波动的货币政策传导路径。

2. 货币政策效应的非对称性研究

于则（2006）利用向量自回归模型和聚类分析讨论了货币政策的区域效应；卢盛荣（2007）着重检验了中国区域经济中基于产出缺口的地区短期总供给曲线的存在性，进而分析了地区短期总供给曲线对货币政策地区效应的影响；曹永琴（2007）运用固定效应变系数模型估计了各地区的货币政策敏感系数，并进一步用结构向量自回归模型和结构方差分解法分析了货币冲击对区域经济的影响。

除区域效应之外，戴金平和金永军（2006）利用 E-G 两步法、ADL 模型和基于 VaR 模型的脉冲响应函数分析了中国六个行业对货币政策冲击的非对称反应；徐涛（2007）用面板数据模型分析了中国货币政策传导的行业非对称效应；吕光明（2013）采用 SVaR 模型，分别测算出不同货币政策冲击对不同产业的具体效应。申俊喜等（2011）采用中国 31 个省域的数据进行了实证分析，指出了货币配给机制与外汇管理机制是导致中国货币政策区域异质性效应的主要因素。吉红云和干杏娣（2014）的实证结果表明，中国货币政策对资本密集型行业影响最大，技术密集型行业其次，最后是劳动密集型行业，因而货币政策存在产业结构调整效应。

总的来说，从微观的层面、公司的角度研究货币政策调控的文献仅限于少数几篇，与国外的系统性研究相比还远远不够。Chrinko et al. （1999）与 Guiso et al. （1999）都曾指出，使用宏观数据最大的缺陷是由于忽视企业异质性、资本市场摩擦等问题会导致有偏的估计结果，从而妨碍得出适当的结论，使用微观层面的数据则能够克服这一缺陷。

三、研究的边界

本书研究的主题是货币政策对中国上市公司债务融资的影响，由于中国的股票市场与债券市场起步时间较晚，发展过程还不成熟，其中还存在许多问题，为了简化研究，本书的主要研究对象为上市公司的债务融资（银行借款、商业信用与债务结构），对于其他资本市场融资方式如股权融资与债券融资等只在第六章融资方式的选择中有所涉及，而没有进行专门的研究。本书的研究对象如图 1 所示。

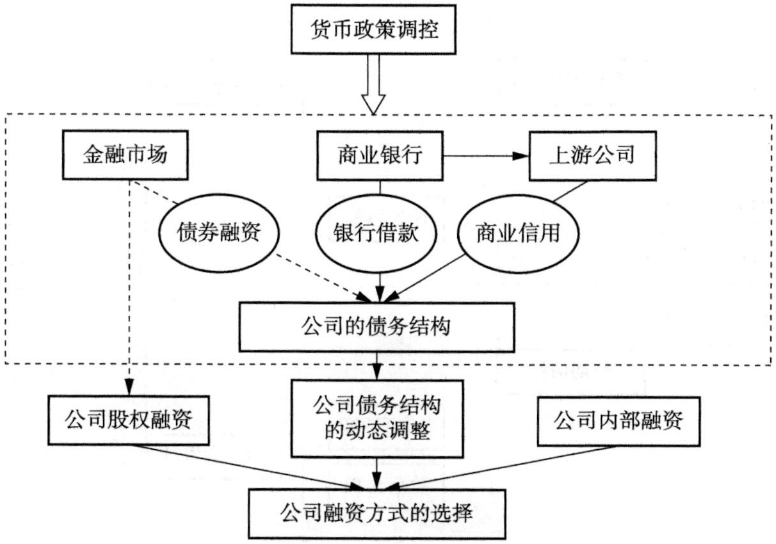

图 1　本书的研究对象

此外，本书重点研究上市公司债务融资中的银行借款与商业信用，其中，由于银行借款数据较敏感，上市公司一般不愿披露，因此必须寻找其代理变量。所以，在实证过程中，本书选用资产负债表的短期借款代替短期银行借款，长期借款代替长期银行借款，陆正飞等（2009）、陆正飞和杨德明（2011）都已证明该替代指标的适用性。商业信用具有双向性的特点，因此在本书研究中，我们既研究上市公司应付的商业信用，也研究应收的商业信用，参照余明桂（2010）、陆正飞和杨德明（2011）的做法，我们以上市公司应付账款、应付票据和预收账款作为应付的商业信用，以应收账款、应收票据和预付账款作为应收的商业信用。

中国上市公司各融资方式在其资产负债表中的融资来源如图 2 所示。

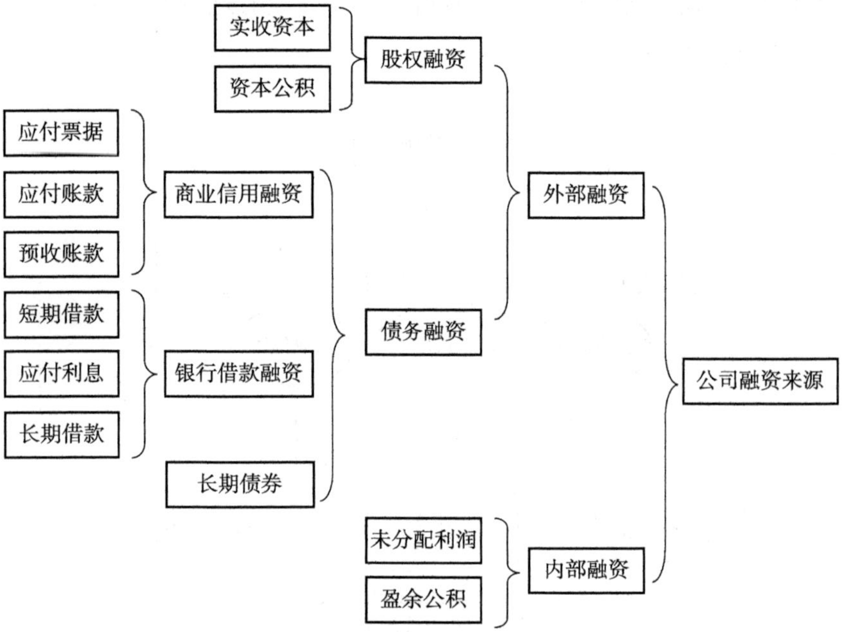

图 2　中国上市公司的融资来源

四、研究框架与内容

除导论和结论外，本书共包括六章，每部分的主要内容如下：

导论部分论述本书的研究背景与意义、文献综述、基本概念的界定与研究边界、研究框架与内容、研究方法、创新点与不足之处。

第一章为货币政策影响公司融资的作用机制分析，通过信息不对称理论和信贷配给理论，将宏观的货币传导理论与微观的公司融资理论联系起来，构建货币政策调控下微观主体行为的理论基础，为本书的研究提供基本分析框架。

第二章为中国货币政策影响上市公司债务融资的特点分析，这是本书的研究基础，首先对中国的货币政策的操作和效果进行回顾与评价，回顾中国货币政策调控的基本工具、手段和特征。其次是中国货币政策影响上市公司融资的环境分析，讨论中国企业目前所面临的融资问题。

第三章为货币政策对上市公司银行借款的影响，首先利用中国非金融上市公司的财务数据（数据来源为国泰安上市公司数据库），分析不同类型的货币政策对不同产权性质上市公司银行借款变动的影响及其差异；其次分析货币政策对上市公司银行借款期限结构与成本的影响；最后结合地区金融业竞争与政府干预差异分析货币政策对上市公司银行借款的影响及差异。

第四章为货币政策对上市公司商业信用的影响，首先利用中国非金融上市公司的财务数据（数据来源为国泰安上市公司数据库），分析不同类型的货币政策对不同特征上市公司应付商业信用的影响及其差异；其次分析货币政策对上市公司应收商业信用的影响，讨论商业信用对货币政策效果的影响。

第五章为货币政策对上市公司债务结构动态调整的影响，利用中国非金融上市公司的财务数据（数据来源为国泰安上市公司数据库），借鉴公司债务结构动态调整方法，分析货币政策对公司向最优债务结构方向调整速度的影响，以及货币政策对公司债务结构偏离程度的影响。

第六章为货币政策对公司融资选择的影响，利用中国非金融上市公司的财务数据（数据来源为国泰安上市公司数据库），研究货币政策对公司内部融资与外部融资、股权融资与债务融资等方式选择的影响。

最后针对本书的分析结果提出结论和政策建议。

本书的逻辑框架如图 3 所示。

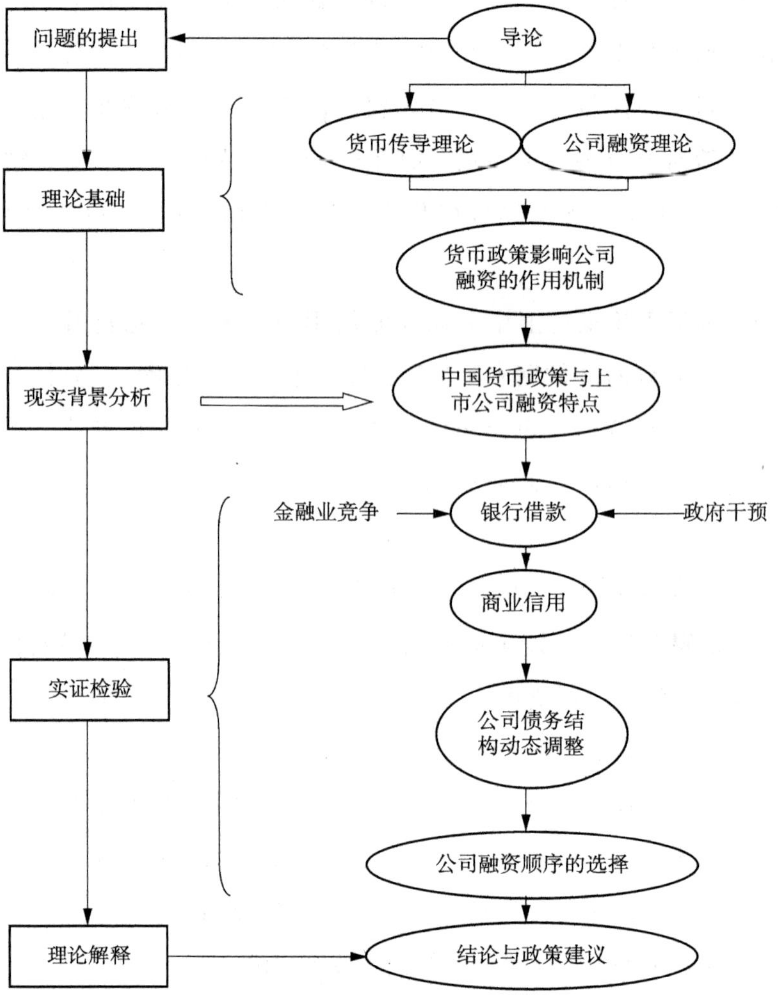

图 3　本书的逻辑框架

五、研究方法

本书将主要采用规范研究与实证研究相结合、定性研究与定量研究相结合的方法。具体如下：

第一，文献归纳法。在对以往关于货币政策与公司融资问题的研究文献进行综述的基础上，归纳出本书希望研究和解决的问题。

第二，逻辑演绎和归纳法。运用演绎和归纳法从理论上分析货币政策对公司融资的作用机制，得出相关研究框架。

第三，实证研究法。运用上市公司财务报表数据实证检验中国货币政策对上市公司融资的影响，得出相关结论。本书中所有的数据整理、计算与实证检验均利用 Stata 11 软件完成。具体的实证研究模型包括：①采用面板数据计量模型分析货币政策对上市公司银行借款的影响问题；②采用自然实验方法与双重差分模型研究货币政策对上市公司商业信用的影响问题；③采用动态面板数据计量模型与广义矩估计（GMM）分析货币政策对上市公司债务结构动态调整的影响问题；④采用二项 Logit 模型分析货币政策对上市公司融资选择的影响问题。

六、创新点与不足之处

本书在前人研究的基础上，其创新点主要体现在以下三个方面：

第一，已有货币政策文献大多集中于运用宏观数据进行分析，而本书利用上市公司财务报表数据从微观视角研究中国货币政策的相关问题，扩充了中国货币政策微观基础的相关研究，更有助于发现货币政策传导的微观异质性。

第二，本书结合金融业竞争与政府干预的制度背景分析货币政策对上市公司银行借款的影响，从新的视角对货币政策区域效应产生的原因做出解释。现有文献多集中于从地区经济差异的角度研究货币政策的区域效应，本书的研究则发现制度背景方面的差别同样是造成不同区域上市公司对于货币政策异质性反应的重要因素。

第三，本书采用自然实验方法和双重差分模型研究了货币政策对上市公司商业信用的影响。由于自然实验方法可以有效降低变量的内生性，相比已有的研究不但能够更加准确地识别货币政策与商业信用的因果关系，而且还能比较不同企业之间对货币政策的异质性反应。

当然，本书也存在一些不足之处，主要有以下三个方面：

第一，由于数据可得性的原因，本书选取公开上市的非金融类公司作为实证样本，而对于大量的非上市公司则没有研究，但中国的经济体系中还有许多大型国有企业，以及众多的民营中小企业甚至小微企业。这些企业的数量远远超过上市公司，所面对的金融体系、资本市场和融资来源都有很大的差异，货币政策对他们的影响就可能与上市公司不同，这样可能造成本书结论的偏差。

第二，本书的实证研究是基于公司管理者完全理性的假设，从公司的微观异质特性出发，讨论货币政策对公司融资决策的作用，但却忽视了由于认知偏差而出现的公司管理者信心、情绪、动机等方面的变化与差异，及其在公司融资决策中的作用。

第三，由于中国的股票市场与债券市场起步时间较晚，发展过程还不成熟，为了简化研究，本书的主要研究对象为上市公司的债务融资（银行借款、商业信用与债务结构），对于其他资本市场融资方式如股权融资与债券融资等仅在第六章融资方式的选择中有所涉及，而没有进行专门的研究，这是本书研究的局限。

第一章

货币政策影响公司融资的作用机制

第一节　货币政策影响公司融资的需求分析

一、货币政策、利率效应与公司融资

凯恩斯学派认为，货币政策是通过利率效应对经济活动产生影响的。这一效应一直受到西方经济学家的重视，被认为是最重要的货币政策传导机制。凯恩斯强调货币政策主要通过影响利率而影响企业的融资借贷成本，并最终引起投资支出变动，提高利率会抑制企业的投资行为，而降低利率则会刺激投资的增加。追求利润最大化的企业投资计算是利率效应的基本根据，企业投资项目的内部收益率至少应等于（长期）实际利率。如果边际投资的收益率低于实际利率，那么投资该项目就无利可图，因此，如果利率上升，投资倾向就会随着实际利率的上升而下降。该机制后来被希克斯和汉森提炼为更为直观的IS-LM模型，被称为新古典综合派对封闭经济运行的高度概括，长期以来一直在货币经济理论中占有重要地位。

这一传导机制在IS-LM框架下运作，强调货币资产价格——利率在货币政策传导中的作用。这一理论认为，货币供应量的变化会打破资产市场的均衡，使市场利率发生变化，而利率的变化会通过借贷成本效应导致融资需求变化，再通过乘数效应使社会总支出发生更大的变化，使投资以乘数的方式发生增减变化，从而最终影响总支出与总收入。因此，根据传统凯恩斯主义的利率效应，货币政策影响公司融资的作用机制可以表示为：

$$M\uparrow \Rightarrow i_r\downarrow \Rightarrow \text{借贷成本}\downarrow \Rightarrow \text{债务融资需求}\uparrow$$

其中，M 为货币存量，i_r 为真实利率。在上述影响机制中，扩张性的货

币政策（$M\uparrow$）导致了实际利率水平的下降（$i_r\downarrow$），这会降低企业的融资借贷成本，进而引起企业融资需求上升。

利率效应还有一个重要特点，即强调影响企业决策的是实际利率，而不是名义利率。是实际利率而不是名义利率影响支出的结论，为利用货币政策刺激经济提供了一条重要的传导机制，即使是在通货紧缩时期名义利率水平接近于零的情况下，货币政策还能影响实体经济。当名义利率水平接近于零时，对未来扩张性货币政策的承诺会提高预期价格水平（$P^e\uparrow$）和预期通货膨胀率（$\pi^e\uparrow$），进而降低实际利率水平（$i_r=[i-\pi^e]\downarrow$），即使当名义利率水平固定为零时也是如此，最终通过下面的途径引起公司融资需求的增加：

$$M\uparrow\Rightarrow P^e\uparrow\Rightarrow\pi^e\uparrow\Rightarrow i_r\downarrow\Rightarrow\text{借贷成本}\downarrow\Rightarrow\text{债务融资需求}\uparrow$$

二、货币政策、代理冲突与公司融资

（一）公司融资的权衡理论与代理成本假说

权衡理论作为一种现代公司融资理论，探讨了企业存在财务风险和破产成本以及代理成本的情况下，其市场价值与债务结构的关系，因此又被称为最优债务结构理论。最优债务结构就是在债务融资所产生的税收利益（即税盾效应）与破产成本的现值之间进行权衡。相对于传统的公司融资理论，权衡理论既考虑到了负债给企业可能带来的利益，又考虑到了负债可能会导致的企业财务风险与各种费用的增加。早期的权衡理论完全建立在税收利益和纯粹的破产成本基础之上，企业一旦陷入财务困境，资本市场对该企业的态度就会发生变化，企业会发生融资困难，即使能筹集到资金，也必须付出高融资成本。

根据权衡理论，企业的市场价值为其股权价值加上债务融资税盾效应的现值，再减去破产成本的现值。用公式可以表示为：

$$V_L=V_U+PVTD-PVFA$$

式中：

PVTD——债务融资税盾效应的现值；

PVFA——破产成本的现值。

债务结构与企业价值的关系还可以用图 1-1 表示。

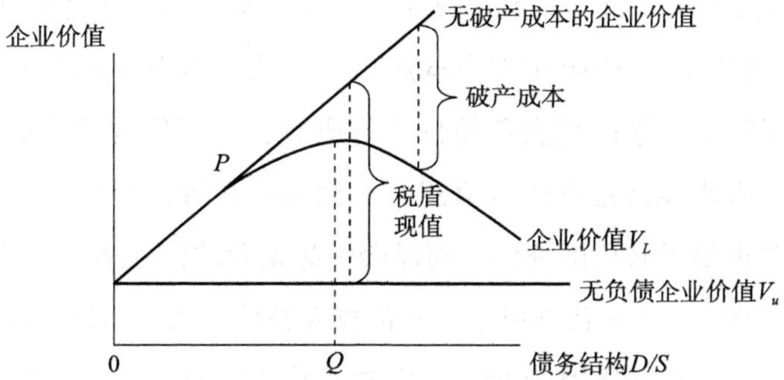

图 1-1　债务结构与企业价值的关系

图 1-1 中，如果企业的债务结构为 0，则其市场价值为 V_u。随着企业债务结构的提高，债务融资所产生的税盾效应会使企业的价值逐渐提高，但是当企业价值低于图 1-1 中的 *P* 点时，并不会产生破产成本，企业的价值等于 V_U+PVTD。当企业价值超过 *P* 点时，开始出现债务融资的破产成本，企业价值的增加速度逐渐减慢，但在债务结构达到图 1-1 中的 *Q* 点以前，债务融资所产生的边际破产成本远远小于其获得的边际税收利益，继续提高债务结构债务融资仍然会增加企业的价值。当企业债务结构达到图 1-1 中的 *Q* 点时，由于此时边际破产成本等于边际税收利益，因此，企业的价值达到最大。当企业债务结构过了 *Q* 点时，边际破产成本就小于边际税收利益，企业价值开始呈下降趋势。后期权衡理论与前期相比将负债成本从早期的破产成本进一步扩展到财务困境成本、代理成本和非负债税收利益损失等成本方面。财务困境成本可视为等同于破产成本，代理成本实际上是由所有者和债权人之间的利益冲突引起的由企业承担的额外费用。

（二）货币政策通过代理冲突影响公司融资需求

货币政策可以改变宏观经济的运行与微观企业的盈利状况，那么在货币政策紧缩时期，宏观经济逐渐萧条，企业盈利下降，企业管理者会预期未来使用外部融资的风险较大，特别是使用债务融资陷入财务困境的可能性增大，因此根据公司融资的权衡理论，企业使用债务融资的破产成本上升，而债务带来的抵税收益下降，企业对债务融资的需求下降。其传导过程可以表示为：

$M\downarrow\Rightarrow$财务困境$\uparrow\Rightarrow$破产概率$\uparrow\Rightarrow$破产成本$\uparrow$抵税收益$\downarrow\Rightarrow$债务融资需求$\downarrow$

在考虑了货币政策改变企业债权人与所有者之间代理冲突的情况下，货币政策紧缩，宏观经济逐渐陷入衰退，必然引起代理冲突加剧，代理成本上升，债权人要求给予必要的补偿，同样会引起企业的债务融资需求下降。即：

$M\downarrow\Rightarrow$代理冲突$\uparrow\Rightarrow$代理成本$\uparrow\Rightarrow$债权人补偿要求$\uparrow\Rightarrow$债务融资需求$\downarrow$

相应地，在货币政策宽松时期，宏观经济逐渐复苏，公司管理者预期未来使用外部融资的经营风险较小，陷入破产的概率较低，债权人与债务人之间的代理冲突下降，破产成本和代理成本都会下降，债务融资的抵税收益则会促使公司调整其债务结构。

三、货币政策、信息不对称与公司融资

（一）公司融资的优序融资理论

Myers & Majluf（1984）将权衡理论、代理理论以及信息不对称理论的研究成果综合起来，提出公司融资的优序融资理论。他们认为，控股权与管理权的分离产生信息不对称，在信息不对称的条件下，企业管理人员作为内部人比外部人（投资者）更了解企业收益和投资的真实状况，因此，外部人的投资决策是以内部人所传递的信号来作为参考的。那么，在信号的传递存在成本的情况下，企业会在内部融资、股权融资和债务融资等方式之间产生一定的顺序偏好。一般来说，企业更偏好内部融资，因为相对于外部融资来说内部融资的成本更低，不需要付出信号传递成本。如果企业确实需要外部融资，它们会根据信息不对称的程度，首先进行风险较低的债券融资，然后进行风险较高的债券融资，最后才是股权融资。这就是著名的“优序融资”（Pecking Order）理论。

（二）货币政策通过信息不对称影响公司融资需求

货币政策变化也可以改变公司在资本市场的信息不对称程度，因而公司的外部融资成本也会随着货币政策的变化而发生改变。首先，货币政策的紧缩导致企业陷入财务困境的可能性增大，破产概率上升，结果就是债务违约的可能性增大，道德风险上升，这也意味着债权人——特别是商业银行与借款企业之间的信息不对称程度将会上升；反之，货币政策的扩张有可能缓解借款银行与借款企业之间的信息不对称。其次，股票市场的信息不对称程度也可能由于货币政策的变化而改变，如在货币政策紧缩之后，宏观经济普遍不景气，投资者可能情绪低落，可能会过低地估计公司的未来收益，从而加剧因信息不对称导致的逆向选择问题，公司在这个时候进行股权融资的成本就会上升；而货币政策扩张，宏观经济复苏，投资者的情绪高涨，则有可能过高地估计公司的未来现金流和收益，从而缓解了因信息不对称导致的逆向选择问题，降低了公司的股权融资成本，因而公司可能更偏向股权融资。

因此，根据优序融资理论，货币政策紧缩时，由于这时信息不对称程度上升，无论是债务融资还是股权融资，公司通过外部融资的代价上升，那么其对外部融资的需求将会下降。其传导过程可以表示为：

$M\downarrow\Rightarrow$信息不对称程度$\uparrow\Rightarrow$外部融资成本$\uparrow\Rightarrow$融资需求$\downarrow$

相应地，在货币政策宽松时期，信贷市场信息不对称程度下降，对公司来说，由此带来的外部融资成本相比货币紧缩时期显著下降，因此，公司会增加对外部融资的需求。

四、货币政策、资产价格效应与公司融资

（一）货币政策传导的资产价格效应与 Tobin 的 *Q* 理论

货币主义学派认为，凯恩斯主义者仅仅关注利率这一种资产价格，而忽视了其他诸多资产的价格。因此，货币主义学派提出了一种新的货币传导机制，在这个传导机制中，其他资产的相对价格水平和实际财富将货币政策的

作用传递到实体经济。除债券价格外，其他两种资产价格作为货币政策传导途径的作用受到了极大的关注：汇率和所有者权益（即股票）。而其中对公司融资起到至关重要作用的就是股票价格。

基于此，Tobin（1969）创立了一种用来解释股票价格在货币政策传导机制中所起作用的理论，被称为 Tobin 的 Q 理论。Tobin 将 Q 定义为企业的市场价值与资本重置成本之比，如果 Q 值大于 1，企业的市场价值就高于其资本重置成本，也意味着企业的股票市值相对于新购置的厂房和设备来说更高，因此股票价格相对于所购买的厂房和设备的成本也就更高，由于企业只需要发行少量的股票就可以购买到大量的资本品，这时公司就会发行股票。相反，如果 Q 值小于 1，企业的股票市值相对于资本重置成本较低，股票价格偏低，此时企业就不会发行股票增加资本，而是直接通过低价收购其他企业，获取旧的资本品。

货币当局执行扩张性货币政策时，货币供给大于货币需求，超出部分可以用于股票市场的投资支出，这就会增加对股票的需求并提高股票的价格水平。而高股价（$P_s\uparrow$）会导致 Q 值升高，引起企业股权融资需求的上升，并进而导致投资支出的增加。其传导机制如下：

$$M\uparrow \Rightarrow P_s\uparrow \Rightarrow Q\uparrow \Rightarrow \text{股权融资}\uparrow$$

（二）货币政策与公司的市场择时行为

由于现实中还存在许多经典的公司融资理论无法解释的现象，许多文献开始基于企业管理者和投资者的非理性行为视角来研究公司的融资活动，这就是公司的市场择时融资理论。所谓市场择时融资理论，是突破了传统公司融资理论中的理性人假设而形成的一种长期融资的理论分析框架，主要研究公司管理者如何利用股票市场窗口机会暂时产生的低成本融资优势择机选择融资工具，从而使现有股东获得价值的最大化，因此也被称为市场择时理论。Stein（1996）与 Baker & Wurgler（2002）分别提出了两种市场择时模式。Stein（1996）认为当公司股票价格被市场高估时，理性的管理者会意识到此时股权融资的成本较低，从而更多地利用股票进行融资；相反，当公司股票价格被市场低估时，理性的管理者会回购被低估的股票使公司股东的价值最大化。Baker & Wurgler（2002）则提出了有关市场择时另一种模式。他们的研究认为，由于信息不对称，投资者并不会完全相信公司管理者对经营业绩和投资项目所做的宣传，从而导致对新股的估价总是低于没有信息不对称问题时的均衡价格，为了降低信息不对称导致股价低估的程度，管理者就会总是选择信息不对称程度较低的时机发行股票。

市场择时理论的基本思想，就是公司会选择寻求外部融资时机，在股价上升而不是股价已下降后发行股票。在实践中，市场时机似乎是公司真实财务政策的一个重要方面。货币政策如果能够影响股票价格的波动与股票市场的走势，如货币政策扩张、股票价格高涨，那么公司管理层就会利用股票价格变动带来的市场时机进行相应的融资。其传导过程可以表示为：

$$M\uparrow \Rightarrow P_s\uparrow \Rightarrow \text{市场时机}\uparrow \Rightarrow \text{股权融资}\uparrow$$

当然，我们也应当看到，无论是 Tobin 的 Q 理论还是公司的市场择时行为，货币政策能够通过这两种机制影响公司融资的关键是股票市场对货币政策的反应足够灵敏。由于历史原因，中国上市公司长期存在一股独大、股权集中的现象，大股东往往通过控制上市公司获得控制权收益。而股票市场的中小投资者购买股票主要是为了从买卖差价中获取资本利得，这也就使得中国的股票市场对货币政策非常敏感，增加了货币政策通过股票价格对公司融资影响的程度。

第二节 货币政策影响公司融资的供给分析

无论是经典的公司融资理论（权衡理论与优序融资理论）还是其后发展起来的基于行为公司金融视角的市场择时理论，都属于融资需求方面的理论。这些理论都有资本的“供给弹性无穷大”这一隐含的假定，因此只需要根据公司的经营、财务状况和对股票市场与公司经营前景的信念，管理者就可以做出适当的融资决策以使利益最大化，根本不需要考虑融资需求以外的因素①。本节我们将从供给层

① 曾海舰，苏冬蔚．信贷政策与公司资本结构．世界经济，2010（8）.

面讨论存在资本供给约束的情况下，货币政策对公司融资的影响机制。

一、货币政策传导的信贷渠道与公司融资

（一）信贷可得性学说

信贷可得性学说主要是从信贷双方的资金供求角度来进行分析，其总体思想是：在银行贷款市场不完善或实行利率管制的情况下，利率存在价格黏性，信贷的决定因素不在于其价格，而在于其可获得性。由于这一学说强调银行的资产方管理，而银行资产由大量政府债券与私人部门贷款构成，货币当局可以通过公开市场操作来影响银行的流动性，从而控制信贷流量。当紧缩或扩张性的货币政策增加或减少了银行持有的政府债务时，影响了其流动性，金融机构会调整资产结构，修正信贷供给，相应减少或增加对借款人的贷款数量，从而直接影响到借款人的信贷可得性。

由于来自政府管制与监管的限制以及限制高利贷方面的法律等原因，许多经济体还实行银行信贷规模控制和利率管制，这往往使借款人的信贷需求无法得到满足。如图 1-2 所示，借款人信贷资金需求曲线 D 向右下方倾斜，而在官方规定的贷款利率 R^* 下，银行贷款供给曲线 S 是水平的，即供给具有完全弹性；但是由于在政府管制下存在对于银行向借款人贷款的数量限制，以 OA 来表示，银行资产组合中的贷款不能完全发放，这样，在利率 R^* 下，借款人就存在未被满足的超额贷款需求，数量大小为 OB 减去 OA。因而，根据信贷可得性学说，当货币紧缩时，即使银行贷款利率不一定发生变动，只要银行能够影响借款人的信贷可得性，同样能够使借款人的投资支出大幅下降。

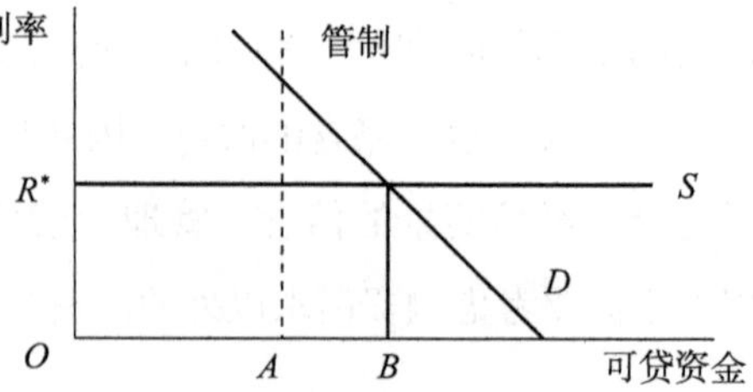

图 1-2　信贷可得性

（二）货币传导的信贷渠道理论

仅靠传统的利率机制很难解释货币政策变动影响真实经济的途径，因此，经济学家提出了一种新的基于金融市场信息不对称问题的解释。近年来，有大量文献专门研究信贷市场在将货币政策传导到实体经济方面所起的关键作用，并形成了货币传导的信贷观点。信贷观点以放弃完美的金融市场作为分析前提，引入了金融市场不完全性与摩擦等因素，充分考虑到金融结构与金融中介在货币传导过程中被传统利率机制所忽视的作用，从而对货币传导机制理论展开了更为深入和丰富的研究。

以 Bernanke、Gertler、Kasyap 和 Stein 为代表的一批经济学家提出存在货币政策传导的信贷渠道（Credit Channel）。信贷渠道理论通常区分货币政策能够影响经济的两种机制，从而认为存在两种不同的信贷渠道：一类是通过信息问题对银行贷款的影响发挥作用，称为银行贷款渠道（Bank-lending Channel）；另一类则是通过对企业的资产负债状况的影响发挥作用，称为资产负债表渠道（Balance Sheet Channel）。

1. 银行贷款渠道

由于商业银行可以很好地解决信贷市场上的信息不对称问题，所以商业银行在整个金融体系中扮演着一个特殊的角色，银行贷款与其他金融资产不可完全替代，特定类型借款人的融资需求只能通过银行贷款得以满足。如果没有其他资金来源来代替商业银行存款，货币政策传导的银行贷款途径就会按照以下方式发挥作用：扩张性货币政策会增加银行的准备金和存款，从而增加银行可发放贷款的数量。由此，货币政策的影响可表示为：

$$M\uparrow \Rightarrow \text{银行准备金}\uparrow \Rightarrow \text{银行存款}\uparrow \Rightarrow \text{银行贷款供给}\uparrow$$

2. 资产负债表渠道

资产负债表渠道并不局限于银行信贷，而是考虑任何可能存在的信贷市场，因此也被称为广义信贷渠道（Broad Credit Channel）。通过这一渠道，货币政策会影响企业当前的净资产并因此影响其流动性状况，货币紧缩会降低资产投资的净值，企业的信贷资信会下降，遭受信贷配给歧视的企业融资状况会更加恶化，投资活动也会相应减少（Bernanke & Gertler，1995；Oliner & Rudebusch，1996）①。

（1）企业净值与资产负债表渠道

与银行贷款途径一样，资产负债表途径也是由于信贷市场的信息不对称问题造成的。企业的净值越低，借款给这些企业面临的逆向选择和道德风险问题就越严重，较低的净值意味着借款人可提供抵押的资产较少，因此加大了贷款人由于逆向选择问题可能引致的潜在损失，净值的下降会提高逆向选择发生的可能性，因此会导致为投资所支出提供融资的贷款减少。企业净值较低也会带来严重的道德风险问题，因为低净值企业的所有者在企业破产时的损失较少，所以就有更强的动机从事高风险的投资项目。由于投资项目的高风险加大了贷款人无法得到偿付损失的可能性，因此，为避免贷款风险的发生，当企业的净值下降时，贷款人会减少对其的贷款。

货币政策也可以通过如下途径影响企业的资产负债表：扩张性的货币政策（$M\uparrow$）会导致股票价格的上升（P_s），进而增加企业净值，而企业净值的增加会减少逆向选择和道德风险问题，又会增加贷款人对其的贷款。这一过程可以表示为：

$M\uparrow \Rightarrow P_s\uparrow \Rightarrow$企业净值$\uparrow \Rightarrow$逆向选择$\downarrow$，道德风险$\downarrow \Rightarrow$信贷可得数量$\uparrow$

（2）现金流与资产负债表渠道

还有一种资产负债表途径是通过对现金流的影响发挥作用的，现金流是指现金收入与支出的差额。扩张性的货币政策会降低名义利率水平，企业的现金流入会因此增加，进一步改善企业的现金流状况。而现金流提高了企业的流动性，贷款人可以更加容易地了解企业能否履行偿债义务，资产负债表也得到改善，从而逆向选择和道德风险问题减轻，导致企业获得的贷款总量增加。这可以用如下公式表示，其中 *CF* 代表现金流。

---

① Bernanke, B. S., Gertler, M.. Inside the Black Box: The Credit Channel of Monetary Policy Transmission, *The Journal of Economic Perspectives*, 1995, 9 (4); Oliner, S. D., Rudebusch, G. D.. Is There a Broad Credit Channel for Monetary Policy?, *Economic Review*, 1996 (1).

$M\uparrow \Rightarrow i\downarrow \Rightarrow CF\uparrow \Rightarrow$逆向选择↓，道德风险↓⇒信贷可得数量↑

现金流途径的一个重要特点是，名义利率水平对现金流起着重要作用，这与传统的利率传导渠道中实际利率水平的重要作用是不同的。而且，在现金流途径中，不是长期利率而是短期利率水平起着特殊的作用，因为可能影响企业现金流最大的不是长期债务，而是短期债务的偿付。

（3）意料之外的物价水平途径与资产负债表渠道

第三种资产负债表途径是通过货币政策影响一般物价水平发挥作用的。在工业化国家中，债务总是以固定的名义利率计息的，而意料之外的物价水平变动会降低企业的实际负债（减轻债务负担），但是企业资产的实际价值不会降低。因此，扩张性货币政策引起物价水平意料之外的变动（$P\uparrow$），进而增加了企业的实际净值，减少了逆向选择和道德风险问题，又会使企业可获得信贷的数量增加。这一过程可以表示为：

$M\uparrow \Rightarrow$意料之外的$P\uparrow \Rightarrow$逆向选择↓，道德风险↓⇒信贷可得数量↑

大型企业在没有银行贷款融资的情况下，可以直接进入证券市场进行融资，而对于信息不对称问题突出的中小企业，银行借款是必不可少的。因此，信用观点的一个重要含义是：相比还能够通过股票市场和债券市场直接融资的大企业来说，小企业更依赖于银行贷款，所以货币政策对小企业的投资支出会有更大的影响。

二、货币政策、信贷配给与公司融资

（一）信贷配给理论[①]

信贷配给理论与货币政策的信贷传导具有密切的关系，信贷配给是信贷渠道存在的充分条件。信贷配给一般分为两类：第一类信贷配给与第二类信贷配给。前者是指即使借款人愿意支付当前的价格，其贷款需求仍得不到满

① 本节中的信贷配给理论主要参考肯特·马修斯，汤姆森．银行经济学．綦相译．机械工业出版社，2008；德怀特·贾菲，约瑟夫·斯蒂格利茨．信贷配给//本杰明·M. 弗里德曼，弗兰克·H. 哈恩．货币经济学手册（第 2 卷）．陈雨露，曾刚等译．经济科学出版社，2002.

足的情形；而后者是指在一些同质的借款人中，仅一部分人的贷款需求能够得到满足，而另一部分人即使愿意支付当前的价格也无法得到贷款。

1. Hodgman 的信贷配给理论

早期的信贷配给理论主要基于利率价格黏性的概念，大多认为信贷配给的存在源于政府管制行为，与银行利润最大化动机存在矛盾。20 世纪 60 年代以后，随着信贷配给理论的发展，金融机构出于安全性与收益性权衡的考虑出现了主动的配给行为，这表明信贷配给不仅并不与银行利润最大化目标相悖，反而可能是银行利润最大化行为的产物。Hodgman（1960）最早开创了外生信贷配给理论。该理论从银行面临的违约风险角度出发，探讨银行贷款风险、期望利润与贷款供给之间的关系，从而说明信贷配给的产生与银行利润最大化行为保持一致。Hodgman 的分析框架至今仍是信贷配给理论的核心。

Hodgman 模型中考察的是与企业签订了一期贷款合约的对风险持中性态度的银行。模型用 L 表示贷款额，r 表示利率，假设企业投资项目的可能结果为 x，$k<x<K$，其概率分布函数以 $f(x)$ 来表示，资金的利率成本为 δ。该模型以企业贷款违约时的银行最低收益以及不违约时的收益之加权平均值，再扣除银行资金成本后的净收益来表示银行的期望收益，则这一期望收益可写为：

$$E(\pi) = \int_{k}^{(1+r)L} xf(x)\,dx + \int_{(1+r)L}^{K} (1+r)Lf(x)\,dx - (1+\delta)L$$

根据上述公式来推导银行对借款人的贷款供给曲线，即这一曲线就是银行期望收益为零的合约的零利润轨迹。其内在的含义是：当贷款金额较小时，违约概率与贷款风险也很小；而随着贷款规模上升至超过某一临界点时，违约概率上升，银行利润下降，贷款供给曲线将向后弯曲。如图 1-3 所示，贷款需求曲线用 D 表示，在小规模贷款区域内，即 $L<\frac{k}{1+\delta}$时，贷款无违约风险，贷款供给曲线为一条水平线。之后，随着贷款规模的上升，违约的可能性增大，贷款供给出现先增后减的情况，贷款供给曲线的斜率由正转负，供给曲线向后弯曲，贷款供给的最大规模为 L^*，由此决定的均衡利率为 r_1。因而，

对于图中的借款人需求曲线 D_1 来说，需求贷款的规模超过了贷款人所愿意提供的最大贷款规模，出现了贷款超额需求，从而会产生信贷配给问题。

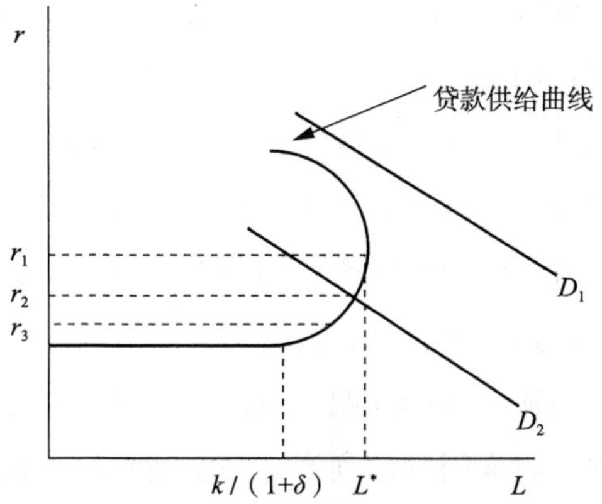

图 1-3　信贷配给

而对于需求曲线 D_2 这种情况来说，贷款需求曲线与供给曲线相交，均衡利率为 r_2，不存在贷款限额下的配给问题；如果银行将贷款利率设定在均衡利率 r_2 以下时，仍可能出现以贷款规模表示出来的信贷配给问题。对此，Jaffee & Modigliani（1969）基于借款人等级分组进行了解释，认为银行会根据客户的客观因素，将申请借款的企业分成几个组，每组制定统一的利率。如某组利率为 r_3 水平，但由于同一组的企业贷款风险与需求也存在不同，若同组中某企业的贷款需求曲线为 D_2，则银行会认识到其具有高于平均水平的贷款需求与贷款风险，因而，向其提供的贷款就会小于其需求，即对贷款风险高的企业进行信贷配给。

根据上述理论，货币政策的调整不仅会直接影响信贷供给总量，而且会影响企业的违约风险大小，改变投资项目的概率分布函数 $f(x)$，从而影响信贷配给。当货币紧缩时，银行可贷资金量减少，而同时企业的贷款违约风险增大，信用等级下降，银行更可能将有限的贷款提供给信用度高的企业或关系客户，而信用度低的企业与非关系企业则更难得到信贷资金，因此造成其所面临的银行系统的信贷配给问题可能更加严重。

2. Jaffee & Russell 的信贷配给理论①

Jaffee & Russell（1976）最早将信息不对称与逆向选择引入信贷市场分析中，建立了一个存在事前不对称信息的消费信贷市场模型来探讨信贷配给问题。在这一理论中存在两类借款人：诚实的借款人与不诚实的借款人。由于信贷市场上不对称信息的存在，不诚实的借款人会混同于诚实的借款人申请贷款，银行难以甄别两类借款人的风险特征。因而，当银行试图用不同的利率水平来区分借款人时，由于逆向选择的存在，不诚实的借款人的比重会上升，而诚实的借款人被迫退出市场，这将增加银行风险，导致利率的进一步上升，并形成更严重的逆向选择问题。因而，最终银行可能会制定同样的混合合同，对两类借款人收取同样的利率，并实施配给，只满足借款人的部分贷款需求。

Jaffee & Russell（1976）的模型是一个两期模型。其中，每个借款人的当期收入是 Y_1，未来收入是 Y_2，两期消费分别是 C_1 和 C_2，借款者当期贷款 B，贷款利率为 r，则：

$$C_1 = Y_1 + B$$

$$C_2 = Y_2 - (1+r)B$$

如果借款者的违约成本小于贷款偿还额，即 $Z<(1+r)B$，该借款者就会不履行借贷合约，道德风险就会产生。由于诚实的借款人丧失继续借贷渠道、失去信誉相关的违约成本 Z 值很高，往往更倾向于偿还贷款；而不诚实的借款人 Z 值较低，则更可能违约。对此，银行无法加以辨别，但银行知道有 θ 比例的借款人会偿还贷款。假设银行资金成本率为 δ，则其利润函数为：

$$E(\pi) = \theta(1+r)B - (1+\delta)B$$

当银行利润最大化时，上式的一阶条件应当为 0。由此，贷款利率的均衡值 r^* 应满足：

$$1+r^* = \frac{1+\delta}{\theta}$$

① Jaffee, D., Russell, T.. Imperfect Information, Uncertainty, and Credit Rationing, *Quarterly Journal of Economics*, 1976 (90).

$$r^* = \frac{1+\delta}{\theta} - 1$$

上式得出的 r^* 即为混合合同的利率。其中，贷款利率因子（$1+r$）超过资金成本因子（$1+\delta$），超出部分$\frac{1}{\theta}$是在借款人违约时用来补偿银行的。由于银行在贷款利率 r^* 上会按照诚实借款人的需求发放贷款，而事实上，不诚实的借款人总是在模仿诚实借款人的行为，所以，诚实的借款人所得贷款规模要小于其贷款需求，信贷配给产生。

在货币紧缩时期，贷款违约风险增大，贷款偿还率可能下降，即 θ 减少，这会引起均衡贷款利率 r^* 上升，借款人外部融资成本提高，因而，诚实的借款人更可能面临信贷配给问题。

3. Stiglitz & Weiss 的信贷配给模型①

Stiglitz & Weiss（1981）在不对称信息框架下分别引入逆向选择和道德风险来论述信贷配给理论。他们认为，在信息不对称的情况下，一方面，利率的提高将引发信贷市场上的逆向选择问题，促使低风险的借款人退出市场，高风险的借款人比重上升，由此造成借款人的质量构成发生变化，平均风险上升，从而降低贷款银行的期望收益；另一方面，利率提高也会对借款人行为产生反向激励而诱发道德风险，促使借款人更多地投资于高风险投资项目，从而也会降低银行的期望收益。

Stiglitz & Weiss 利用模型对这一信贷配给问题的产生做出了解释。模型需要满足如下假设：每个投资者拥有财富的数量为 w，需要进行的投资为 k，并且 $w<k$，未能满足的投资额通过借款 L 获得，债务合同利率为 r；投资者的投资项目若成功，产生的收益率为 R^*，若失败，收益率为 0，项目成功的概率为 p_i，对应的概率密度函数是 $f(p_i)$，则投资项目的期望报酬 $R=p_iR^*$；存在信息不对称，投资者知道投资项目成功的概率，而银行不知道；p 为投资者到银行申请贷款的概率的临界值。

① Stiglitz, J. E., Weiss, A.. Credit Rationing in Markets with Imperfect Information. *American Economic Review*, 1981 (71).

在这些假定条件下，投资者的期望收益为：

$$E(\pi_i)=p_i[R^*-(1+r)L]=R-p_i(1+r)L$$

假设投资者的最低收益率为 σ，则投资者不进行借款投资而利用现有财富所能得到的最低收益是（$1+\sigma$） w。因而，借款发生的条件是：投资者借款进行投资所能获得的期望收益应当不小于这一最低收益，即：

$$E(\pi_i)\geqslant(1+\sigma)w$$

银行的期望收益为：

$$E(\pi)=(1+r)L\int_0^p p_i f(p_i)\,\mathrm{d}p_i$$

根据假设，利率越高，边际项目的风险越高，因而隐含的条件是：

$$\frac{\mathrm{d}p}{\mathrm{d}r}<0$$

所以，银行贷款利率上升对于银行期望收益的边际影响效应可表示为：

$$\frac{\mathrm{d}E(\pi)}{\mathrm{d}r}=L\int_0^p p_i f(p_i)\,\mathrm{d}p_i+\left(\frac{\mathrm{d}p}{\mathrm{d}r}\right)(1+r)Lpf(p)$$

上式第一项说明，利率上升将会提高那些偿还贷款的借款人的支付金额；第二项说明，利率越高，贷款申请人的质量越低。因而，由于利率的提高可能会使借款人采取不符合银行利益的行动，将高质量的贷款人挤出贷款市场；同时，提高利率也会增加高风险项目对于借款人的相对吸引力，而这些项目对银行的回报却较低，这就为银行提供了另外一种激励，使得银行在面临资金的超额需求时更可能采取信贷配给行为而非提高利率水平。

因而，根据 Stiglitz & Weiss 模型，货币紧缩时，利率上升加大了信贷市场的逆向选择和道德风险问题，从而导致银行在考虑自身期望收益的情况下，可能会拒绝一部分借款人的贷款请求，从而出现信贷配给行为。

（二）信贷配给在货币政策信贷渠道中的作用

由于信贷市场不完善，金融机构与企业之间会存在信息不对称，由信息不对称引起的逆向选择和道德风险必然导致信贷配给的发生，即以下两种情况：①在看起来完全相同的贷款申请人中，一部分人得到贷款，另一部分人被拒绝，被拒绝的申请人即使愿意支付更高的利息也得不到贷款；②从人群中可以识别出这样一组人，当信贷供应额给定时，无论什么利率他们都得不到贷款，尽管当信贷供应额有所扩大时他们能得到贷款（Stiglitz & Weiss, 1981）。而宏观经济环境的改变（如货币紧缩、金融危机），则会加剧这种信息的不对称，进而导致更严重的信贷配给。因而，当货币当局采取紧缩性货币政策时，通过银行贷款渠道的传导，银行体系的准备金数量会随之减少，从而导致银行收缩信贷规模。而信贷配给问题的存在，会加剧信贷收缩对于企业造成的影响。同时，货币政策也会影响公司的资产净值并因此影响其流动性（资产负债表）。由于紧缩性货币政策降低了资产投资的市值，所以公司的信用等级下降，遭遇信贷配给的债务人的流动性更加恶化。

信贷配给在信贷渠道中的作用可以借助 Kiyotaki & Moore（1997）① 的模型来简要概括：一个企业为了生产需要两种投入：土地与劳动。假设该企业拥有一定面积 K 的土地，但它必须在基期为劳动投入进行融资，劳动要素的价格标准化为 1，在期末企业能以价格 q 出售其土地。给定 K 的数量，生产根据函数 $f(x_t)$ 由可变的劳动投入 x_t 决定。

假设在基期企业拥有源于过去生产收益的现金流 $f(x_0)$，但首先必须从中为过去接受的信贷 b_0 偿还债务（$1+r_0$）b_0，因此加上新借债务 b_1，企业能为其劳动资本投资融入数量为 x_1 的资金：

$$x_1=f(x_0)+b_1-(1-r_0)b_0$$

新贷款的利率为 r_1，企业希望使其投资 x_1 的净收益在期末最大化。如果没有融资限制，企业的劳动投入按照最优条件确定：

$$f'(x_1)=1+r_1$$

在此，企业将根据上述方程接受信贷 b_1，但在信贷分配时银行必须考虑下列激励问题：它无法直接控制企业的生产收益，如果信贷接受者拒不履行偿债义务，那么银行只能对作为保证的土地 K 采取行动。因此，在基期最大可得的信贷数量受限于信贷保证的现值：

① Kiyotaki, N., Moore, J.. Credit Cycles, *Journal of Political Economy*, 1997, 15 (2).

$$b_1 \leqslant \frac{q_1 K}{1+r_1}$$

只要这个关系满足，企业总是会偿还其借款，它是源自委托—代理问题的激励条件，考虑到企业的现金流量，可得如下限制条件：

$$x_1 \leqslant f(x_0)+\frac{q_1 K}{1+r_1}-(1-r_0)b_0$$

当货币政策紧缩，利率 r_1 上升产生的作用取决于企业是否遭遇信贷配给：①在企业净资产 K 很大时，限制条件不具有约束作用，投资活动按照利率与投资传统的负相关关系而下降；②相反，如果限制条件成立，那么利率上升会由于高杠杆效应对举债企业产生严重的影响；③净资产的下降还限制了继续进行信贷融资的可能性。综上所述，由于货币紧缩引起的银行信贷供给的减少，既可能会使原有的信贷配给问题变得更为严重，也可能造成新的信贷配给问题。因而，从企业的角度来说，紧缩性货币政策不仅意味着公司的信贷可获得数量总体上会减少，而且信贷可获得性在不同公司间的配给问题也会更为严重。

我们也可以用图 1-4 表示信贷配给在信贷渠道中的作用。由于银行在确定贷款供给时，往往会根据借款人情况进行分组，分别确定报出利率水平，从而使各组的贷款的期望收益等于存款利率。竞争均衡时，所有贷款都应当具有相同的期望收益，这一收益即为存款利率水平。由此，将借款人分为三组（见图 1-4）。

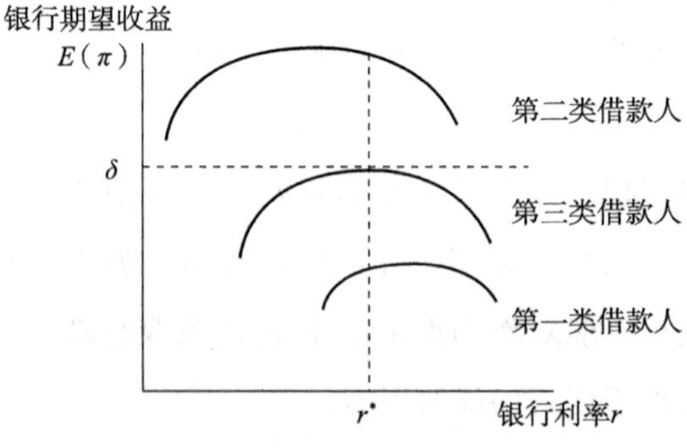

图 1-4　多组情况下的信贷配给

第一类借款人所面临的银行预期收益曲线在最下方。在这种情况下，由于任何利率都不能使银行的期望收益达到要求的水平，所以借款人完全得不到贷款，面临信贷配给。第二类借款人面临的银行预期收益曲线在图中最上方，银行乐于发放贷款，借款人的要求完全得到满足，银行贷款的期望收益等于存款利率，但低于银行能够从较高的报出利率上所能得到的最大期望收益水平。第三类借款人为临界组，在这一组内，一些经济主体得到贷款，而具有相同条件的贷款申请者却得不到贷款，面临着限量配给，银行从这一临界组成员中报出能最大化其期望收益的利率。

对这三类借款人而言，当信贷可得性降低时，最可能的就是会对第三类借款人即临界组产生冲击，即使利率不发生改变①，这些借款人中也会有更多的人面临信贷配给。特别是当信贷可得性降低得非常多时，利率也有可能发生调整，从而可能使整个临界组中的成员都无法得到贷款，并可能将新的临界组中的一部分成员也排除在信贷之外。

三、关系型融资对银行贷款渠道的影响

（一）关系型融资的定义

当公司由于信息不对称而遭遇歧视性信贷配给时，关系型融资有助于增加企业的贷款获得率，使企业可以获得经营管理方面的帮助和全面的金融服务。同时，关系型融资在银行克服信息不对称、分享剩余权益、提高其他银行进入门槛方面具有比较优势②。也就是说，如果可能遭遇信贷配给的企业与银行保持长期稳定合作关系，后者就会主动去收集和处理关于前者状况的信息，并根据信息的相关变化去设定和修改贷款契约中的相应条款（如抵押物要求和贷款利率等），不同的贷款条件则直接影响贷款申请结果。可以说，关系型融资是近年来西方金融中介理论研究的热点问题，也是 20 世纪 90 年代

① 此时，此利率是银行期望收益最大化所决定的利率。

② 青木昌彦．比较制度分析．上海远东出版社，2001；郑国英．关系型融资对货币政策传导的影响效应探析．数量经济技术经济研究，2007（7）．

才引起经济学家关注的前沿问题①。

关于关系型融资，学术界还没有一个统一的定义。Peterson & Rajan（1994）认为，关系型融资就是能使企业获得更多资金和更低资本成本的紧密的融资关系。Ongena & Smith（1998）则提出了一个广义的定义，他们将借贷双方之间所有超越简单的匿名贷款合约的联系统称为“关系型融资关系”。Boot（2000）则将关系型融资定义为金融中介提供的金融服务，其目的是获取特定客户的专有信息，并通过长期客户关系获得收益。

总之，关系型融资是一种广泛存在的融资活动，相比一般银行信贷融资具有以下比较优势：①促进了信息交流，提高了融资效率；②有助于实现贷款条件的跨期优化；③增加了中小企业的信贷可获得性；④具有宣告效应，有助于解决信息不对称问题。

（二）关系型融资在货币政策传导中的作用

目前，对关系型融资在货币政策传导中的作用存在不同的结论。Haan & Sterken（2002）通过研究欧元区货币政策与公司治理特征的关系研究货币政策，分析货币政策对公有公司与私有公司资产负债表冲击的影响。结果发现，关于货币政策对总债务、短期银行债务的负面影响，私有公司显著小于公有公司。Ghosh & Sensarma（2004）利用印度公司数据做了与之类似的分析，最终支持公有公司比私有公司更易受货币政策影响这一结论。关于这一结论合理性的解释，他们都认为是关系型融资的体现。由于缺乏公有公司所拥有的公开发行股份融资的权利，规模小的私有公司相较而言更倾向于与银行维持长期的银企关系。关系贷款的存在使银行能够掌握公司特有信息，从而在紧缩期仍维持给私有公司贷款，因而减弱了货币冲击对私有公司的影响。

Ghosh（2010）关于印度公司融资行为的研究得出不同的结论，即货币紧缩的净效应使高债务、低利润公司短期银行借款增加。对此，他解释为：货

① 陈健．银企关系与信贷可获得性、贷款成本——基于 2003 年 NSSBF 调查的实证分析．财贸经济，2008（1）．

币紧缩时尽管短期贷款减少，但由于银企关系的存在，作为紧急贷款的短期银行贷款增加而导致公司债务结构发生改变，从而支持紧缩货币政策下的关系贷款观。由于这种关系贷款观强调银行与公司间建立长期关系，因而紧缩期银行对替代资金较少、受约束的借款者仍维持资金供给。这与 Prasad & Ghosh（2005）关于杠杆公司、小公司紧缩期债务增加支持关系贷款观的观点相一致，与 Mizen & Yalcin（2002）关于英国关系型贷款仅支持规模大的、成立时间长的、更安全的公司的观点有显著不同。

四、公司商业信用对信贷渠道的影响

当货币紧缩期特别是在银行信贷配给发生时期，外部融资更难以获得或获取成本更高时，一些公司使用商业信用这一融资形式替代银行借款来克服流动性短缺问题，这会减轻公司的融资约束问题。商业信用是指企业之间在商品交易过程中因延期付款或预付货款而形成的债权债务关系。2000 年，Kohler 等将货币紧缩期由于商业信用对于银行信用替代而削弱货币政策效力的机制统称为“商业信用渠道”。即当从银行获得的借款因货币紧缩而减少时，企业就会转而求助于其供应商。商业信用的再分配理论认为，易于获得银行信用的企业会在货币紧缩期以商业信用的形式将这些信用再分配给那些难以获得银行信用的企业。那么，银行在货币紧缩时期减少对企业的贷款，为什么供应商还愿意提供商业信用给企业呢？我们从供给和需求两个方面讨论货币政策紧缩时商业信用的使用动机。

（一）货币紧缩时期商业信用供给者的动机分析

能够解释企业愿意在货币紧缩时期对外提供商业信用的主要是融资比较优势理论（Petersen & Rajan，1997）。该理论认为，企业向它的下游企业提供的商业信用，之所以不能完全被银行信用所代替，是因为企业提供商业信用具有比较优势。具体对于商业信用的供给者来说，其优势主要体现在以下几个方面：其一，信息获取优势。供货商可以经常对客户进行监督，了解企业的需求、经营状况与财务状况，并及时做出反应，相对于银行，在客户信息获取方面成本较低，也更为及时。其二，客户控制优势。由于供应商对客户提供的原材料是经济的和不易替代的，那么，当借款人还款能力减弱时供货商可以以中止供货作为威胁；而银行对于客户的控制力有限，一旦客户出现贷款违约，则可能遭受损失。其三，损失挽回优势。一旦客户经营失败而使合约被迫中止时，供应商可以对已售出的原材料进行追索，而重新索回并销售的成本低于金融机构做此工作所需的成本。其四，降低道德风险优势。商业信用的客户很难将货币资金用于其他非生产性用途，因此商业信用的提供者与银行信用相比，更容易监督其客户将商业信用资金用于非生产性用途的行为，从而降低了道德风险。

（二）货币紧缩时期商业信用需求者的动机分析

1. 信贷配给

信贷配给理论作为商业信用融资性动机的另一种解释，不仅解释了在银行等专业金融机构存在的情况下商业信用仍然存在的原因，还解释了商业信用即使作为一种相对昂贵的融资方式仍被许多企业使用的原因。Meltzer（1960）发现大公司相对于小公司更易于得到银行贷款的现象，并推测这一现象产生于资本市场的不完善。Stiglitz & Weiss（1981）通过进一步分析银行与企业之间的信息不对称问题指出，逆向选择与道德风险的存在会导致银行采取信贷配给而非单一的提高贷款利率的方式发放信贷，信贷市场即使在竞争均衡的条件下也可能出现信贷配给现象。由于银行无法甄别市场中存在的不同类型借款者的风险大小，无法区别定价，所以，有些企业可能即使愿意支付较高的贷款利率也会被银行排斥在信贷市场之外，而另一些企业却可以获得贷款。所以，当企业得不到银行贷款时可能会寻找新的融资渠道来获取资金，而商业信用作为一种融资方式，常常会被这些受到信贷约束的企业所使用。特别是在货币紧缩、企业面临的融资约束加剧的情况下，商业信用形式融资也是企业弥补信贷资金不足的一种选择，而这也成为商业信用渠道存在的基础。

2. 信号传递功能

还有一些学者利用信号传递理论部分地解释了货币紧缩时期遭受信贷配给企业为什么仍会使用商业信用。Biais & Gollier（1997）建立的模型认为，商业信用作为公司质量的信号，是补充的公司融资来源。他们认为供货商为下游企业持续提供商业信用传递了这些下游企业资金稳定的信息，这一信息有助于银行调整他们对于下游企业违约风险的原有认识，因而能够减轻信息不对称问题从而有助于下游企业得到银行贷款。

本章从需求和供给两个方面研究了货币政策影响公司融资的作用机制。概括来讲，货币政策能够通过需求与供给两个方面对上市公司的融资产生影响。其中，货币政策通过利率效应、代理冲突、信息不对称与资产价格效应等途径影响上市公司的融资需求；通过信贷可得性从供给方面影响公司所获得的银行借款，形成银行贷款渠道与资产负债表渠道等货币政策传导机制，其中信贷配给又发挥重要作用，导致不同类型公司的信贷可得性出现差异。容易受到紧缩性货币政策影响的公司又会通过关系型融资和商业信用等应对措施影响其债务融资。

第二章

中国货币政策与企业融资的特点分析

第一节　中国货币政策调控特点分析

一、中国货币政策调控方式的变迁与中介目标的确定

1. 中国货币政策调控方式的变迁

在中央银行体制建立以前，中国在宏观调控方面一直实行信贷资金计划管理体制。20 世纪 80 年代中期以来，随着中央银行制度框架的确立，中国人民银行改变了以往对专业银行的资金计划指标分配，变二者关系为借贷关系，通过运用对金融机构的贷款限额管理这一政策工具进行宏观调控，对金融机构信贷总量与结构实行贷款规模管理。这一时期，虽然央行已经初步开始使用经济和法律手段来调节经济运行，例如，建立了存款准备金制度来紧缩经济，但计划手段仍较为明显，信贷政策的实施依托于金融监管，仍然带有明显的行政色彩。

1985 年，为避免紧缩性货币政策对经济的过度抑制性影响，央行取消了对专业银行贷款规模的指令性控制，转而采取较为宽松的政策措施。1987 年，针对过热的国民经济，央行初步使用存款准备金率、再贷款利率等多种间接调控方式来紧缩经济。1988 年，央行延续了上年的紧缩性政策，一方面，从总量上严格控制货币信贷的增长；另一方面，加强专业银行信贷结构调整，对专业银行再贷款实行期限管理与加强回收，引导再贷款资金向重点行业和关键产业倾斜，并再次上调法定存款准备金率进行间接调控。

1989 年，紧缩性的货币政策仍然主要表现在央行对于银行信贷规模的严

格控制方面，而由此造成的经济下滑又使央行不得不从1989年8月开始放松银根，先后3次下调存贷款利率。1993年6月，为了防止新一轮的经济过热，央行再次采取了具有严厉行政色彩的信贷控制措施，通过提高存贷款利率水平、限制信贷投向等政策法律措施加以调控，充分运用行政、经济和法律手段来调节宏观经济运行。这一时期，央行已经在直接的信贷规模调控手段之外，开始注重再贷款与再贴现等间接调控方式的使用。中央银行货币政策的实施更多地采取了直接行政手段调控与间接调控相结合的方式进行。

1994年，《信贷资金管理暂行办法》中规定，“人民银行对货币信贷总量的控制，要由信贷规模管理为主的直接控制，逐步转向运用社会信用规模、再贷款、再贴现、公开市场操作、准备金率、基准利率、比例管理等手段的间接控制”，从而正式明确了央行的宏观调控方式由直接方式向间接方式的转换。1998年以来，依托于银行间债券市场的公开市场业务逐渐成为央行货币政策调控的主要工具，银行间市场成为实施货币政策间接调控的重要场所，公开市场业务的传导机制逐步形成。

自1996年央行将货币供应量确定为我国的货币政策中介目标以来，这一数量型的货币政策操作框架决定了我国公开市场业务长期以来以基础货币作为操作目标，在实际操作中具体体现为金融机构超额准备金水平目标。鉴于基础货币的数量和价格之间存在密切的关系，因而，央行在以基础货币数量作为主要操作目标的同时，往往将作为基础货币价格的货币市场利率水平也作为数量调控的辅助工具与指标。但是，由于我国利率市场化改革尚未完成，货币政策利率传导机制仍不完善，这使得货币政策通过市场利率进行的传导存在阻滞。因而，与成熟市场经济国家常用的利率调控方式相比，我国的货币政策调控长期以来更多地偏重于数量型目标而非价格型目标，而伴随着利率市场化改革进程的推进，货币市场利率目标的重要作用也在不断显现。

1997年亚洲金融危机首先在泰国爆发，东亚及东南亚多个国家普遍受到直接影响，经济遭受严重损失。虽然中国没有受到金融危机的直接冲击，但受其他亚洲国家的牵连，1998年起危机的负面影响开始逐渐显现。为了应对金融危机的冲击，中国人民银行综合使用了利率、存款准备金率、再贷款、再贴现等工具，其中 1997 年 10 月—2002 年 8 月中国人民银行连续 6 次下调存贷款利率，1998 年 3 月和 1999 年 11 月又两次下调存款准备金率，同时恢复了人民币公开市场操作。1998 年 3 月，中国人民银行改变以往再贴现率按金融机构同档次贷款利率下调 5~10 个百分点的做法，开始设置独立的再贴现利率。在这之后，中国人民银行为推动贴现和再贴现业务的发展，1998—1999 年连续 4 次下调再贴现率；2001 年又根据宽松的金融市场环境，将再贴现利率由 2.16%上调到 2.97%。1998—1999 年，中国人民银行又连续 3 次扩大了贷款利率浮动幅度，利率在调控宏观经济运行和优化金融资源配置中的作用也越来越重要①。

2. 社会融资规模中介目标的确定

中国自中央银行制度确定以来，曾先后以“信贷规模控制和流通中的现金 M0”（1984—1996 年）、“M1 供应量”（1996—1998 年）和“M1、M2 与信贷的增长”（1998—2006 年）作为货币政策操作的中介目标。从 2007 年起，央行不再公布金融机构人民币贷款的预定目标，同时也不再公布 M1 增长率目标，而只公布每年的 M2 增长率目标值。但是由于财政政策、信贷软约束及外汇占款等因素的影响而使得货币供给已日趋内生化，各年度 M2 增长率的实际值与目标值相互背离，货币供应量 M2 也难以适应作为货币政策中介目标的要求，央行亟须寻找新的货币政策中介目标。

2011 年 4 月 14 日，中国人民银行在第一季度金融统计报告中首度发布了社会融资规模数据，公布了第一季度社会融资规模总量及其构成情况。同年 5 月，中国人民银行在第一季度《中国货币政策执行报告》中，首次将社会融资总量作为宏观调控的统计和监测指标，代替了之前一直使用的贷款增量指标。对此，央行调查统计司司长盛松成撰文指出，“金融宏观调控取消信贷规模指标，代之以社会融资规模指标，是一种探索和创新，适合中国融资结构的变化，符合金融宏观调控的市场化方向”，“社会融资规模作为货币政策中间目标适合中国融资结构的变化”②，这标志着社会融资规模总量取代信贷规

① 王元．货币政策非对称性研究．中国社会科学院研究生院博士论文，2012.

② 盛松成．社会融资规模是符合金融宏观调控市场化方向的中间目标．金融时报，2011-03-08.

模成为央行新的货币政策中介目标。

社会融资规模是指一定时期内（每月、每季度或每年）实体经济从金融体系获得的全部资金总额。这里的金融体系为整体金融的概念，从机构看，包括银行、证券、保险等金融机构；从市场看，包括信贷市场、债券市场、股票市场、保险市场及中间业务市场等（盛松成，2011）。

从表 2-1 中可以看出，人民币贷款融资在社会融资规模中的比重虽然呈整体下降趋势，从 2002 年的 91.86%降至 2011 年的 58.24%，下降了约 30%，但总体占比仍超过社会融资规模的一半以上，说明贷款融资仍构成社会融资的重要组成部分①。近年来，中国的证券市场发展较为迅速，但总体而言，企业通过股票融资方式所得资金在社会融资规模中所占比重变化并不大，近 10 年来维持在 3%~4%的水平。企业债券在社会融资规模中所占的比重则经历了较为明显的增长过程，但比重仍然不大。而社会融资中其他融资方式所占比重不断增长，从 2002 年的 3.19%上升至 2013 年的 36.87%，其比重已远远超过股票融资所占比重，充分说明除了前述三种主要的融资方式以外，还有其他的融资方式在社会融资规模中发挥着越来越重要的作用。

表 2-1 社会融资规模及主要构成　　单位：亿元

年份	社会融资规模	人民币贷款社会融资规模	企业债券社会融资规模	非金融企业境内股票社会融资规模	人民币贷款融资在社会融资规模中占比	非金融企业境内股票融资在社会融资规模中占比	企业债券融资在社会融资规模中占比	其他融资方式占比
2002	20112	18475	367	628	91.86	3.12	1.82	3.19
2003	34113	27652	499	559	81.06	1.64	1.46	15.84
2004	28629	22673	467	673	79.20	2.35	1.63	16.82
2005	30008	23544	2010	339	78.46	1.13	6.70	13.71
2006	42696	31523	2310	1536	73.83	3.60	5.41	17.16
2007	59663	36323	2284	4333	60.88	7.26	3.83	28.03
2008	69802	49041	5523	3324	70.26	4.76	7.91	17.07
2009	139104	95942	12367	3350	68.97	2.41	8.89	19.73

① 社会融资规模是指一定时期内实体经济从金融体系获得的资金总额，是增量概念。

续表

年份	社会融资规模	人民币贷款社会融资规模	企业债券社会融资规模	非金融企业境内股票社会融资规模	人民币贷款融资在社会融资规模中占比	非金融企业境内股票融资在社会融资规模中占比	企业债券融资在社会融资规模中占比	其他融资方式占比
2010	140191	79451	11063	5786	56.67	4.13	7.89	31.31
2011	128286	74715	13658	4377	58.24	3.41	10.65	27.70
2012	157631	82038	22551	2508	52.04	1.59	14.31	32.06
2013	172904	88917	18021	2219	51.43	1.28	10.42	36.87

注：社会融资规模资料来源于中国人民银行网站，各主要部分的构成比由计算得出。

二、中国货币政策操作的各阶段特点①

中国的货币政策操作自1992年提出建立社会主义市场经济体制的改革目标之后，基本模式开始逐步转变。为适应市场经济的基本要求，中国人民银行从1993年开始向社会公开发布货币供应量指标；国务院的政府工作报告也从1996年起开始出现对未来一年（或几年）货币政策取向的概括性表述；1997年货币政策委员会这一中央银行制定货币政策的咨询议事机构成立；中国人民银行从2001年起开始按季度定期发布《货币政策执行报告》。本书主要关注市场经济体制背景下货币政策的效应问题，而且考虑到为应对1997年亚洲金融危机的负面影响，中国人民银行可能采取一些非常规的货币政策操作。为此，我们对2000—2012年的货币政策操作进行回顾与分析。

2000年以来，伴随着中国国民经济经历的扩张与收缩的发展与变化，中央银行也适时地通过对货币政策进行不断的调整来影响宏微观经济运行，在使用数量型货币政策工具的同时，也配合使用价格型工具加以调控，这使货币政策的调控呈现出较为复杂的特征。从表2-2中的货币政策操作实践来看，近年来，中国的货币政策变动不仅频繁，而且力度较大，央行的货币政策调控多是对于存货款利率、存款准备金率、再贷款与再贴现率以及公开市场操

① 主要数据来源于中国人民银行网站与各季度《货币政策执行报告》。

作等政策工具的搭配使用，这虽然在一定层面体现了货币政策的针对性与灵活性特征，但另一方面，也使货币政策的调控更为复杂，对于货币政策立场与调控效果的判定变得更加困难。

表 2-2 中国货币政策的操作特点（2000—2012 年）

年份	价格型货币政策工具	数量型货币政策工具	货币供应量 M2	货币政策立场的初步描述
2000			广义货币供应量 M2 增长率为 12.3%	中国人民银行继续实施稳健的货币政策
2001		银行间债券市场回购利率年末比年初下降 0.37%；同业拆借利率年末比年初下降 0.12%；9 月上调再贴现利率，将再贴现利率由 2.16% 上调到 2.97%①	广义货币供应量 M2 增长率为 14.4%	中国人民银行继续执行稳健的货币政策
2002	2 月，人民银行降低了金融机构存贷款利率		广义货币供应量 M2 同比增长 16.8%	中国人民银行继续执行稳健的货币政策
2003		金融机构存款准备金率由 6%上调为 7%	年末广义货币供应量 M2 同比增长 19.6%	中国人民银行继续执行稳健的货币政策
2004	10 月上调人民币存贷款基准利率，中长期存贷款利率上调幅度大于短期	4 月再次提高金融机构存款准备金率 0.5 个百分点，以控制货币信贷总量过快增长。同时，为控制基础货币投放，中国人民银行从 3 月起，提高再贷款利率 0.63 个百分点，提高再贴现利率 0.27 个百分点	广义货币供应量 M2 同比增长 14.6%	中国人民银行继续执行稳健的货币政策
2005		3 月，将金融机构超额存款准备金利率下调到 0.99%	广义货币供应量 M2 同比增长 17.6%	中国人民银行继续实行稳健的货币政策

① 需要说明的是，2001 年上调再贴现利率的目的不是紧缩，而是改变不合理的利率结构。

续表

年份	价格型货币政策工具	数量型货币政策工具	货币供应量 M2	货币政策立场的初步描述
2006	发挥利率杠杆作用，两次上调金融机构存贷款基准利率	除加大公开市场操作力度外，分3次上调金融机构存款准备金率共1.5个百分点，以回收银行体系流动性	广义货币供应量 M2 同比增长 16.9%	中国人民银行继续实行稳健的货币政策
2007	6次上调金融机构人民币存贷款基准利率	10次上调存款准备金率共5.5个百分点	广义货币供应量 M2 同比增长 16.7%	货币政策逐步从“稳健”转为“从紧”
2008	上半年利率政策保持平稳；9月以后，5次下调存贷款基准利率	上半年5次提高存款准备金率共计3个百分点，下半年4次下调存款准备金率	广义货币供应量 M2 同比增长 17.8%	年初，中国人民银行执行了从紧的货币政策；年中，调整了货币政策的方向，指导金融机构扩大信贷总量；9月以后，实行了适度宽松的货币政策，取消对金融机构信贷规划的硬约束
2009		保持银行体系流动性充裕，引导金融机构扩大信贷投放	广义货币供应量 M2 同比增长 27.7%	中国人民银行贯彻适度宽松的货币政策
2010	2010年前三季度，利率政策保持稳定；10月份以后，两次上调存贷款基准利率	6次上调存款类金融机构存款准备金率各0.5个百分点，累计上调3个百分点；12月，上调再贴现率与再贷款率	广义货币供应量 M2 同比增长 19.7%	中国人民银行继续实施适度宽松的货币政策
2011	前三季度，3次上调存贷款基准利率共0.75个百分点	前三季度，先后6次上调存款准备金率共3个百分点；10月以后进行微调，暂停发行三年期央票，下调存款准备金率0.5个百分点	广义货币供应量 M2 同比增长 13.6%	中国人民银行实施稳健的货币政策
2012	两次下调存贷款基准利率	两次下调存款准备金率各0.5个百分点，灵活开展公开市场双向操作，促进货币信贷合理适度增长	广义货币供应量 M2 同比增长 13.8%	中国人民银行继续实施稳健的货币政策

数据来源：根据中国人民银行网站中各年度的《货币政策执行报告》整理得出。

第二节　中国金融体系与企业融资特点分析

一、企业对银行借款过于依赖

长期以来，在中国金融市场上间接融资（主要是银行借款）占据绝对优势，直接融资（主要指债券和股票）市场容量相对较小。20 世纪 90 年代以来，虽然中国资本市场持续快速地发展，并且已经取得了令人瞩目的成就，但从总体来看，间接融资的比重仍然很高。20 世纪 90 年代中期以前，银行借款占国内非金融部门融资来源的 90%以上，直接融资份额微乎其微。1998—2002 年由于实施积极的财政政策，国债比重开始大幅上升，1998 年超过了 20%，银行信贷所占的比重有所下降，但仍然超过 65%。2005 年初国内股票市场恢复新股发行以后，直接融资在国内非金融部门融资总额中所占比例有所提高，但仍然较低。2008 年末银行借款占国内非金融部门融资总额的 83. 1%，2009 年末和 2010 年末该比例分别为 78. 7%和 54. 5%，虽然有所降低，但银行体系的融资主导地位并没有发生根本性变化，2011 年末该比例又上升为 60. 3%[①]，因此现阶段信贷市场仍然是中国资金融通的主要场所。

银行借款是中国企业开展生产经营活动必不可少的外部资金来源，相对于资本市场筹资，银行借款规模远远超过了股票融资和债券融资的规模，对企业而言银行信贷融资具有不可完全替代性。而且，如中小企业一样的特定资金需求者更是只能够通过银行才能得到所需资金，它们对银行依赖性更强，也更容易成为“银行借款依赖者”。

同时，对中国大多数企业而言，进入资本市场进行融资的门槛过高。中国证监会于 2006 年 5 月发布了《上市公司证券发行管理办法》，该办法对拟发行证券的上市公司的组织机构、信息披露、财务状况、筹资数量及盈利能

① 数据来自《中国金融统计年鉴》和中国人民银行各季度《货币政策执行报告》。

力等要求做了更为详尽的限制性规定。尽管很多学者认为中国上市企业普遍存在股权融资偏好，然而严格的融资条件却只能让极少数企业获得配股或增发的机会。2010 年全年增发的中国上市公司不到 100 家，配股的上市公司不足 20 家，而 2009 年只有 10 家。可见，股权融资方式只能解决极少部分企业的资金需求。

二、金融业竞争程度较低并且分布很不均衡

目前，中国金融业市场结构的重要特征仍然是国有大型商业银行居于垄断地位，虽然中国对金融体制进行了一系列改革，改革的目标就是提高金融业市场的竞争程度，但尽管经过改革，以国有商业银行为主导的寡头垄断金融业市场结构并未得到根本性的改观①。表 2-3 是 2007—2012 年中国银行业金融机构的资产情况。其中，大型商业银行包括中国工商银行、中国农业银行、中国银行、中国建设银行和交通银行。从表中可以看出，截至 2012 年，历年大型商业银行的总资产均超过股份制商业银行、城市商业银行、农村商业银行、农村合作银行和外资银行的资产总和，说明中国的金融业竞争程度仍然较低。

表 2-3　银行业金融机构总资产情况　　单位：亿元

机构	2007 年	2008 年	2009 年	2010 年	2011 年	2012 年
大型商业银行	285000	325751	407998	468943	536336	600401
股份制商业银行	72742	88337	118181	149037	183794	235271
城市商业银行	33405	41320	56800	78526	99845	123469
农村商业银行	6097	9291	18661	27670	42527	62751
农村合作银行	6460	10033	12791	15002	14025	12835
外资银行	12525	13448	13492	17423	21535	23804

数据来源：2012 年与 2013 年的《中国金融年鉴》。

20 世纪 90 年代以来，国家进一步启动了国有银行的股份制改造，一批股份制银行和股份制非银行金融机构开始组建，各地方也分别建立了城市商业

① 江群. 我国货币政策信贷传导渠道研究. 湖南大学博士论文，2010.

银行。特别是加入世贸组织以后，金融业市场也开始对外资开放，2006 年入世保护期结束之后，外资银行等金融机构也纷纷涌入并展开与国内金融业的竞争。国内整体的金融业竞争程度虽较以往有所提高，但由于中国幅员辽阔，各地区之间的金融业竞争呈现出较大的差距。表 2-4 是 2000—2009 年中国各地区金融业竞争指标，该指标根据各地区非国有金融机构吸收存款占全部金融机构吸收存款的比例得出，这一数值越大，表明非国有金融机构在全部金融机构中的重要性程度相对越高，金融业竞争程度也越高。从表 2-4 可以看出，中国各地区金融业竞争程度的差异也比较大。其中，在上海、广东等地各年度该指标要远远大于西藏、青海等地，表明不同地区的金融业竞争程度差距比较大。将表 2-4 中的面板数据取中位数来区分金融业竞争水平的高低，可以发现吉林、黑龙江、江西、福建、湖南、贵州、西藏、甘肃、青海、新疆、广西、内蒙古、海南、河北等省份各年指标值均在中位数以下，说明这些地区的金融业竞争水平较低，而其余省份的金融业竞争水平相对较高，就全国范围来说分布很不均衡。

表 2-4 中国各地区金融业市场竞争程度

地区	2000	2001	2002	2003	2004	2005	2006	2007	2008	2009
北京	3.43	5.07	6.02	6.93	7.42	7.13	7.40	8.43	9.12	9.58
天津	4.95	4.95	5.81	7.36	9.52	7.87	7.85	8.79	9.66	9.60
河北	6.66	6.06	6.09	6.30	6.22	5.75	5.87	6.15	6.12	6.22
山西	0.08	4.32	4.91	5.86	6.77	6.35	6.37	7.20	7.14	8.19
内蒙古	3.48	1.30	1.46	1.56	2.40	3.02	4.05	5.87	6.54	6.70
辽宁	6.21	6.38	7.11	8.15	8.68	8.85	9.17	10.34	10.52	10.64
吉林	5.46	4.25	4.93	4.97	6.19	5.25	6.20	7.73	7.76	7.38
黑龙江	1.97	1.69	2.03	2.42	3.01	3.38	4.13	4.87	5.02	5.23
上海	8.00	10.00	12.41	10.12	11.72	10.24	10.20	11.01	10.98	12.10
江苏	5.01	6.06	6.29	7.03	7.53	7.75	7.88	8.58	8.47	8.75
浙江	6.65	7.39	7.88	8.85	10.73	9.99	10.08	10.86	11.02	10.71
安徽	4.12	5.18	5.10	5.36	5.52	5.47	5.97	7.01	7.12	7.71
福建	2.29	3.55	3.34	3.86	1.66	5.21	5.93	7.10	6.96	7.12
江西	3.11	3.52	3.76	4.03	4.52	4.90	6.51	6.28	6.48	6.88
山东	7.49	6.50	6.94	8.00	8.39	9.11	9.16	9.28	9.48	9.25

续表

地区	2000	2001	2002	2003	2004	2005	2006	2007	2008	2009
河南	5.38	6.15	6.35	7.12	7.77	7.56	8.07	8.78	9.09	9.12
湖北	3.53	5.05	5.06	5.69	6.53	6.76	7.32	8.30	8.10	8.90
湖南	5.40	5.02	5.05	5.17	6.04	5.23	5.26	6.21	6.18	6.44
广东	5.99	6.48	6.85	7.66	9.69	7.85	8.16	8.89	8.73	8.76
广西	2.75	2.73	2.29	2.77	3.02	2.82	3.72	4.94	5.53	6.51
海南	5.38	5.00	0.40	1.41	2.39	0.77	1.14	1.18	1.27	1.49
重庆	6.36	7.06	7.96	8.81	9.43	9.44	9.45	9.92	9.54	9.44
四川	0.21	4.44	4.53	4.68	5.08	5.10	5.69	6.79	7.34	7.76
贵州	3.57	3.08	3.04	3.38	3.63	4.20	5.20	6.13	6.67	7.35
云南	4.72	3.93	4.14	5.19	5.51	6.06	6.75	7.81	8.03	8.63
西藏	0.00	0.00	-3.84	-4.08	-4.25	-3.98	-2.46	-2.78	-2.31	-1.87
陕西	4.28	5.53	5.80	6.29	6.60	6.60	6.61	7.31	7.64	7.90
甘肃	3.35	2.37	2.77	3.31	3.98	4.36	4.75	5.10	5.68	6.11
青海	0.43	0.00	-0.67	-0.48	0.28	0.30	0.81	1.14	1.38	1.84
宁夏	3.99	2.53	4.04	5.94	7.47	7.38	7.35	8.24	8.44	7.35
新疆	0.84	3.45	1.07	2.00	2.51	1.87	2.18	3.27	4.00	4.72

数据来源：樊纲，王小鲁，朱恒鹏．中国市场化指数——各地区市场化相对进程 2011 年报告．经济科学出版社，2011.

三、非国有企业融资面临的信贷配给现象严重

与国外信贷市场基于企业规模的信贷配给不同，中国的正规信贷市场上存在针对不同产权企业的歧视性信贷配给，非国有企业（主要是民营企业与中小企业）难以从信贷市场获得融资支持。表 2-5 与表 2-6 是 1998—2012 年中国国有与非国有工业企业主要指标的比较，从表中可以看到，非国有工业企业的资产利润率始终高于国有及国有控股工业企业，而且两者的差距逐渐增大。可以说，改革开放以后，非国有经济获得了前所未有的迅猛发展，已经成为推动经济增长的重要力量，但与自身的贡献相比，非国有工业企业所获得的总负债与流动负债均低于国有工业企业。① 由于中国企业的债务融资主

① 本书还计算了不同工业企业的平均负债水平，即总负债（或流动负债）/企业个数，所得结果仍然显示非国有工业企业所得负债低于国有工业企业，限于篇幅，结果没有列出。

要依赖于银行借款，其他融资方式受到限制，这说明非国有企业作为中国经济增长的重要推动力量，却难以得到金融体系的支持。

表 2-5 国有及国有控股工业企业主要指标

年份	总资产（10 亿元）	总负债（10 亿元）	流动负债（10 亿元）	总利润（10 亿元）	*Roa*（%）	企业数量（家）
1998	74916.27	35648.27	30625.48	525.14	0.70	64737
1999	80471.69	49877.69	31828.59	997.86	1.24	61301
2000	84014.94	51239.61	32237.41	2408.33	2.87	53489
2001	87901.54	52025.60	33144.47	2388.56	2.72	46767
2002	89094.60	52837.08	34009.59	2632.94	2.96	41125
2003	94519.79	55990.53	36430.98	3836.20	4.06	34280
2004	109708.25	62005.79	40771.99	5453.10	4.97	35597
2005	117629.61	66653.58	44456.78	6519.75	5.54	27477
2006	135153.35	76012.52	49935.64	8485.46	6.28	24961
2007	158187.87	89372.34	59693.78	10795.19	6.82	20680
2008	188811.37	111374.72	72749.16	9063.59	4.80	21313
2009	215742.01	130098.87	83615.67	9287.03	4.30	20510
2010	247759.86	149432.08	97364.41	14737.65	5.95	20253
2011	281673.87	172289.91	114629.65	16457.57	5.84	17052
2012	312094.37	191349.97	126178.00	15175.99	4.86	17851

数据来源：《中国统计年鉴》（2013）。

注：*Roa* 代表资产利润率，根据总利润/总资产计算所得。

表 2-6 非国有工业企业主要指标

年份	总资产（10 亿元）	总负债（10 亿元）	流动负债（10 亿元）	总利润（10 亿元）	*Roa*（%）	企业个数
1998	1486.98	909.42	771.59	67.25	4.52	10667
1999	2289.21	1367.12	1159.58	121.52	5.31	14601
2000	3873.83	2208.83	1891.82	189.68	4.90	22128
2001	5901.98	3527.40	3037.27	312.56	5.30	36218
2002	8759.62	5192.26	4493.43	490.23	5.60	49176
2003	14525.29	8781.24	7697.03	859.64	5.92	67607
2004	23724.80	14529.31	12866.37	1429.74	6.03	119357
2005	30325.12	18038.87	15964.40	2120.65	6.99	123820
2006	40514.83	23946.79	21160.92	3191.05	7.88	149736
2007	53304.95	31120.19	27495.89	5053.74	9.48	177080

续表

年份	总资产（10亿元）	总负债（10亿元）	流动负债（10亿元）	总利润（10亿元）	*Roa*（%）	企业个数
2008	75879.59	42825.30	37262.29	8302.06	10.94	245850
2009	91175.60	50495.45	42938.08	9677.69	10.61	256031
2010	116867.83	64068.41	54642.10	15102.50	12.92	273259
2011	127749.86	69744.77	58996.72	18155.52	14.21	180612
2012	152548.13	82699.28	69251.51	20191.90	13.24	189289

数据来源：《中国统计年鉴》(2013)。

注：*Roa* 代表资产利润率，根据总利润/总资产计算所得。

非国有企业面临的歧视性信贷配给实际上是中国金融业竞争程度较低的一个直接后果，即银行信贷资源配置的扭曲。商业银行是信贷资源初次分配的主体，国有商业银行占主导地位，为政府部门干预银行信贷资源的分配奠定了基础。公有产权的背景下，国有商业银行的决策常常会受到政府干预，因为政府干预经济的主要方式是通过指导和干预国有企业实现的，因此，为了实现政府的政治目标和社会目标，承担了过多政策性负担的国有企业自然也得到了额外的政策扶持，而给予国有企业更便利、成本更低廉的资金就是其中之一①。虽然经过改革，但中国的金融业市场仍然由缺乏效率的国有商业银行占主导，具有政治联系的国有企业仍然能够享受更多信贷优惠，而非国有企业则较多地依赖成本相对较高的融资渠道。

本章就中国货币政策与企业融资的特点，也就是货币政策影响上市公司融资的环境与现实背景进行了分析。我们首先从中国货币政策调控方式与中介目标的演变出发，结合中国的经济形势，分析了开始实行市场经济之后，中国人民银行各阶段货币政策操作的特点；然后结合中国目前金融体系的现状，分析了中国企业融资的特点及其面临的问题。分析发现，中国企业对银行借款融资过于依赖，中国的金融业竞争程度较低并且分布不均衡，而这造成的一个直接后果就是银行信贷资源配置的扭曲，即非国有企业面临银行体系的歧视性信贷配给。

① 方军雄．所有制、制度环境与信贷资金配置．经济研究，2007（12）．

第三章

货币政策对上市公司银行借款的影响

第一节　货币政策对上市公司银行借款影响的研究设计

一、问题的提出与模型设置

（一）问题的提出

关于货币政策对公司银行借款的影响，目前主要存在两种观点：一是 Bernanke & Gertler（1995）的货币传导信贷渠道理论，信贷配给是其理论基础，认为货币政策紧缩时，由于信息不对称产生的银行贷款效应和资产负债表效应，规模较小的公司会面临较大冲击；二是 Berger & Udell（2002）的关系型融资理论，即认为银企关系能降低信息不对称所产生的代理成本，关系型融资企业的融资所受货币政策冲击较小。

国内的融资环境与国外存在很大的差异，企业融资渠道较少，银行借款是企业主要的融资来源①，而在中国，已有的研究②表明，货币政策传导渠道仍然主要是央行通过银行贷款及信贷规模来调控实体经济，并最终引导货币供应量的变化。因此，在银行主导的资源模式下，当央行运用货币政策调控实体经济时，作为中国最重要的实体经济载体之一的上市公司是否会在银行借款时表现出明显的行为差异？中国国有、民营两种不同产权性质的上市公司，是否会做出不同的融资响应？此外，当上市公司的银行借款随货币政策

① 陆正飞，祝继高，樊铮．银根紧缩、信贷歧视与民营上市公司投资者利益损失．金融研究，2009（8）．

② 盛松成，吴培新．中国货币政策的二元传导机制．经济研究，2008（10）．

的变化而发生改变时，其内部的期限结构与成本会怎样变化？不同产权性质的上市公司会有怎样的差异？这是本章关注的主要问题。

此外，作为干预和调节经济的重要手段，中国始终实行统一的货币政策，但货币政策传导的区域非对称效应已被众多学者所研究。例如：于则（2006）利用向量自回归模型和聚类分析讨论了货币政策的区域效应；曹永琴（2007）运用固定效应变系数模型估计了各地区的货币政策敏感系数，并进一步用结构向量自回归模型和结构方差分解法分析了货币冲击对区域经济的影响；蒋益民和陈璋（2009）运用SVAR模型及其脉冲响应函数对八大经济区的实证检验表明存在明显的货币政策区域效应。因此，本章选取了金融业竞争与政府干预两个制度背景变量，讨论在制度背景不同的区域，货币政策对上市公司各类银行借款的影响差异。在金融业竞争程度不同和政府干预程度不同的区域，上市公司银行借款对货币政策的反应会有怎样的差异？货币政策对不同产权性质上市公司的差异影响会有怎样的变化？这也是本章关注的问题。

（二）模型设置与变量定义

1. 货币政策影响上市公司银行借款的模型设置

为了验证货币政策工具对上市公司银行借款的影响，以及其在不同产权性质公司之间的异质效应，我们设定如下模型进行检验：

$$Bankcredit_{i,t}=\alpha+\beta_1 Mp_{t-1}+\beta_2 Private+\beta_3 Mp_{t-1}\times Private+\delta X_{i,t}+\varepsilon_{i,t} \quad (3.1)$$

在模型（3.1）中，被解释变量 *Bankcredit* 表示公司获得的银行借款数额、期限结构与成本等相关变量。对于银行借款数额，我们首先在实证过程中将其区分为长期、短期两种形式，其中，*Sbank* 表示公司短期银行借款与总资产的百分比[①]，*Lbank* 表示公司长期银行借款与总资产的百分比。然后再考察银行借款总额的变动情况，其中，我们以总银行借款（长期借款、短期借款与一年内到期的长期借款之和）占总资产的比重 *Bankcredit*1 表示银行借款在公

① 上市公司的应付利息也属于银行借款的范畴，但是应付利息的数额与长期借款和短期借款高度相关，而且相对借款数额比重较小，我们将在银行借款融资成本中专门分析。

司各项融资来源中的比重；以总银行借款占总负债的比重 *Bankcredit*2 表示银行借款在公司债务融资中的比重，这一指标还可以反映公司对银行借款的依赖程度。

对于公司银行借款的成本，我们以上市公司利息支出占总银行借款的比重 *Cost*1 作为代理变量，表示单位银行借款所需偿还的利息成本。此外，考虑到银行手续费支出也是上市公司重要的融资成本，因此我们也以上市公司利息支出与手续费支出占总银行借款的比重 *Cost*2 表示融资成本。

对于公司银行借款的期限结构，我们分别以公司长期借款占长期借款与短期借款之和的比重 *Maturity*1，以及长期借款与一年内到期的长期借款之和占总银行借款的比重 *Maturity*2 表示。

解释变量中 *Mp* 为货币政策变量，在对不同货币政策工具的调控效果进行研究时，往往需要设定代理变量，考虑到货币政策的时滞效应，本书选取滞后一期的法定存款准备金率 *Ratio* 作为数量型货币政策变量，以滞后一期的一年期银行贷款基准利率 *Interest* 作为价格型货币政策变量。*Mp* 的值越大，代表货币政策越趋于紧缩；*Mp* 的值越小，代表货币政策越趋于宽松。如果上市公司的银行借款在货币政策趋于紧缩时下降，趋于宽松时上升，*Mp* 前的系数 β_1 应当小于 0；反之，β_1 应当大于 0。

解释变量 *Private* 是表示公司产权性质的虚拟变量，如果企业是非国有上市公司，则取值为 1，国有上市公司取值为 0，用来区分产权性质对获取银行借款的差异。我们按照上市公司的实际控制人性质进行区分，如果实际控制人为各级政府及其下属部门的则为国有上市公司，除此之外的作为非国有上市公司。

为了检验货币政策对不同产权公司的影响是否存在差异，我们设置交乘项 *Mp*×*Private* 表示货币政策对非国有公司相对国有公司的边际效应。根据信贷歧视理论，β_3 的系数应当显著小于 0，即货币政策对非国有企业的影响相比国有企业更大。

2. 不同制度环境下货币政策影响上市公司银行借款的模型设置

为了检验上市公司的银行借款会受到货币政策怎样的影响，以及这种影响在不同制度背景区域之间存在怎样的差异，我们设定模型（3.2）进行验证：

$$Bankcredit_{i,t}=\alpha+\beta_1 Mp_{t-1}+\beta_2 Institution+\beta_3 Mp_{t-1}\times Institution+\delta X_{i,t}+\varepsilon_{i,t} \quad (3.2)$$

在模型（3.2）中，被解释变量 *Bankcredit* 表示上市公司获得的银行借款，其定义与模型（3.1）一致①。解释变量中 *Mp* 为货币政策变量，我们仍然选取滞后一期的法定存款准备金率 *Ratio* 作为数量型货币政策变量，以滞后一期的一年期银行贷款基准利率 *Interest* 作为价格型货币政策变量。*Mp* 的值越大，代表货币政策越趋于紧缩；*Mp* 的值越小，代表货币政策越趋于宽松。

解释变量中 *Institution* 是表示制度背景的虚拟变量。其中，我们用 *Competition* 表示金融业竞争变量，考察金融业竞争对上市公司获取银行借款的效应，用 *Government* 表示政府干预变量，考察政府干预对上市公司获取银行借款的效应。这两个制度背景的代理变量分别来自中国各地区市场化指数中的金融业市场竞争和减少政府对企业干预指数（樊刚等，2011）。其中，金融业市场竞争指数根据非国有金融机构吸收存款占全部金融机构吸收存款总和的比例得出，减少政府对企业干预指数使用企业主要管理者花在与政府部门和人员打交道的时间占其工作时间比重的抽样调查数据来近似度量，我们需要注意这是一个反向指标，指数越大，代表政府对企业的干预越少②。当企业所在省份的制度背景变量大于样本中位数时，则将这个虚拟变量定义为 1，否则为 0③。

为了检验货币政策对制度背景不同的地区公司银行借款是否具有不同影响，我们设置交乘项 *Mp×Institution* 表示货币政策对制度背景不同区域公司的边际效应，如果货币政策对制度背景较好（金融业竞争程度高、政府干预程度低）地区的公司银行借款影响更大，则系数 β_3 应当显著小于 0；反之，系

① 我们也对银行借款的期限结构和成本进行了实证研究，得到的结果在统计意义上是显著的，但系数的绝对值很小，可以认为经济意义上不显著，限于篇幅，我们没有列出实证结果。

② 由于樊刚等（2011）的数据截至 2009 年，对于 2010 年的指数，我们按照通常做法根据 2008—2009 年指数的平均值来代替。我们在实证过程中也曾采用 2007—2009 年指数的平均值和 2006—2009 年指数的平均值来代替，结果并没有显著差异。

③ 我们不能否认存在上市公司跨省贷款的情况，但中国占主导地位的四大国有商业银行在每一级行政区域都建立了自己的分支机构，分支机构一般不允许跨地区放出贷款，所以本书的检验结果基本不受跨省贷款的影响。

数 β_3 应当大于 0。

为了检验货币政策对不同产权性质上市公司的差异影响是否会随着制度背景的改变而有所变化，我们设定模型（3.3）进行验证：

$$Bankcredit_{i,t}=\alpha+\beta_1 Mp_{t-1}+\beta_2 Private+\beta_3 Mp_{t-1}\times Private+\beta_4 Institution+\beta_5 Mp_{t-1}\times Private\times Institution+\delta X_{i,t}+\varepsilon_{i,t} \quad (3.3)$$

在模型（3.3）中，解释变量 *Private* 表示公司产权性质的虚拟变量。为了检验货币政策对国有与非国有上市公司银行借款的影响差异是否会随制度背景的改变而有所变化，我们设置交乘项 $Mp\times Private\times Institution$ 表示货币政策对制度背景较好区域的非国有上市公司相对国有上市公司的边际效应。如果随着制度背景的变化，货币政策对不同产权企业的差异影响会明显减少，则系数 β_5 应当显著大于 0；反之，系数 β_5 应当显著小于 0。

模型中的 $X_{i,t}$ 是由资产利润率、有形资产比率、企业规模、经营现金流、企业年龄和企业成长机会等控制变量构成的向量。此外，在本章的所有回归中，我们还控制了时间效应、区域效应和行业效应。模型所涉及的变量及定义如表 3-1 所示。

表 3-1　变量定义

变量名称		变量符号	定义
被解释变量	公司银行借款数额	*Sbank*	短期借款/资产
		Lbank	长期借款/总资产
		*Bankcredit*1	（短期借款+长期借款+一年内到期的长期借款）/总资产
		*Bankcredit*2	（短期借款+长期借款+一年内到期的长期借款）/总负债
	公司银行借款成本	*Cost*1	利息支出/（短期借款+长期借款+一年内到期的长期借款）
		*Cost*2	（利息支出+手续费支出）/（短期借款+长期借款+一年内到期的长期借款）
	公司银行借款期限结构	*Maturity*1	长期借款/（短期借款+长期借款）
		*Maturity*2	（长期借款+一年内到期的长期借款）/（短期借款+长期借款+一年内到期的长期借款）

续表

变量名称		变量符号	定义
解释变量	货币政策指标	*Ratio*	法定存款准备金率
		Interest	一年期贷款基准利率
	公司产权性质	*Private*	虚拟变量，非国有企业为 1，国有企业为 0
	制度背景指标	*Competition*	金融业竞争虚拟变量，指数高于各省中位数时为 1，其余为 0
		Government	政府干预虚拟变量，指数高于各省中位数时为 1，其余为 0
控制变量	企业规模	*Size*	公司规模=总资产的对数
	有形资产比率	*Col*	有形资产比率=有形资产总额/总资产
	资产利润率	*Roa*	资产利润率=净利润/总资产
	企业年龄	*Age*	公司年龄=（公司成立年份+1）的对数
	经营现金流	*Cashflow*	经营现金流=经营活动的现金流净额/总资产
	企业成长机会	*TobinQ*	企业成长机会=企业市场价值/总资产

二、数据来源与相关变量的描述性统计

（一）样本选取与数据来源

本章选择中国沪深两市的 A 股上市公司季度财务数据作为研究样本，样本区间为 2001 年第 4 季度至 2012 年第 4 季度[①]，数据来自国泰安 CSMAR 数据库，我们按照以下标准对数据进行了筛选：①删除了商业银行、保险公司等金融类上市公司；②删除了 ST、*ST 公司；③删除了资不抵债的公司；④删除了在统计逻辑上明显错误的样本，如企业总产值为负、从业人数为负等；⑤删除了相关年份银行借款、应付利息、负债、资产等关键变量缺失的样本。共获得 25452 个样本观测值。为了防止数据的异常值或输入错误对实证结果的干扰，本书对主要连续变量两端的异常值按照 1%的水平进行了 *winsorize* 处理[②]，书中所有的

① 涉及制度变量的模型回归，由于可得数据的限制，样本区间选择为 2001 年第 4 季度至 2010 年第 4 季度。

② 即对处于 0~1%分位数的连续变量极端值，令其等于 1%的分位数；对所有处于 99%~100%分位数的连续变量极端值，令其等于 99%的分位数。

数据整理与实证检验均利用软件 Stata 11 完成。

（二）相关变量的描述性统计

表 3-2 是本章实证所需主要变量的描述性统计。从表中可以看到，上市公司的短期银行借款平均占总资产的比重为 0.1521，但其最小值和最大值差距较大，最小值为 0，说明有些上市公司没有任何短期借款；最大值为 0.7838，说明有的上市公司短期借款接近其总资产的 80%。上市公司的长期银行借款平均占总资产的比重为 0.0659，但其最小值和最大值差距也较大，最小值为 0，说明有些上市公司没有任何长期借款；最大值为 0.7010，说明有的上市公司长期借款达到其总资产的 70%。上市公司的总银行借款平均占总资产和总负债的比重分别是 0.2348 和 0.4382，但银行借款总额占总负债比重的最大值为 1，说明有些上市公司的负债全部由银行借款构成。按照两种方法计算的上市公司银行借款期限结构分别为 0.2849 和 0.3282，但其最小值都为 0，最大值均为 1，说明有的上市公司银行借款全部由短期借款构成，有的则全部由长期借款构成。银行借款利息成本占总负债的比重分别为 0.042 和 0.1853，但从表中也可以看出不同上市公司之间的差距较大。

表 3-2　主要变量的描述性统计

变量	平均值	中位数	最小值	最大值	标准差	样本数
Sbank	0.1521	0.1372	0	0.7838	0.1229	25452
Lbank	0.0659	0.0261	0	0.7010	0.0918	25452
*Bankcredit*1	0.2348	0.2358	0	0.9281	0.1565	25452
*Bankcredit*2	0.4382	0.4658	0	1	0.2505	25452
*Maturity*1	0.2849	0.1744	0	1	0.3105	25452
*Maturity*2	0.3282	0.2485	0	1	0.3169	25452
*Cost*1	0.042	0.037	0	0.1368	0.0189	25452
*Cost*2	0.1853	0.1162	0	0.7288	0.0894	25452
Size	21.5381	21.4606	19.1427	24.7761	1.1134	25452

续表

变量	平均值	中位数	最小值	最大值	标准差	样本数
Col	0. 9557	0. 9756	0. 7038	1	0. 0586	25452
Roa	0. 0187	0. 0135	−0. 1848	0. 1608	0. 0398	25452
Age	2. 5079	2. 5649	0. 6931	3. 4339	0. 3855	25452
Cashflow	0. 0198	0. 0156	−2. 4358	0. 8758	0. 0808	25452
TobinQ	1. 6432	1. 2962	0. 7360	7. 6458	1. 0633	25452

我们除了对整体样本进行描述性统计以外，还按照金融业竞争程度和政府干预程度区分不同的子样本进行了描述性统计。表 3-3 是不同制度环境下主要变量的描述性统计比较，从表中观察比较各子样本的统计结果，我们发现在金融业竞争程度较低和政府干预程度较高的地区，上市公司各类银行借款的均值都要高于金融业竞争程度较高和政府干预程度较低地区的上市公司，当然差距并不明显。此外，竞争程度较高地区的金融业竞争指数均值为 8. 39，较低地区的均值约为 4. 76；政府干预程度较高地区的政府干预指数均值为 2. 33，较低地区的均值约为 5. 98[①]，也说明中国各地区金融业竞争与政府干预的水平差异较大。

表 3-3　不同制度环境下主要变量的描述性统计比较

样本	变量	平均值	中位数	最小值	最大值	标准差	样本数
金融业竞争程度高	*Sbank*	0. 1588	0. 1475	0	0. 7763	0. 1230	13409
	Lbank	0. 0625	0. 0244	0	0. 7010	0. 0884	13409
	*Bankcredit*1	0. 2363	0. 2418	0	0. 8151	0. 1539	13409
	*Bankcredit*2	0. 4443	0. 4760	0	0. 9868	0. 2480	13409
	金融业竞争指数	8. 39	8. 47	5	12. 41	1. 4094	13409
金融业竞争程度低	*Sbank*	0. 1624	0. 1487	0	0. 7838	0. 1248	7270
	Lbank	0. 0672	0. 0275	0	0. 6195	0. 0922	7270
	*Bankcredit*1	0. 2476	0. 2413	0	0. 9281	0. 1581	7270
	*Bankcredit*2	0. 4718	0. 5037	0	0. 9886	0. 2501	7270
	金融业竞争指数	4. 76	5. 21	−4. 25	7. 71	2. 1491	7270

① 政府干预指数为反向指标，指数越大，代表政府对企业的干预越少。

续表

样本	变量	平均值	中位数	最小值	最大值	标准差	样本数
政府干预程度低	*Sbank*	0. 1591	0. 1448	0	0. 7784	0. 1246	12264
	Lbank	0. 0618	0. 0232	0	0. 5593	0. 0877	12264
	*Bankcredit*1	0. 2367	0. 2366	0	0. 9281	0. 1544	12264
	*Bankcredit*2	0. 4507	0. 4818	0	0. 9887	0. 2491	12264
	政府干预指数	5. 98	5. 44	3. 57	10	1. 7069	12264
政府干预程度高	*Sbank*	0. 1614	0. 1528	0	0. 7838	0. 1222	8415
	Lbank	0. 0675	0. 0288	0	0. 7010	0. 0926	8415
	*Bankcredit*1	0. 2453	0. 2492	0	0. 8151	0. 1569	8415
	*Bankcredit*2	0. 4588	0. 4921	0	0. 9860	0. 2491	8415
	政府干预指数	2. 33	2. 41	0	4. 08	1. 0209	8415

第二节　货币政策对上市公司银行借款影响的实证分析

由于本章采用的是面板数据，其主要的估计方法分为固定效应模型（Fixed Effect Model，FE）和随机效应模型（Random Effect Model，RE）两种，对面板数据回归模型的选择主要是利用 *Hausman* 统计量检验。*Hausman* 统计量的原假设是随机效应模型，如果接受原假设，则应选择随机效应模型；如果拒绝原假设，则应选择固定效应模型。

一、货币政策对上市公司银行借款的影响及其异质性分析

（一）数量型货币政策工具的影响

表 3-4 是数量型货币政策工具存款准备金率对上市公司短期银行借款与长期银行借款影响的实证结果，*Hausman* 统计量检验结果显示应当采用固定效应模型进行回归。在以短期银行借款作为被解释变量的第（1）列中，作为数量型货币政策工具，存款准备金率 *Ratio* 的估计系数在 1%的水平下显著为

负，表明上市公司的短期银行借款会随着存款准备金率的上升而下降，这也符合一般货币政策传导理论的解释。在对整体样本进行检验之后，我们加入表示公司产权性质的虚拟变量 *Private* 及其与存款准备金率的交乘项，用以检验存款准备金率对不同产权性质公司银行借款的影响差异，由于采用固定效应模型，虚拟变量 *Private* 的估计系数没有显示。其中，在子样本回归的第（2）列和第（3）列中，存款准备金率 *Ratio* 的估计系数在国有样本与非国有样本中仍然显著为负，但非国有样本的系数绝对值比国有样本的系数绝对值要大，这表明存款准备金率的上升对非国有上市公司短期银行借款下降的影响更大。而在整体样本回归的第（4）列中，交乘项 *Ratio*×*Private* 的系数在1%的水平下显著为负，一方面说明非国有上市公司的短期银行借款在存款准备金率上升时会下降得更多，另一方面说明存款准备金率 *Ratio* 在第（2）列和第（3）列中的系数差异是显著的。

在以长期银行借款作为被解释变量的第（5）列中，存款准备金率 *Ratio* 的估计系数也在1%的水平下显著为负，表明上市公司的长期银行借款也会随着存款准备金率的上升而下降。在子样本回归的（6）和（7）中，国有样本的 *Ratio* 系数仍然在1%的水平下显著为负，而非国有样本的 *Ratio* 系数虽然为负，但并不显著，而且系数的绝对值也小于国有样本，说明存款准备金率的上升对国有上市公司长期银行借款下降的影响更大，这一结果不符合信贷配给理论的预期。一个可能的原因是非国有上市公司从银行系统获得银行借款比较困难，因此非国有上市公司往往致力于和商业银行建立稳定的关系，而且长期贷款的协议一经签订，并不会由于货币政策的调整而轻易改变。由于银企关系的作用，在存款准备金率上升的情况下，非国有上市公司的长期银行借款所受影响小于国有上市公司。在整体样本的第（8）列中，交乘项 *Ratio*×*Private* 的系数在1%的水平下显著为正，说明存款准备金率上升之后，国有上市公司的长期银行借款下降得更多，同时也表明第（6）和第（7）列中的 *Ratio* 系数差异是显著的。

表 3-4　存款准备金率对公司银行借款的影响及其异质性检验（1）

变量	Sbank				Lbank			
	(1)	(2)	(3)	(4)	(5)	(6)	(7)	(8)
	整体	国有	非国有	整体	整体	国有	非国有	整体
Ratio	-0.0107*** (-19.6206)	-0.0076*** (-10.9560)	-0.0121*** (-13.4042)	-0.0081*** (-14.4740)	-0.0024*** (-5.6476)	-0.0044*** (-7.5610)	-0.0006 (-0.9749)	-0.0034*** (-7.6424)
Ratio×*Private*				-0.0034*** (-17.9800)				0.0013*** (8.4818)
Size	0.0230*** (17.8675)	0.0256*** (15.8057)	0.0208*** (9.9362)	0.0234*** (18.2855)	0.0377*** (37.6157)	0.0355*** (26.1532)	0.0397*** (26.6147)	0.0375*** (37.5204)
Col	-0.0372*** (-2.8414)	-0.0388** (-2.3304)	-0.0189 (-0.8970)	-0.0280** (-2.1508)	-0.0040 (-0.3929)	0.0031 (0.2210)	-0.0210 (-1.4049)	-0.0074 (-0.7266)
Roa	-0.5584*** (-36.6785)	-0.5671*** (-28.5150)	-0.5364*** (-22.5679)	-0.5523*** (-36.5060)	-0.0406*** (-3.4188)	-0.0840*** (-5.0241)	0.0022 (0.1315)	-0.0428*** (-3.6122)
Age	0.0879*** (13.2535)	0.0476*** (5.8309)	0.0951*** (8.1799)	0.0675*** (10.1064)	0.0236*** (4.5588)	0.0449*** (6.5424)	0.0094 (1.1386)	0.0311*** (5.9341)
Cashflow	-0.0716*** (-10.2254)	-0.1078*** (-11.6572)	-0.0350*** (-3.2505)	-0.0706*** (-10.1510)	-0.0456*** (-8.3512)	-0.0471*** (-6.0652)	-0.0435*** (-5.6835)	-0.0459*** (-8.4292)
TobinQ	-0.0024*** (-3.0084)	-0.0008 (-0.7755)	-0.0010 (-0.8700)	-0.0008 (-1.0485)	-0.0025*** (-4.1447)	-0.0028*** (-3.0476)	-0.0031*** (-3.6328)	-0.0031*** (-5.0511)
Constant	-0.3515*** (-11.3783)	-0.3657*** (-9.6114)	-0.3175*** (-6.1261)	-0.3426*** (-11.1600)	-0.7544*** (-31.3360)	-0.7372*** (-23.0562)	-0.7648*** (-20.7448)	-0.7577*** (-31.5139)
N	25452	15681	9771	25452	25452	15681	9771	25452
Adjusted R^2	0.152	0.112	0.217	0.163	0.076	0.055	0.115	0.079
Model	FE	FE	FE	FE	FE	FE	FE	FE

注：检验结果中，*、**和***分别表示在 10%、5%和 1%的水平下显著，括号中的数字为 *t* 值。

表 3-5 是数量型货币政策工具存款准备金率对上市公司银行借款总额影响的实证结果，*Hausman* 统计量检验拒绝了面板估计的随机效应假设，因此我们采用固定效应模型进行估计。在以 *Bankcredit*1 作为被解释变量的第（1）列中，存款准备金率 *Ratio* 的估计系数在 1%的水平下显著为负，表明上市公司总银行借款占公司总资产的比重会随着存款准备金率的上升而下降，这也符合一般货币政策传导理论的解释。在子样本回归的（2）和（3）中，存款准备金率 *Ratio* 的估计系数在国有样本与非国有样本中仍然显著为负，但非国

有样本的系数绝对值比国有样本的系数绝对值要大，也表明存款准备金率的上升对非国有上市公司总银行借款占公司总资产的比重下降的影响更大。而在整体样本回归的第（4）列中，交乘项 *Ratio*×*Private* 的系数在 1%的水平下显著为负，一方面说明非国有上市公司的总银行借款在存款准备金率上升时会下降得更多，另一方面说明存款准备金率 *Ratio* 在模型第（2）列和第（3）列中的系数差异是显著的。

在以银行借款占总负债的比重作为被解释变量的第（5）列中，存款准备金率 *Ratio* 的估计系数也在 1%的水平下显著为负，同样表明上市公司总银行借款占公司总负债的比重也会随着存款准备金率的上升而下降。在子样本回归的第（6）和第（7）列中，存款准备金率 *Ratio* 的估计系数在国有样本与非国有样本中仍然显著为负，但非国有样本的系数绝对值比国有样本的系数绝对值要大，也表明存款准备金率的上升对非国有上市公司总银行借款占公司总资产的比重下降的影响更大。在整体样本回归的第（8）列中，交乘项 *Ratio*×*Private* 的系数在 1%的水平下显著为负，说明存款准备金率上升之后，非国有上市公司的总银行借款在总负债中的比重下降得更多，同时表明第（6）和第（7）列中的 *Ratio* 系数差异是显著的。

表 3-5　存款准备金率对公司银行借款的影响及其异质性检验（2）

变量	*Bankcredit*1				*Bankcredit*2			
	(1)	(2)	(3)	(4)	(5)	(6)	(7)	(8)
	整体	国有	非国有	整体	整体	国有	非国有	整体
Ratio	-0. 0137 * * * (-21. 7333)	-0. 0124 * * * (-15. 3069)	-0. 0136 * * * (-13. 2919)	-0. 0121 * * * (-18. 6496)	-0. 0240 * * * (-23. 1454)	-0. 0215 * * * (-16. 1929)	-0. 0255 * * * (-14. 9622)	-0. 0227 * * * (-21. 1811)
Ratio× *Private*				-0. 0021 * * * (-9. 3261)				-0. 0017 * * * (-4. 6737)
Size	0. 0669 * * * (45. 2184)	0. 0646 * * * (33. 9485)	0. 0699 * * * (29. 5750)	0. 0671 * * * (45. 4484)	0. 0819 * * * (33. 6753)	0. 0790 * * * (25. 4075)	0. 0855 * * * (21. 7163)	0. 0821 * * * (33. 7638)
Col	-0. 0298 * * (-1. 9779)	-0. 0169 (-0. 8623)	-0. 0329 (-1. 3851)	-0. 0243 (-1. 6132)	-0. 0222 (-0. 8948)	-0. 0283 (-0. 8817)	-0. 0034 (-0. 0858)	-0. 0176 (-0. 7108)
Roa	-0. 6670 * * * (-38. 0919)	-0. 7208 * * * (-30. 7860)	-0. 6024 * * * (-22. 4560)	-0. 6633 * * * (-37. 9403)	-0. 5419 * * * (-18. 8111)	-0. 6663 * * * (-17. 4182)	-0. 4091 * * * (-9. 1590)	-0. 5389 * * * (-18. 7101)
Age	0. 1138 * * * (14. 9182)	0. 0962 * * * (10. 0104)	0. 1088 * * * (8. 2918)	0. 1016 * * * (13. 1515)	0. 1321 * * * (10. 5336)	0. 0923 * * * (5. 8824)	0. 1609 * * * (7. 3690)	0. 1221 * * * (9. 5957)

续表

变量	Bankcredit1				Bankcredit2			
	(1)	(2)	(3)	(4)	(5)	(6)	(7)	(8)
	整体	国有	非国有	整体	整体	国有	非国有	整体
Cashflow	-0.1139*** (-14.1422)	-0.1589*** (-14.5945)	-0.0680*** (-5.6055)	-0.1133*** (-14.0935)	-0.2397*** (-18.0867)	-0.3036*** (-17.0725)	-0.1750*** (-8.6601)	-0.2392*** (-18.0572)
TobinQ	-0.0073*** (-8.0608)	-0.0053*** (-4.1568)	-0.0066*** (-4.8350)	-0.0064*** (-7.0093)	-0.0151*** (-10.1479)	-0.0133*** (-6.4236)	-0.0146*** (-6.4622)	-0.0144*** (-9.5818)
Constant	-1.2239*** (-34.4485)	-1.1764*** (-26.2607)	-1.2631*** (-21.5959)	-1.2186*** (-34.3529)	-1.2131*** (-20.7531)	-1.1053*** (-15.1034)	-1.3312*** (-13.6681)	-1.2086*** (-20.6836)
N	25452	15681	9771	25452	25452	15681	9771	25452
Adjusted R^2	0.188	0.163	0.227	0.191	0.178	0.159	0.204	0.178
Model	FE	FE	FE	FE	FE	FE	FE	FE

注：检验结果中，*、**和***分别表示在10%、5%和1%的水平下显著，括号中的数字为 *t* 值。

（二）价格型货币政策工具的影响

表3-6是价格型货币政策工具贷款基准利率对上市公司短期银行借款与长期银行借款影响的实证结果，*Hausman* 检验拒绝了面板估计的随机效应假设，因此我们采用固定效应模型进行估计。在以短期银行借款作为被解释变量的第（1）列中，作为价格型货币政策工具，贷款基准利率 *Interest* 的估计系数在1%的水平下显著为负，表明上市公司的短期银行借款会随着贷款基准利率的上升而下降。在对整体样本进行检验之后，我们加入表示公司产权性质的虚拟变量 *Private* 及其与存款准备金率的交乘项，用以检验贷款基准利率对不同产权性质公司银行借款的影响差异。其中，在子样本回归的第（2）和第（3）列中，贷款基准利率 *Interest* 的估计系数在国有样本与非国有样本中仍然显著为负，但非国有样本的系数绝对值比国有样本的系数绝对值要大，这表明贷款基准利率的上升对非国有上市公司短期银行借款下降的影响更大。而在整体样本回归的第（4）列中，交乘项 *Interest*×*Private* 的系数在1%的水平下显著为负，一方面说明非国有上市公司的短期银行借款在贷款基准利率上升时会下降得更多，另一方面说明贷款基准利率 *Interest* 在第（2）和第（3）列中的系数差异是显著的。

在以长期银行借款作为被解释变量的第（5）列中，贷款基准利率 *Interest*

的估计系数也在1%的水平下显著为负，表明上市公司的长期银行借款也会随着贷款基准利率的上升而下降。在子样本回归的第（6）和第（7）列中，国有样本的*Interest*系数仍然在1%的水平下显著为负，而非国有样本的*Interest*系数则在10%的水平下显著为负，而且系数的绝对值也小于国有样本，说明贷款基准利率的上升对国有上市公司长期银行借款下降的影响更大，这一结果符合关系信贷观，但不符合信贷配给理论的预期。在整体样本的第（8）列中，交乘项*Interest×Private*的系数在5%的水平下显著为正，说明贷款基准利率上升之后，国有上市公司的长期银行借款下降得更多，同时表明第（6）和第（7）列中的*Interest*系数差异是显著的。

表3-6　贷款基准利率对公司银行借款的影响及其异质性检验（1）

变量	*Sbank*				*Lbank*			
	(1)	(2)	(3)	(4)	(5)	(6)	(7)	(8)
	整体	国有	非国有	整体	整体	国有	非国有	整体
Interest	-0.0608*** (-14.4455)	-0.0378*** (-7.1797)	-0.0697*** (-9.9493)	-0.0564*** (-13.1749)	-0.0203*** (-6.1821)	-0.0337*** (-7.6168)	-0.0095* (-1.8863)	-0.0219** (-6.5572)
Interest×Private				-0.0080*** (-5.3688)				0.0030** (2.5664)
Size	0.0228*** (17.7789)	0.0256*** (15.8057)	0.0205*** (9.8653)	0.0229*** (17.8120)	0.0380*** (37.8816)	0.0355*** (26.1532)	0.0404*** (27.0133)	0.0377*** (37.6480)
Col	-0.0385*** (-2.9481)	-0.0388** (-2.3304)	-0.0203 (-0.9750)	-0.0355*** (-2.7086)	-0.0010 (-0.0963)	0.0031 (0.2210)	-0.0143 (-0.9571)	-0.0047 (-0.4566)
Roa	-0.5581*** (-36.6913)	-0.5671*** (-28.5150)	-0.5360*** (-22.6052)	-0.5588*** (-36.7285)	-0.0410*** (-3.4434)	-0.0840*** (-5.0241)	0.0012 (0.0722)	-0.0404*** (-3.4049)
Age	0.0876*** (13.2238)	0.0476*** (5.8309)	0.0944*** (8.1500)	0.0853*** (12.8419)	0.0241*** (4.6506)	0.0449*** (6.5424)	0.0115 (1.3817)	0.0245*** (4.7316)
Cashflow	-0.0714*** (-10.2030)	-0.1078*** (-11.6572)	-0.0344*** (-3.2049)	-0.0711*** (-10.1559)	-0.0462*** (-8.4418)	-0.0471*** (-6.0652)	-0.0449*** (-5.8161)	-0.0458*** (-8.3869)
TobinQ	-0.0024*** (-3.0708)	-0.0008 (-0.7755)	-0.0011 (-0.9500)	-0.0023*** (-2.9272)	-0.0025*** (-4.0101)	-0.0028*** (-3.0476)	-0.0029*** (-3.3505)	-0.0026*** (-4.1841)
Constant	-0.0658** (-1.9707)	-0.1973*** (-4.7765)	0.0144 (0.2587)	-0.0737** (-2.2013)	-0.6631*** (-25.3918)	-0.5707*** (-16.4351)	-0.7404*** (-18.5574)	-0.6516*** (-24.9607)
N	25452	15681	9771	25452	25452	15681	9771	25452
Adjusted R^2	0.152	0.112	0.217	0.153	0.077	0.055	0.116	0.076
Model	FE	FE	FE	FE	FE	FE	FE	FE

注：检验结果中，*、**和***分别表示在10%、5%和1%的水平下显著，括号中的数字为*t*值。

表 3-7 是价格型货币政策工具贷款基准利率对上市公司银行借款总额影响的实证结果，*Hausman* 检验结果同样显示应当采用固定效应模型进行估计。在以 *Bankcredit*1 作为被解释变量的第（1）列中，贷款基准利率 *Interest* 的估计系数在 1%的水平下显著为负，表明上市公司总银行借款占公司总资产的比重会随着贷款基准利率的上升而下降，这也符合一般货币政策传导理论的解释。在子样本回归的第（2）列和第（3）列中，贷款基准利率 *Interest* 的估计系数在国有样本与非国有样本中仍然显著为负，但非国有样本的系数绝对值比国有样本的系数绝对值要大，也表明贷款基准利率的上升对非国有上市公司总银行借款占公司总资产的比重下降的影响更大。而在整体样本回归的第（4）列中，交乘项 *Interest*×*Private* 的系数在 5%的水平下显著为负，一方面说明非国有上市公司的总银行借款在贷款基准利率上升时会下降得更多，另一方面说明贷款基准利率 *Interest* 在第（2）和第（3）列中的系数差异是显著的。

在以银行借款占总负债的比重作为被解释变量的第（5）列中，贷款基准利率 *Interest* 的估计系数也在 1%的水平下显著为负，同样表明上市公司总银行借款占公司总负债的比重也会随着贷款基准利率的上升而下降。在子样本回归的第（6）和第（7）列中，贷款基准利率 *Interest* 的估计系数在国有样本与非国有样本中仍然显著为负，但非国有样本的系数绝对值比国有样本的系数绝对值要大，也表明贷款基准利率的上升对非国有上市公司总银行借款占公司总资产的比重下降的影响更大。在整体样本的第（8）列中，交乘项 *Interest*×*Private* 的系数在 5%的水平下显著为负，说明贷款基准利率上升之后，非国有上市公司的总银行借款在总负债中的比重下降得更多，同时表明第（6）和第（7）列中的 *Interest* 系数差异是显著的。

表 3-7　贷款基准利率对公司银行借款的影响及其异质性检验（2）

变量	*Bankcredit*1				*Bankcredit*2			
	(1)	(2)	(3)	(4)	(5)	(6)	(7)	(8)
	整体	国有	非国有	整体	整体	国有	非国有	整体
Interest	-0.0856*** (-17.6804)	-0.0762*** (-12.2850)	-0.0847*** (-10.6739)	-0.0834*** (-16.9225)	-0.1590*** (-19.9735)	-0.1391*** (-13.7248)	-0.1723*** (-13.0746)	-0.1558*** (-19.2065)
Interest×*Private*				-0.0040** (-2.3476)				-0.0059*** (-2.0753)

续表

变量	Bankcredit1				Bankcredit2			
	(1)	(2)	(3)	(4)	(5)	(6)	(7)	(8)
	整体	国有	非国有	整体	整体	国有	非国有	整体
Size	0.0670*** (45.3675)	0.0646*** (33.9485)	0.0703*** (29.8502)	0.0668*** (45.1912)	0.0823*** (33.8898)	0.0790*** (25.4075)	0.0863*** (22.0526)	0.0819*** (33.6502)
Col	−0.0283* (−1.8847)	−0.0169 (−0.8623)	−0.0289 (−1.2233)	−0.0289* (−1.9191)	−0.0176 (−0.7118)	−0.0283 (−0.8817)	0.0067 (0.1712)	−0.0209 (−0.8430)
Roa	−0.6671*** (−38.0887)	−0.7208*** (−30.7860)	−0.6028*** (−22.4687)	−0.6672*** (−38.1078)	−0.5415*** (−18.8098)	−0.6663*** (−17.4182)	−0.4089*** (−9.1711)	−0.5422*** (−18.8237)
Age	0.1140*** (14.9454)	0.0962*** (10.0104)	0.1099*** (8.3846)	0.1125*** (14.7128)	0.1327*** (10.5861)	0.0923*** (5.8824)	0.1629*** (7.4790)	0.1303*** (10.3584)
Cashflow	−0.1143*** (−14.1907)	−0.1589*** (−14.5945)	−0.0689*** (−5.6738)	−0.1137*** (−14.1097)	−0.2398*** (−18.1090)	−0.3036*** (−17.0725)	−0.1755*** (−8.7013)	−0.2393*** (−18.0574)
TobinQ	−0.0073*** (−8.0359)	−0.0053*** (−4.1568)	−0.0065*** (−4.7641)	−0.0073*** (−8.0245)	−0.0150*** (−10.0838)	−0.0133*** (−6.4236)	−0.0144*** (−6.3587)	−0.0151*** (−10.1155)
Constant	−0.8232*** (−21.4243)	−0.8177*** (−16.8095)	−0.8768*** (−13.9685)	−0.8202*** (−21.2891)	−0.4633*** (−7.3344)	−0.4422*** (−5.5645)	−0.5318*** (−5.0974)	−0.4528*** (−7.1444)
N	25452	15681	9771	25452	25452	15681	9771	25452
Adjusted R^2	0.189	0.163	0.228	0.189	0.178	0.159	0.204	0.178
Model	FE	FE	FE	FE	FE	FE	FE	FE

注：检验结果中，*、**和***分别表示在10%、5%和1%的水平下显著，括号中的数字为 *t* 值。

二、货币政策对上市公司银行借款成本与期限结构的影响

（一）货币政策对上市公司银行借款成本的影响

表3-8是存款准备金率对公司银行借款成本影响的实证结果，*Hausman* 统计检验拒绝了随机效应假设，因此应当采用固定效应模型。从表3-8中可以看出，无论是以 *Cost*1 还是以 *Cost*2 作为被解释变量，第（1）列和第（5）列中存款准备金率 *Ratio* 的估计系数均在10%的水平下显著为负，说明存款准备金率上升，货币政策趋于紧缩，上市公司整体银行借款的成本会相应下降，这一点并不符合货币政策利率效应的预期，即货币紧缩并没有提高上市公司的借款成本。子样本的回归结果与整体样本不完全一致。其中，第（3）列国

有样本的 Ratio 系数仍然在 10%的水平下显著为负，而第（7）列国有样本的 Ratio 与 Cost2 则是弱的负相关关系（t 值为-1.5381），说明存款准备金率上升，国有上市公司银行借款的成本会相应下降。而在非国有样本的回归中，第（6）列的 Ratio 系数在 10%的水平下显著为正，在第（2）列中 Ratio 与 Cost1 则是弱的正相关关系（t 值为 1.5590），说明存款准备金率上升，非国有上市公司银行借款的成本会相应上升。在整体样本回归的第（4）列和第（8）列中，交乘项 Ratio×Private 的系数都在 1%的水平下显著为正，表明货币政策紧缩，非国有公司银行借款成本上升，也说明 Ratio 在非国有样本与国有样本中的系数差异是显著的。

表 3-8　存款准备金率对上市公司借款成本的影响及其异质性检验

变量	Cost1				Cost2			
	(1)	(2)	(3)	(4)	(5)	(6)	(7)	(8)
	整体	非国有	国有	整体	整体	非国有	国有	整体
Ratio	-0.0246* (-1.9526)	0.0274 (1.5590)	-0.0046* (-1.9430)	-0.0411*** (-3.1179)	-0.0337* (-1.8906)	0.0430* (1.9169)	-0.0060 (-1.5381)	-0.0524*** (-2.8090)
Ratio×Private				0.0235*** (4.1618)				0.0267*** (3.3381)
Size	-0.0735* (-1.8197)	-0.0486 (-0.6697)	-0.0228*** (-2.6213)	-0.0758* (-1.8821)	-0.0851 (-1.4908)	-0.0574 (-0.6200)	-0.0151 (-1.0198)	-0.0878 (-1.5408)
Col	1.1895*** (3.0162)	1.8312** (2.1941)	0.1082 (1.0966)	1.1365*** (2.8864)	0.9964* (1.7867)	1.4755 (1.3309)	0.2440 (1.3263)	0.9354* (1.6786)
Roa	-0.2245 (-0.6893)	-1.0937 (-1.5292)	0.0590 (0.6703)	-0.3059 (-0.9395)	-0.0489 (-0.1062)	-0.7901 (-0.8059)	0.1550 (0.9166)	-0.1405 (-0.3049)
Age	0.7248*** (3.0156)	-0.2213 (-0.7675)	0.1099*** (2.6719)	0.8896*** (3.6597)	0.9476*** (2.7885)	-0.5199 (-1.5050)	0.1435** (2.2331)	1.1342*** (3.2976)
Cashflow	0.0312 (0.1564)	-0.0187 (-0.0415)	0.1786*** (3.3189)	0.0307 (0.1541)	0.0313 (0.1107)	-0.0424 (-0.0680)	0.2723*** (2.6087)	0.0298 (0.1057)
TobinQ	0.0581** (2.2013)	0.0912* (1.6570)	0.0024 (0.3188)	0.0453* (1.7083)	0.0385 (1.0300)	0.0584 (0.7790)	-0.0075 (-0.5280)	0.0239 (0.6353)
Constant	-0.9647 (-0.9410)	-0.5653 (-0.3158)	0.2682 (1.2044)	-1.1457 (-1.1189)	-0.9204 (-0.6349)	0.3684 (0.1636)	-0.0492 (-0.1310)	-1.1225 (-0.7746)
N	4490	1709	2781	4490	4486	1707	2779	4486
Adjusted R^2	0.167	0.177	0.165	0.170	0.166	0.174	0.165	0.166
Model	FE	FE	FE	FE	FE	FE	FE	FE

注：检验结果中，*、**和***分别表示在 10%、5%和 1%的水平下显著，括号中的数字为 t 值。

表 3-9 是贷款基准利率对公司银行借款成本影响的实证结果，*Hausman* 检验结果显示应当采用固定效应模型。从表 3-9 中可以看出，第（1）列和第（5）列中贷款基准利率 *Interest* 的估计系数均为负，但都不显著，说明贷款基准利率上升，货币政策趋于紧缩，上市公司银行借款的成本下降但并不明显。子样本的回归结果中，第（3）和第（7）列中国有上市公司与整体样本比较一致，*Interest* 的估计系数均为负，但也都不显著。非国有样本的回归中，第（6）列的 *Interest* 系数在 10%的水平下显著为正，第（2）列 *Interest* 与 *Cost*1 则是弱的正相关关系（*t* 值为 1.5358），说明贷款基准利率上升，非国有上市公司银行借款的成本会相应上升。在整体样本回归的第（4）列中，交乘项 *Interest×Private* 的系数在 5%的水平下显著为正，而在第（8）列中，交乘项 *Interest×Private* 的系数在 1%的水平下显著为正，都表明货币政策紧缩，非国有公司银行借款成本上升，也说明 *Interest* 在非国有样本与国有样本中的系数差异是显著的。

表 3-9 贷款基准利率对上市公司借款成本的影响及其异质性检验

变量	*Cost*1				*Cost*2			
	(1)	(2)	(3)	(4)	(5)	(6)	(7)	(8)
	整体	非国有	国有	整体	整体	非国有	国有	整体
Interest	-0.0775 (-1.4395)	0.2569 (1.5358)	-0.0295 (-1.1875)	-0.1258 * * (-2.2032)	-0.0546 (-0.7170)	0.3841 * (1.7773)	-0.0417 (-1.0152)	-0.1449 * (-1.7964)
Interest×Private				0.1089 * * (2.5256)				0.2045 * * * (3.3534)
Size	-0.0740 * (-1.8381)	-0.0486 (-0.7832)	-0.0209 * * (-2.5735)	-0.0755 * (-1.8762)	-0.0857 (-1.5066)	-0.0609 (-0.7839)	-0.0137 (-1.0073)	-0.0886 (-1.5597)
Col	1.1844 * * * (3.0121)	1.4236 * (1.8825)	0.1184 (1.2152)	1.1729 * * * (2.9848)	0.9907 * (1.7818)	0.8820 (0.8986)	0.2609 (1.4431)	0.9687 * (1.7445)
Roa	-0.2238 (-0.6881)	-1.1867 * (-1.6928)	0.0231 (0.2640)	-0.2180 (-0.6708)	-0.0480 (-0.1043)	-0.8538 (-0.8930)	0.0819 (0.4891)	-0.0348 (-0.0758)
Age	0.7236 * * * (3.0148)	-0.1272 (-0.5991)	0.0678 * (1.8201)	0.7697 * * * (3.1998)	0.9463 * * * (2.7883)	-0.3505 (-1.4044)	0.0938 (1.6268)	1.0328 * * * (3.0385)
Cashflow	0.0308 (0.1548)	-0.0641 (-0.1456)	0.1792 * * * (3.3465)	0.0210 (0.1053)	0.0307 (0.1087)	-0.1264 (-0.2087)	0.2562 * * (2.4703)	0.0097 (0.0343)
TobinQ	0.0580 * * (2.1988)	0.0902 * (1.6935)	0.0027 (0.3634)	0.0562 * * (2.1337)	0.0383 (1.0264)	0.0666 (0.9253)	-0.0059 (-0.4167)	0.0347 (0.9308)
Constant	-0.7070 (-0.7497)	-1.4548 (-1.0664)	0.4340 * * (2.4406)	-0.7245 (-0.7688)	-0.8442 (-0.6330)	-0.8223 (-0.4688)	0.1751 (0.5658)	-0.8756 (-0.6574)

续表

变量	Cost1				Cost2			
	(1)	(2)	(3)	(4)	(5)	(6)	(7)	(8)
	整体	非国有	国有	整体	整体	非国有	国有	整体
N	4499	1718	2781	4499	4495	1716	2779	4495
Adjusted R^2	0.167	0.177	0.165	0.168	0.166	0.174	0.165	0.166
Model	FE	FE	FE	FE	FE	FE	FE	FE

注：检验结果中，*、**和***分别表示在10%、5%和1%的水平下显著，括号中的数字为t值。

（二）货币政策对上市公司银行借款期限结构的影响

表3-10是存款准备金率对公司银行借款期限结构影响的实证结果，*Hausman* 检验结果显示应当采用固定效应模型。从表3-10中可以看出，无论是以 *Maturity*1 还是以 *Maturity*2 作为被解释变量，第（1）列和第（5）列中存款准备金率 *Ratio* 的估计系数均在1%的水平下显著为正，说明存款准备金率上升，货币政策趋于紧缩，上市公司会用长期借款替代短期借款，也说明当存款准备金率上升时，上市公司短期银行借款所受的影响更大。子样本的回归结果与整体样本比较一致，国有与非国有样本的 *Ratio* 系数仍然均在1%的水平下显著为正，但第（3）列和第（7）列中国有样本的系数较小，不到非国有样本系数的1/3，说明货币紧缩，非国有上市公司会用更多的长期借款替代短期银行借款。在整体样本回归的第（4）列和第（8）列中，交乘项 *Ratio*×*Private* 的系数都在1%的水平下显著为正，表明货币政策紧缩对公司长期借款替代短期借款的效应在非国有公司中更明显，也说明 *Ratio* 在非国有样本与国有样本中的系数差异是显著的。

表3-10 存款准备金率对公司银行信贷期限结构的影响及其异质性检验

变量	Maturity1				Maturity2			
	(1)	(2)	(3)	(4)	(5)	(6)	(7)	(8)
	整体	非国有	国有	整体	整体	非国有	国有	整体
Ratio	0.0134*** (11.8265)	0.0189*** (12.0352)	0.0059*** (3.5605)	0.0107*** (9.3113)	0.0139*** (12.0854)	0.0194*** (12.0651)	0.0056*** (3.3545)	0.0108*** (9.2901)

续表

变量	Maturity1				Maturity2			
	(1)	(2)	(3)	(4)	(5)	(6)	(7)	(8)
	整体	非国有	国有	整体	整体	非国有	国有	整体
Ratio×*Private*				0.0053*** (11.9060)				0.0060*** (13.1886)
Size	0.0898*** (29.4871)	0.0924*** (21.0261)	0.0871*** (20.6535)	0.0883*** (29.0349)	0.0874*** (28.3880)	0.0942*** (20.8305)	0.0817*** (19.4629)	0.0858*** (27.9188)
Col	-0.0084 (-0.2589)	0.0525 (1.0853)	-0.0785* (-1.8122)	-0.0234 (-0.7247)	-0.0404 (-1.2393)	0.0235 (0.4739)	-0.1124*** (-2.5964)	-0.0569* (-1.7455)
Roa	0.3548*** (9.5352)	0.3026*** (5.8483)	0.3700*** (6.9398)	0.3478*** (9.3631)	0.2831*** (7.5396)	0.2358*** (4.4643)	0.2828*** (5.3025)	0.2749*** (7.3351)
Age	-0.1709*** (-13.4678)	-0.2011*** (-11.4024)	-0.0934*** (-5.0248)	-0.1614*** (-12.7235)	-0.1772*** (-13.7978)	-0.2081*** (-11.4799)	-0.0899*** (-4.8392)	-0.1663*** (-12.9541)
Cashflow	0.0752*** (3.9676)	-0.0102 (-0.3889)	0.1559*** (5.7197)	0.0704*** (3.7211)	0.1146*** (6.0350)	0.0230 (0.8709)	0.2074*** (7.6218)	0.1098*** (5.7906)
TobinQ	-0.0062*** (-3.2371)	-0.0091*** (-3.5561)	-0.0071*** (-2.4396)	-0.0088*** (-4.5870)	-0.0072*** (-3.7475)	-0.0103*** (-3.9799)	-0.0080*** (-2.7379)	-0.0102*** (-5.2581)
Constant	-1.4773*** (-21.0428)	-1.6361*** (-15.9978)	-1.3856*** (-14.2859)	-1.4453*** (-20.6101)	-1.3372*** (-18.8750)	-1.5839*** (-15.0840)	-1.1929*** (-12.3654)	-1.3035*** (-18.4297)
N	25452	15681	9771	25452	25452	15681	9771	25452
Adjusted R^2	0.169	0.106	0.151	0.172	0.170	0.110	0.151	0.174
Model	FE	FE	FE	FE	FE	FE	FE	FE

注：检验结果中，*、**和***分别表示在10%、5%和1%的水平下显著，括号中的数字为t值。

表3-11是贷款基准利率对公司银行借款期限结构影响的实证结果，*Hausman*检验结果仍然显示应当采用固定效应模型。从表3-11中可以看出，无论是以*Maturity*1还是以*Maturity*2作为被解释变量，第（1）列和第（5）列中贷款基准利率*Interest*的估计系数均在1%的水平下显著为正，说明贷款基准利率上升，货币政策趋于紧缩，上市公司会用长期借款替代短期借款，也说明当贷款基准利率上升时，上市公司短期银行借款下降得更多。子样本回归的结果中，非国有样本的第（2）列和第（6）列的*Interest*系数仍然均在1%的水平下显著为正，但国有样本的第（3）列和第（7）列中*Interest*系数虽然为正，但均不显著，说明货币紧缩，非国有上市公司会用更多的长期借款替代短期银行借款，而这一效应在国有公司中并不显著。在整体样本回归

的第（4）列和第（8）列中，交乘项 *Interest×Private* 的系数都在 1%的水平下显著为正，表明货币政策紧缩对公司长期借款替代短期借款的效应在非国有公司中更明显，也说明 *Interest* 在非国有样本与国有样本中的系数差异是显著的。

表 3-11　贷款基准利率对公司银行信贷期限结构的影响及其异质性检验

变量	*Maturity*1				*Maturity*2			
	(1)	(2)	(3)	(4)	(5)	(6)	(7)	(8)
	整体	非国有	国有	整体	整体	非国有	国有	整体
Interest	0.0733*** (8.2446)	0.1264*** (10.0251)	0.0068 (0.5266)	0.0626*** (6.9352)	0.0715*** (7.9293)	0.1254*** (9.6739)	0.0005 (0.0390)	0.0598*** (6.5276)
Interest×Private				0.0204*** (6.4437)				0.0224*** (6.9442)
Size	0.0906*** (29.7954)	0.0940*** (21.4566)	0.0871*** (20.6618)	0.0904*** (29.7349)	0.0882*** (28.6793)	0.0956*** (21.2232)	0.0818*** (19.4724)	0.0880*** (28.6284)
Col	0.0009 (0.0272)	0.0707 (1.4721)	-0.0785* (-1.8124)	-0.0019 (-0.0577)	-0.0314 (-0.9665)	0.0403 (0.8206)	-0.1124*** (-2.5966)	-0.0343 (-1.0558)
Roa	0.3539*** (9.5127)	0.3002*** (5.8032)	0.3700*** (6.9399)	0.3568*** (9.5943)	0.2824*** (7.5197)	0.2337*** (4.4270)	0.2828*** (5.3019)	0.2847*** (7.5862)
Age	-0.1703*** (-13.4216)	-0.1991*** (-11.2873)	-0.0935*** (-5.0253)	-0.1665*** (-13.1168)	-0.1766*** (-13.7526)	-0.2062*** (-11.3736)	-0.0900*** (-4.8399)	-0.1725*** (-13.4225)
Cashflow	0.0741*** (3.9105)	-0.0120 (-0.4587)	0.1551*** (5.6895)	0.0732*** (3.8658)	0.1134*** (5.9711)	0.0211 (0.7984)	0.2063*** (7.5845)	0.1125*** (5.9270)
TobinQ	-0.0060*** (-3.1515)	-0.0087*** (-3.4155)	-0.0071** (-2.4328)	-0.0063*** (-3.3071)	-0.0071*** (-3.6683)	-0.0100*** (-3.8580)	-0.0079*** (-2.7274)	-0.0074*** (-3.8300)
Constant	-1.8396*** (-22.7047)	-2.2985*** (-19.4690)	-1.3846*** (-12.4592)	-1.8299*** (-22.5928)	-1.6853*** (-20.5528)	-2.2329*** (-18.3819)	-1.1578*** (-10.4471)	-1.6756*** (-20.4433)
N	25452	15681	9771	25452	25452	15681	9771	25452
Adjusted R^2	0.169	0.107	0.151	0.170	0.171	0.111	0.151	0.172
Model	FE	FE	FE	FE	FE	FE	FE	FE

注：检验结果中，*、**和***分别表示在 10%、5%和 1%的水平下显著，括号中的数字为 *t* 值。

第三节　货币政策对上市公司银行借款的影响
——不同制度环境的比较

一、货币政策、金融业竞争差异与上市公司银行借款

（一）货币政策对金融业竞争不同区域上市公司银行借款的影响

在金融业竞争程度不同的区域，企业的银行借款对货币政策的反应会有怎样的差异？表 3-12 至表 3-15 是本章模型（3.2）的实证结果，根据 *Hausman*统计检验结果显示，应当采用固定效应模型。

表 3-12 是存款准备金率在金融业竞争程度不同的地区对公司短期银行借款与长期银行借款融资的影响。当央行利用存款准备金率执行货币政策时，在以短期银行借款作为被解释变量的第（1）和第（2）列中，两个子样本中的 *Ratio* 系数都在 1%的水平下显著为负，但金融业竞争较低区域子样本的系数绝对值更大，说明货币政策紧缩，该区域公司的短期银行借款会下降得更多。第（3）列整体样本中 *Ratio*×*Competition* 的系数在 1%的水平下显著为正，说明处于金融业竞争程度较低区域的公司短期银行借款会随着存款准备金率的上升而下降得更多，同时也说明第（1）列和第（2）列中 *Ratio* 的系数差异是显著的。

长期银行借款的 *Ratio* 系数在金融业竞争较高区域为负，但并不显著，而在金融业竞争较低的区域却在 1%的水平下显著为负，说明货币政策紧缩，金融业竞争程度较低区域的公司长期银行借款会下降得更多。整体样本中 *Ratio* ×*Competition* 的系数在 1%的水平下显著为正，说明处于金融业竞争程度较低区域的公司长期银行借款会随着存款准备金率的上升而下降得更多，同时也说明第（4）列和第（5）列中 *Ratio* 的系数差异是显著的。

表 3-12　存款准备金率、金融业竞争与公司银行借款（1）

变量	*Sbank*			*Lbank*		
	(1)	(2)	(3)	(4)	(5)	(6)
	金融业竞争程度高	金融业竞争程度低	整体	金融业竞争程度高	金融业竞争程度低	整体
Ratio	-0.0119*** (-13.6598)	-0.0129*** (-10.0855)	-0.0135*** (-18.3462)	-0.0002 (-0.2678)	-0.0053*** (-5.0794)	-0.0025*** (-4.3510)
Competition			-0.0230*** (-5.7275)			-0.0055* (-1.7554)
Ratio×*Competition*			0.0017*** (6.3157)			0.0007*** (3.3354)
Size	0.0267*** (13.7245)	0.0152*** (5.5680)	0.0237*** (15.1458)	0.0371*** (24.9574)	0.0443*** (19.7693)	0.0393*** (32.0718)
Col	-0.0604*** (-3.3317)	-0.0439* (-1.8197)	-0.0462*** (-3.2106)	-0.0275** (-1.9853)	0.0373* (1.8875)	0.0008 (0.0732)
Roa	-0.5639*** (-26.3588)	-0.4655*** (-18.6813)	-0.5314*** (-33.1117)	0.0089 (0.5451)	-0.0751*** (-3.6778)	-0.0176 (-1.4038)
Age	0.0914*** (9.8063)	0.0946*** (7.0898)	0.0921*** (12.3461)	-0.0061 (-0.8495)	0.0549*** (5.0212)	0.0160*** (2.7431)
Cashflow	-0.0618*** (-6.7254)	-0.0677*** (-5.7660)	-0.0633*** (-8.7297)	-0.0378*** (-5.3813)	-0.0620*** (-6.4443)	-0.0462*** (-8.1398)
TobinQ	-0.0031** (-2.5003)	-0.0014 (-0.9542)	-0.0016* (-1.7195)	-0.0036*** (-3.7533)	-0.0032*** (-2.7521)	-0.0038*** (-5.2784)
Constant	-0.4125*** (-9.1754)	-0.1777*** (-2.8859)	-0.3417*** (-9.5448)	-0.6861*** (-19.9604)	-0.9583*** (-18.9869)	-0.7751*** (-27.6730)
N	13409	7270	20679	13409	7270	20679
Adjusted R^2	0.153	0.171	0.157	0.108	0.101	0.104
Model	FE	FE	FE	FE	FE	FE

注：检验结果中，*、**和***分别表示在 10%、5%和 1%的水平下显著，括号中的数字为 *t* 值。

表 3-13 是存款准备金率在金融业竞争程度不同的地区对公司银行借款总额的影响。当央行利用存款准备金率执行货币政策时，在以银行借款总额占总资产的百分比作为被解释变量的第（1）列和第（2）列中，两个子样本中的 *Ratio* 系数都在 1%的水平下显著为负，但金融业竞争较低区域子样本的系数绝对值更大，说明货币政策紧缩，该区域公司的银行借款总额占资产的比

重会下降得更多。第（3）列整体样本中交乘项 *Ratio*×*Competition* 的系数在1%的水平下显著为正，说明处于金融业竞争程度较低区域的公司银行借款总额占资产的比重会随着存款准备金率的上升而下降得更多，同时也说明第（1）列和第（2）列中 *Ratio* 的系数差异是显著的。

在以银行借款总额占总负债的百分比作为被解释变量的第（4）和第（5）列中，两个子样本中的 *Ratio* 系数都在1%的水平下显著为负，但金融业竞争较低区域子样本的系数绝对值更大，说明货币政策紧缩，该区域公司的银行借款总额占资产的比重会下降得更多。第（6）列整体样本中交乘项 *Ratio*×*Competition* 的系数在1%的水平下显著为正，说明处于金融业竞争程度较低区域的公司银行借款总额占负债的比重会随着存款准备金率的上升而下降得更多，同时也说明第（4）列和第（5）列中 *Ratio* 的系数差异是显著的。

表 3-13　存款准备金率、金融业竞争与公司银行借款（2）

变量	*Bankcredit*1			*Bankcredit*2		
	(1)	(2)	(3)	(4)	(5)	(6)
	金融业竞争程度高	金融业竞争程度低	整体	金融业竞争程度高	金融业竞争程度低	整体
Ratio	-0.0114*** (-11.8450)	-0.0195*** (-12.8987)	-0.0163*** (-19.5641)	-0.0219*** (-13.5687)	-0.0392*** (-15.8486)	-0.0315*** (-22.7436)
Competition			-0.0317*** (-6.9648)			-0.0509*** (-6.7376)
Ratio×*Competition*			0.0027*** (9.0909)			0.0047*** (9.4490)
Size	0.0686*** (31.9209)	0.0640*** (19.8056)	0.0679*** (38.3443)	0.0739*** (20.4399)	0.0994*** (18.8615)	0.0843*** (28.6327)
Col	-0.0564*** (-2.8183)	-0.0121 (-0.4266)	-0.0279* (-1.7155)	-0.0775** (-2.2989)	0.0870* (1.8731)	0.0125 (0.4598)
Roa	-0.6189*** (-26.2101)	-0.5951*** (-20.2254)	-0.6070*** (-33.3973)	-0.4197*** (-10.5581)	-0.4673*** (-9.7334)	-0.4335*** (-14.3458)
Age	0.0806*** (7.8334)	0.1594*** (10.1128)	0.1103*** (13.0535)	0.0923*** (5.3281)	0.2259*** (8.7808)	0.1408*** (10.0269)
Cashflow	-0.0991*** (-9.7602)	-0.1239*** (-8.9454)	-0.1060*** (-12.9036)	-0.2142*** (-12.5358)	-0.2604*** (-11.5188)	-0.2248*** (-16.4524)

续表

变量	Bankcredit1			Bankcredit2		
	(1)	(2)	(3)	(4)	(5)	(6)
	金融业竞争程度高	金融业竞争程度低	整体	金融业竞争程度高	金融业竞争程度低	整体
TobinQ	-0.0098*** (-7.0349)	-0.0065*** (-3.8113)	-0.0080*** (-7.5800)	-0.0211*** (-9.0602)	-0.0095*** (-3.4461)	-0.0157*** (-8.9629)
Constant	-1.2019*** (-24.2211)	-1.2032*** (-16.5467)	-1.2160*** (-29.9952)	-0.9588*** (-11.4762)	-1.7066*** (-14.3813)	-1.2509*** (-18.5589)
N	13409	7270	20679	13409	7270	20679
Adjusted R^2	0.154	0.165	0.166	0.099	0.201	0.148
Model	FE	FE	FE	FE	FE	FE

注：检验结果中，*、**和***分别表示在10%、5%和1%的水平下显著，括号中的数字为 t 值。

表3-14是贷款基准利率在金融业竞争程度不同的地区对公司短期银行借款与长期银行借款融资的影响。当央行利用贷款基准利率执行货币政策时，在以短期银行借款为被解释变量的方程中，两个子样本中的 *Interest* 系数都在1%的水平下显著为负，但金融业竞争较低区域的系数绝对值更大，说明货币政策紧缩，该区域公司的短期银行借款对贷款基准利率的变动更敏感。整体样本中 *Interest*×*Competition* 的系数在1%的水平下显著为正，说明处于金融业竞争程度较低区域的公司短期银行借款会随着贷款基准利率的上升而下降得更多，同时也说明第（1）列和第（2）列中 *Interest* 的系数差异是显著的。

长期银行借款的 *Interest* 系数在金融业竞争较低区域显著为负，而在金融业竞争较高的区域虽然为负，但并不显著，说明货币政策紧缩，该区域公司的长期银行借款对贷款基准利率的变动不敏感。整体样本中 *Interest*×*Competition* 与长期银行借款 *Lbank* 之间是弱的正相关关系，也说明处于金融业竞争程度较低区域的公司长期银行借款对贷款基准利率的变动更敏感。

表 3-14　贷款基准利率、金融业竞争与公司银行借款（1）

变量	Sbank			Lbank		
	(1)	(2)	(3)	(4)	(5)	(6)
	金融业竞争程度高	金融业竞争程度低	整体	金融业竞争程度高	金融业竞争程度低	整体
Interest	-0.0570*** (-10.4902)	-0.0683*** (-8.5195)	-0.0671*** (-14.7590)	-0.0063 (-1.5120)	-0.0352*** (-5.3625)	-0.0173*** (-4.8364)
Competition			-0.0577*** (-6.1019)			-0.0001 (-0.0071)
Interest×*Competition*			0.0091*** (5.8168)			0.0003 (0.2597)
Size	0.0262*** (13.5434)	0.0152*** (5.5680)	0.0233*** (14.9555)	0.0380*** (25.4522)	0.0443*** (19.7693)	0.0398*** (32.4554)
Col	-0.0632*** (-3.5088)	-0.0439* (-1.8197)	-0.0512*** (-3.5745)	-0.0202 (-1.4513)	0.0373* (1.8875)	0.0043 (0.3781)
Roa	-0.5638*** (-26.3791)	-0.4655*** (-18.6813)	-0.5308*** (-33.0903)	0.0080 (0.4880)	-0.0751*** (-3.6778)	-0.0190 (-1.5035)
Age	0.0908*** (9.7530)	0.0946*** (7.0898)	0.0898*** (12.0627)	-0.0048 (-0.6715)	0.0549*** (5.0212)	0.0158*** (2.6972)
Cashflow	-0.0615*** (-6.6934)	-0.0677*** (-5.7660)	-0.0645*** (-8.9014)	-0.0390*** (-5.5012)	-0.0620*** (-6.4443)	-0.0474*** (-8.3094)
TobinQ	-0.0033*** (-2.5943)	-0.0014 (-0.9542)	-0.0022** (-2.3402)	-0.0035*** (-3.6120)	-0.0032*** (-2.7521)	-0.0039*** (-5.3890)
Constant	-0.1475*** (-3.1789)	0.1313** (2.0108)	-0.0306 (-0.8093)	-0.6786*** (-18.9589)	-0.7895*** (-14.7544)	-0.7079*** (-23.7674)
N	13442	7270	20712	13442	7270	20712
Adjusted R^2	0.153	0.171	0.156	0.109	0.101	0.105
Model	FE	FE	FE	FE	FE	FE

注：检验结果中，*、**和***分别表示在 10%、5%和 1%的水平下显著，括号中的数字为 *t* 值。

表 3-15 是贷款基准利率在金融业竞争程度不同的地区对公司银行借款总额的影响。当央行利用贷款基准利率执行货币政策时，在以银行借款总额占总资产百分比作为被解释变量的方程中，两个子样本中的 *Interest* 系数都在 1%的水平下显著为负，但金融业竞争较低区域的系数绝对值更大，说明货币政策紧缩，该区域公司的银行借款总额占资产的比重对贷款基准利率的变动更

敏感。整体样本中 *Interest*×*Competition* 的系数在 1%的水平下显著为正，说明处于金融业竞争程度较低区域的公司银行借款总额占资产的比重会随着贷款基准利率的上升而下降得更多，同时也说明第（1）列和第（2）列中*Interest* 的系数差异是显著的。

在以银行借款总额占总负债的百分比作为被解释变量的第（4）列和第（5）列中，两个子样本中的 *Interest* 系数都在 1%的水平下显著为负，但金融业竞争较低区域子样本的系数绝对值更大，说明货币政策紧缩，该区域公司的银行借款总额占负债的比重会下降得更多。整体样本中 *Interest*×*Competition* 在 1%的水平下显著为正，说明处于金融业竞争程度较低区域的公司银行借款总额占负债的比重会随着贷款基准利率的上升而下降得更多，同时也说明第（4）列和第（5）列中 *Interest* 的系数差异是显著的。

表 3-15 贷款基准利率、金融业竞争与公司银行借款（2）

变量	*Bankcredit*1			*Bankcredit*2		
	(1)	(2)	(3)	(4)	(5)	(6)
	金融业竞争程度高	金融业竞争程度低	整体	金融业竞争程度高	金融业竞争程度低	整体
Interest	-0.0632*** (-10.4968)	-0.1144*** (-12.0823)	-0.0025* (-1.6746)	-0.1196*** (-11.8287)	-0.2319*** (-15.0080)	-0.0133*** (-5.4830)
Competition			-0.0607*** (-5.5598)			-0.1238*** (-6.8250)
Interest×*Competition*			0.0093*** (5.1718)			0.0204*** (6.8152)
Size	0.0689*** (32.1545)	0.0640*** (19.8056)	0.0563*** (33.3546)	0.0749*** (20.8164)	0.0994*** (18.8615)	0.0679*** (24.2407)
Col	-0.0526*** (-2.6397)	-0.0121 (-0.4266)	-0.0334** (-2.0182)	-0.0649* (-1.9368)	0.0870* (1.8731)	-0.0100 (-0.3621)
Roa	-0.6196*** (-26.1977)	-0.5951*** (-20.2254)	-0.6057*** (-33.3418)	-0.4199*** (-10.5673)	-0.4673*** (-9.7334)	-0.4626*** (-15.3374)
Age	0.0811*** (7.8737)	0.1594*** (10.1128)	-0.0554*** (-17.4979)	0.0938*** (5.4169)	0.2259*** (8.7808)	-0.1787*** (-33.9925)
Cashflow	-0.0999*** (-9.8278)	-0.1239*** (-8.9454)	-0.0952*** (-11.6671)	-0.2142*** (-12.5448)	-0.2604*** (-11.5188)	-0.2227*** (-16.4406)

续表

变量	Bankcredit1			Bankcredit2		
	(1)	(2)	(3)	(4)	(5)	(6)
	金融业竞争程度高	金融业竞争程度低	整体	金融业竞争程度高	金融业竞争程度低	整体
TobinQ	-0.0098*** (-7.0410)	-0.0065*** (-3.8113)	-0.0180*** (-20.5272)	-0.0210*** (-8.9949)	-0.0095*** (-3.4461)	-0.0285*** (-19.5875)
Constant	-0.9234*** (-17.9865)	-0.6708*** (-8.7013)	-0.7392*** (-20.2113)	-0.4489*** (-5.2056)	-0.6244*** (-4.9631)	-0.4188*** (-6.8978)
N	13442	7270	20712	13442	7270	20712
Adjusted R^2	0.155	0.165	0.132	0.100	0.201	0.116
Model	FE	FE	FE	FE	FE	FE

注：检验结果中，*、**和***分别表示在10%、5%和1%的水平下显著，括号中的数字为 *t* 值。

（二）货币政策在金融业竞争不同区域对上市公司银行借款的产权异质性影响

在金融业竞争程度不同的区域，货币政策对不同产权性质企业的差异影响会有怎样的变化？模型（3.3）在模型（3.2）的基础上加入表示公司产权性质的虚拟变量 *Private* 及其与货币政策、金融业竞争变量的交乘项进行分析，表3-16至表3-19给出了实证结果。*Hausman* 统计量检验结果拒绝了随机效应假设，我们采用固定效应模型进行回归。

在表3-16中我们可以看到，在以短期银行借款作为被解释变量的回归方程中，交乘项 *Ratio×Private* 表示相对于国有上市公司，存款准备金率对非国有上市公司影响的边际效应，也可以看作存款准备金率对不同产权性质公司的差异影响，其系数在子样本回归（1）和（2）中均显著为负，且与 *Ratio* 的系数符号相同，说明存款准备金率导致非国有上市公司的短期银行借款相对于国有上市公司下降的幅度更大，也表明整体上非国有企业的短期借款相比国有企业更容易受存款准备金率变动的影响，但是在第（1）列金融业竞争程度较高区域子样本的回归中，该系数绝对值较小，不到第（2）列中 *Ratio×Private* 系数的一半，说明存款准备金率对金融业竞争程度较低区域非国有上市公司短期银行借款的影响相对较大。整体样本回归的第（3）列中交乘项 *Ratio*×*Private*×*Competition* 的系数在1%的水平下显著为正，并且与交乘项 *Ratio*×*Private* 的系数符号相反，这说明存款准备金率对不同产权性质上市公司短期银行借款的差异影响在金融业竞争程度较低的区域更明显，即金融业竞争程度的提高能够改善非国有公司短期银行借款在货币紧缩时期所受的信贷歧视，同时也表明第（1）列和第（2）列之间 *Ratio*×*Private* 的系数差异是显著的。

在以长期银行借款作为被解释变量的回归(4)~(6)中，*Ratio*×*Private* 系数在子样本回归的第（4）列和第（5）列中仍然显著为正，说明存款准备金率上升导致国有上市公司的长期银行借款相对于非国有上市公司下降的幅度更大，但是在第（4）列金融业竞争程度较高区域子样本的回归中，该系数绝对值较小，不到第（5）列中 *Ratio*×*Private* 系数的1/3，说明存款准备金率对金融业竞争程度较低区域非国有上市公司长期银行借款的影响相对较大。整体样本回归的第（6）列中交乘项 *Ratio*×*Private*×*Competition* 的系数在1%的水平下显著为负，并且与交乘项 *Ratio*×*Private* 的系数符号相反，说明存款准备金率对不同产权性质上市公司长期银行借款的差异影响在金融业竞争程度较低的区域更明显，同时也表明第（4）列和第（5）列之间 *Ratio*×*Private* 的系数差异是显著的。

表3-16 存款准备金率、产权性质、金融业竞争与公司银行借款（1）

变量	*Sbank*			*LBank*		
	(1)	(2)	(3)	(4)	(5)	(6)
	金融业竞争程度高	金融业竞争程度低	整体	金融业竞争程度高	金融业竞争程度低	整体
Ratio	-0.0104*** (-11.5933)	-0.0085*** (-6.4615)	-0.0102*** (-13.1968)	-0.0006 (-0.9372)	-0.0073*** (-6.7074)	-0.0038*** (-6.2908)
Ratio×*Private*	-0.0023*** (-7.1792)	-0.0052*** (-11.8478)	-0.0050*** (-11.6551)	0.0007*** (2.8542)	0.0024*** (6.4889)	0.0021*** (6.1121)
Competition			-0.0112** (-2.2369)			-0.0125*** (-3.1833)
Competition×*Private*			-0.0219*** (-2.6328)			0.0155** (2.3650)

续表

变量	Sbank			LBank		
	(1)	(2)	(3)	(4)	(5)	(6)
	金融业竞争程度高	金融业竞争程度低	整体	金融业竞争程度高	金融业竞争程度低	整体
Ratio×*Competition*			0. 0004 (1. 2441)			0. 0013*** (4. 7813)
Ratio×*Private*×*Competition*			0. 0025*** (4. 7536)			-0. 0013*** (-3. 0080)
Size	0. 0259*** (13. 3057)	0. 0180*** (6. 6080)	0. 0240*** (15. 3563)	0. 0374*** (25. 0889)	0. 0431*** (19. 2060)	0. 0391*** (31. 8662)
Col	-0. 0545*** (-3. 0095)	-0. 0387 (-1. 6205)	-0. 0417*** (-2. 9097)	-0. 0293** (-2. 1132)	0. 0349* (1. 7739)	-0. 0009 (-0. 0770)
Roa	-0. 5612*** (-26. 2779)	-0. 4670*** (-18. 9292)	-0. 5300*** (-33. 1711)	0. 0081 (0. 4941)	-0. 0744*** (-3. 6546)	-0. 0181 (-1. 4418)
Age	0. 0835*** (8. 9175)	0. 0619*** (4. 5840)	0. 0759*** (10. 0920)	-0. 0037 (-0. 5097)	0. 0697*** (6. 2575)	0. 0224*** (3. 7835)
Cashflow	-0. 0635*** (-6. 9176)	-0. 0636*** (-5. 4746)	-0. 0625*** (-8. 6509)	-0. 0373*** (-5. 3091)	-0. 0638*** (-6. 6502)	-0. 0466*** (-8. 2175)
TobinQ	-0. 0028** (-2. 2556)	0. 0013 (0. 9137)	-0. 0003 (-0. 2843)	-0. 0037*** (-3. 8508)	-0. 0045*** (-3. 7474)	-0. 0044*** (-5. 9911)
Constant	-0. 3916*** (-8. 7100)	-0. 1993*** (-3. 2666)	-0. 3351*** (-9. 3859)	-0. 6924*** (-20. 1088)	-0. 9485*** (-18. 8410)	-0. 7764*** (-27. 6943)
N	13409	7270	20679	13409	7270	20679
Adjusted R^2	0. 156	0. 187	0. 165	0. 108	0. 107	0. 106
Model	FE	FE	FE	FE	FE	FE

注：检验结果中，*、**和***分别表示在10%、5%和1%的水平下显著，括号中的数字为*t*值。

表3-17中，在以总银行借款占资产总额百分比作为被解释变量的第(1)~(3)列中，交乘项*Ratio*×*Private*系数在子样本回归（1）和（2）中均显著为负，并且第（2）列金融业竞争程度较低区域子样本的系数绝对值较大，说明存款准备金率上升，货币政策紧缩，金融业竞争程度较低区域非国有上市公司总银行借款占资产总额的比重相对本区域的国有上市公司下降更多。整体样本回归的第（3）列中交乘项*Ratio*×*Private*×*Competition*的系数在10%的水平下显著为正，并且与*Ratio*×*Private*的系数符号相反，说明存款准备金率上升，

非国有上市公司总银行借款占资产总额的比重在金融业竞争程度较低的区域下降更明显，同时也表明第（1）列和第（2）列之间 *Ratio×Private* 的系数差异是显著的。

在以总银行借款占负债总额百分比作为被解释变量的第（4）~（6）列中，交乘项 *Ratio×Private* 系数在金融业竞争程度较高的子样本回归（4）中显著为负，但在金融业竞争程度较低区域的子样本（5）中，*Ratio×Private* 系数绝对值很小，而且不显著，说明存款准备金率上升，货币政策紧缩，金融业竞争程度较高区域非国有上市公司总银行借款占负债总额的比重相对本区域的国有公司下降更多。整体样本回归的第（6）列中交乘项 *Ratio×Private×Competition* 的系数在10%的水平下显著为负，并且与 *Ratio×Private* 的系数符号相同，说明存款准备金率上升，非国有上市公司总银行借款占负债总额的比重在金融业竞争程度较高的区域下降更明显，同时也表明第（4）列和第（5）列之间 *Ratio×Private* 的系数差异是显著的。

表 3-17 存款准备金率、产权性质、金融业竞争与公司银行借款（2）

变量	*Bankcredit1*			*Bankcredit2*		
	(1)	(2)	(3)	(4)	(5)	(6)
	金融业竞争程度高	金融业竞争程度低	整体	金融业竞争程度高	金融业竞争程度低	整体
Ratio	-0.0103*** (-10.4470)	-0.0173*** (-10.9887)	-0.0144*** (-16.4120)	-0.0203*** (-12.2343)	-0.0391*** (-15.1982)	-0.0309*** (-21.1337)
Ratio×Private	-0.0016*** (-4.5057)	-0.0026*** (-5.0574)	-0.0028*** (-5.7084)	-0.0024*** (-4.0266)	-0.0003 (-0.0551)	-0.0003 (-0.3755)
Competition			-0.0269*** (-4.7195)			-0.0666*** (-7.0235)
Competition×Private			-0.0069 (-0.7339)			0.0471*** (2.9903)
Ratio×Competition			0.0021*** (5.4448)			0.0053*** (8.3453)
Ratio×Private×Competition			0.0012* (1.9560)			-0.0019* (-1.9183)
Size	0.0680*** (31.6249)	0.0653*** (20.1980)	0.0680*** (38.3347)	0.0731*** (20.1800)	0.0994*** (18.7969)	0.0837*** (28.3579)

续表

变量	Bankcredit1			Bankcredit2		
	(1)	(2)	(3)	(4)	(5)	(6)
	金融业竞争程度高	金融业竞争程度低	整体	金融业竞争程度高	金融业竞争程度低	整体
Col	-0.0523*** (-2.6134)	-0.0095 (-0.3346)	-0.0252 (-1.5488)	-0.0713** (-2.1155)	0.0870* (1.8737)	0.0148 (0.5472)
Roa	-0.6170*** (-26.1449)	-0.5958*** (-20.2873)	-0.6060*** (-33.3767)	-0.4169*** (-10.4906)	-0.4674*** (-9.7328)	-0.4319*** (-14.2944)
Age	0.0751*** (7.2579)	0.1428*** (8.8811)	0.1009*** (11.7982)	0.0841*** (4.8232)	0.2256*** (8.5830)	0.1362*** (9.5703)
Cashflow	-0.1002*** (-9.8781)	-0.1219*** (-8.8095)	-0.1056*** (-12.8662)	-0.2159*** (-12.6408)	-0.2604*** (-11.5114)	-0.2255*** (-16.5030)
TobinQ	-0.0095*** (-6.8803)	-0.0051*** (-2.9742)	-0.0072*** (-6.8295)	-0.0208*** (-8.9210)	-0.0095*** (-3.3942)	-0.0155*** (-8.8008)
Constant	-1.1874*** (-23.8973)	-1.2141*** (-16.7193)	-1.2108*** (-29.8448)	-0.9370*** (-11.1986)	-1.7068*** (-14.3756)	-1.2366*** (-18.3177)
N	13409	7270	20679	13409	7270	20679
Adjusted R^2	0.156	0.168	0.168	0.100	0.201	0.148
Model	FE	FE	FE	FE	FE	FE

注：检验结果中，*、**和***分别表示在10%、5%和1%的水平下显著，括号中的数字为 *t* 值。

在表3-18中我们可以看到，当央行利用贷款基准利率执行货币政策时，在以短期银行借款作为被解释变量的回归方程中，交乘项 *Interest×Private* 系数在子样本回归第（1）列中为正，但不显著，说明金融业竞争程度较高的区域，国有与非国有上市公司短期银行借款受贷款基准利率的影响没有显著差异；而在第（2）列中显著为负，说明贷款基准利率对金融业竞争程度较低区域非国有上市公司短期银行借款的影响相对较大。整体样本回归的第（3）列中，交乘项 *Interest×Private×Competition* 的系数在1%的水平下显著为正，并且与交乘项 *Interest×Private* 的系数符号相反，这说明贷款基准利率对不同产权性质上市公司短期银行借款的差异影响在金融业竞争程度较低的区域更明显，同时也表明第（1）列和第（2）列之间 *Interest×Private* 的系数差异是显著的。

在以长期银行借款作为被解释变量的第(4)~(6)列中，*Interest×Private* 系数在金融业竞争程度较高的子样本回归（4）中为负，但不显著，说明贷款基准利率导致对国有与非国有上市公司的长期银行借款的影响在金融业竞争程度较高的区域没有显著差异，而在子样本回归（5）中 *Interest*×*Private* 的系数显著为正。在整体样本回归的第（6）列中，交乘项 *Interest* × *Private* × *Competition* 的系数显著为负，也表明了第（4）列和第（5）列之间 *Interest*× *Private* 的系数差异是显著的。

表 3-18　贷款基准利率、产权性质、金融业竞争与公司银行借款（1）

变量	*Sbank*			*Lbank*		
	(1)	(2)	(3)	(4)	(5)	(6)
	金融业竞争程度高	金融业竞争程度低	整体	金融业竞争程度高	金融业竞争程度低	整体
Interest	-0. 0573*** (-10. 3987)	-0. 0640*** (-7. 8459)	-0. 0641*** (-13. 6130)	-0. 0057 (-1. 3429)	-0. 0375*** (-5. 6075)	-0. 0189*** (-5. 1177)
Interest×*Private*	0. 0002 (0. 1008)	-0. 0074*** (-2. 8719)	-0. 0069*** (-2. 7014)	-0. 0007 (-0. 4557)	0. 0038* (1. 8208)	0. 0037* (1. 8839)
Competition			-0. 0401*** (-3. 2987)			-0. 0125 (-1. 3166)
Competition×*Private*			-0. 0427** (-2. 1965)			0. 0303** (1. 9924)
Interest×*Competition*			0. 0057*** (2. 8541)			0. 0023 (1. 4863)
Interest×*Private*×*Competition*			0. 0083*** (2. 5938)			-0. 0049* (-1. 9400)
Size	0. 0267*** (13. 7188)	0. 0152*** (5. 5480)	0. 0236*** (15. 0689)	0. 0371*** (24. 9245)	0. 0443*** (19. 7864)	0. 0393*** (32. 0529)
Col	-0. 0605*** (-3. 3325)	-0. 0456* (-1. 8921)	-0. 0509*** (-3. 5310)	-0. 0272** (-1. 9606)	0. 0382* (1. 9329)	0. 0006 (0. 0489)
Roa	-0. 5639*** (-26. 3389)	-0. 4653*** (-18. 6831)	-0. 5308*** (-33. 0611)	0. 0087 (0. 5292)	-0. 0752*** (-3. 6833)	-0. 0186 (-1. 4810)
Age	0. 0914*** (9. 8041)	0. 0921*** (6. 8917)	0. 0897*** (12. 0191)	-0. 0062 (-0. 8638)	0. 0562*** (5. 1298)	0. 0155*** (2. 6556)
Cashflow	-0. 0619*** (-6. 7257)	-0. 0678*** (-5. 7791)	-0. 0649*** (-8. 9398)	-0. 0378*** (-5. 3698)	-0. 0619*** (-6. 4389)	-0. 0466*** (-8. 2022)
TobinQ	-0. 0031** (-2. 4987)	-0. 0014 (-0. 9979)	-0. 0021** (-2. 2930)	-0. 0036*** (-3. 7585)	-0. 0032*** (-2. 7248)	-0. 0040*** (-5. 5251)

续表

变量	Sbank			Lbank		
	(1)	(2)	(3)	(4)	(5)	(6)
	金融业竞争程度高	金融业竞争程度低	整体	金融业竞争程度高	金融业竞争程度低	整体
Constant	-0.1609*** (-3.4421)	0.1320** (2.0231)	-0.0388 (-1.0194)	-0.6524*** (-18.2579)	-0.7899*** (-14.7639)	-0.6912*** (-23.2290)
N	13409	7270	20679	13409	7270	20679
Adjusted R^2	0.153	0.172	0.157	0.108	0.101	0.103
Model	FE	FE	FE	FE	FE	FE

注：检验结果中，*、**和***分别表示在10%、5%和1%的水平下显著，括号中的数字为t值。

表3-19中，在以总银行借款占资产总额百分比作为被解释变量的第(1)~(3)列中，交乘项 *Interest×Private* 系数在子样本回归（1）和（2）中一正一负，且均不显著，说明贷款基准利率上升，货币政策紧缩，无论金融业竞争程度高低，非国有上市公司总银行借款占资产总额的比重变化相对本区域的国有公司都没有显著差别。整体样本回归第（3）列中的交乘项 *Interest×Private×Competition* 与总银行借款占资产总额的比重是弱的正相关关系（t值为1.5018），并且与 *Interest×Private* 的系数符号相反，说明贷款基准利率上升，对金融业竞争程度较低的区域的国有与非国有上市公司总银行借款占资产总额比重的差异影响更明显，当然该系数不显著，可能也表明第（1）列和第（2）列之间 *Interest×Private* 的系数差异在统计意义上是不显著的。

在以总银行借款占负债总额百分比作为被解释变量的第(4)~(6)列中，交乘项 *Interest×Private* 系数在金融业竞争程度较高的子样本回归（4）中显著为负，但在金融业竞争程度较低区域的子样本（5）中，*Ratio×Private* 系数为正，而且不显著，说明贷款基准利率上升，货币政策紧缩，金融业竞争程度较高区域非国有上市公司总银行借款占负债总额的比重相对本区域的国有公司下降更多。整体样本回归的第（6）列中交乘项 *Interest×Private×Competition* 的系数在5%的水平下显著为负，说明贷款基准利率上升，非国有上市公司总银行借款占负债总额的比重在金融业竞争程度较高的区域下降更明显，同时也表明第（4）列和第（5）列之间 *Interest×Private* 的系数差异是显著的。

表 3-19　贷款基准利率、产权性质、金融业竞争与公司银行借款（2）

变量	*Bankcredit1*			*Bankcredit2*		
	(1)	(2)	(3)	(4)	(5)	(6)
	金融业竞争程度高	金融业竞争程度低	整体	金融业竞争程度高	金融业竞争程度低	整体
Interest	-0.0633*** (-10.4125)	-0.1119*** (-11.6224)	-0.0863*** (-16.1681)	-0.1153*** (-11.2646)	-0.2361*** (-15.0207)	-0.1764*** (-19.8827)
Interest×Private	0.0007 (0.3447)	-0.0041 (-1.3643)	-0.0037 (-1.2954)	-0.0084** (-2.3740)	0.0072 (1.4618)	0.0067 (1.4082)
Competition			-0.0465*** (-3.3744)			-0.1618*** (-7.0608)
Competition×Private			-0.0254 (-1.1513)			0.1096*** (2.9951)
Interest×Competition			0.0072*** (3.1644)			0.0262*** (6.9231)
Interest×Private×Competition			0.0054 (1.5018)			-0.0142** (-2.3671)
Size	0.0686*** (31.9119)	0.0639*** (19.7954)	0.0679*** (38.2441)	0.0736*** (20.3461)	0.0995*** (18.8741)	0.0839*** (28.4623)
Col	-0.0568*** (-2.8317)	-0.0131 (-0.4607)	-0.0336** (-2.0583)	-0.0736** (-2.1804)	0.0887* (1.9094)	0.0050 (0.1861)
Roa	-0.6186*** (-26.1821)	-0.5950*** (-20.2229)	-0.6075*** (-33.3682)	-0.4230*** (-10.6351)	-0.4675*** (-9.7381)	-0.4356*** (-14.4012)
Age	0.0807*** (7.8402)	0.1580*** (10.0033)	0.1069*** (12.6299)	0.0910*** (5.2494)	0.2283*** (8.8579)	0.1364*** (9.6976)
Cashflow	-0.0991*** (-9.7651)	-0.1240*** (-8.9507)	-0.1082*** (-13.1551)	-0.2133*** (-12.4828)	-0.2603*** (-11.5145)	-0.2279*** (-16.6745)
TobinQ	-0.0097*** (-7.0299)	-0.0065*** (-3.8317)	-0.0088*** (-8.3319)	-0.0212*** (-9.0902)	-0.0095*** (-3.4240)	-0.0171*** (-9.7895)
Constant	-0.9129*** (-17.6959)	-0.6704*** (-8.6964)	-0.8103*** (-18.7942)	-0.4146*** (-4.7747)	-0.6252*** (-4.9692)	-0.4424*** (-6.1748)
N	13409	7270	20679	13409	7270	20679
Adjusted R^2	0.154	0.166	0.164	0.100	0.201	0.146
Model	FE	FE	FE	FE	FE	FE

注：检验结果中，*、**和***分别表示在 10%、5%和 1%的水平下显著，括号中的数字为 *t* 值。

二、货币政策、政府干预差异与上市公司银行借款

（一）货币政策对政府干预不同区域上市公司银行借款的影响

在政府干预程度不同的区域，上市公司的银行借款对货币政策的反应会有怎样的差异？表 3-20 至表 3-23 是本章模型（3.2）的实证结果，*Hausman* 统计量检验的结果无法拒绝随机效应的原假设，因此我们采用随机效应模型进行回归。

表 3-20 是存款准备金率在政府干预程度不同的地区对公司短期银行借款与长期银行借款融资的影响。当央行利用存款准备金率执行货币政策时，在以短期银行借款作为被解释变量的第（1）~（3）列中，两个子样本中的 *Ratio* 系数都在 1%的水平下显著为负，但政府干预程度较高区域子样本的系数绝对值更大，接近政府干预程度较低区域子样本的一倍，说明存款准备金率升高，货币政策紧缩，政府干预程度较高区域公司的短期银行借款会下降得更多。第（3）列整体样本中 *Ratio*×*Government* 的系数在 1%的水平下显著为正，说明处于政府干预程度较高区域的公司短期银行借款会随着存款准备金率的上升而下降得更多，同时说明第（1）列和第（2）列中 *Ratio* 的系数差异是显著的。

在以长期银行借款作为被解释变量的第（4）~（6）列中，存款准备金率 *Ratio* 系数在政府干预程度较高子样本（5）中在 1%的水平下显著为负，而在政府干预程度较低子样本（4）中，存款准备金率 *Ratio* 系数则在 5%的水平下显著为负，而且系数绝对值较小，不到第（5）列中 *Ratio* 系数的一半，说明货币政策紧缩，政府干预程度较低区域的公司长期银行借款会下降得更多。整体样本中 *Ratio*×*Government* 的系数在 1%的水平下显著为正，说明处于政府干预程度较高区域的公司长期银行借款会随着存款准备金率的上升而下降得更多，同时说明第（4）列和第（5）列中 *Ratio* 的系数差异是显著的。

表 3-20 存款准备金率、政府干预与公司银行借款（1）

变量	Sbank			Lbank		
	(1)	(2)	(3)	(4)	(5)	(6)
	政府干预程度低	政府干预程度高	整体	政府干预程度低	政府干预程度高	整体
Ratio	-0.0070*** (-8.6362)	-0.0138*** (-12.3507)	-0.0117*** (-17.2176)	-0.0012** (-1.9626)	-0.0032*** (-3.6298)	-0.0015*** (-2.8511)
Government			-0.0075** (-2.3748)			0.0027 (1.0980)
Ratio×*Government*			0.0010*** (3.7951)			0.0006*** (2.9662)
Size	0.0202*** (10.7588)	0.0242*** (9.9628)	0.0219*** (14.8593)	0.0303*** (21.8436)	0.0422*** (21.7203)	0.0366*** (32.2833)
Col	-0.0268 (-1.4049)	-0.1310*** (-5.9858)	-0.0565*** (-3.9724)	-0.0458*** (-3.1890)	0.0308* (1.7673)	0.0042 (0.3815)
Roa	-0.5154*** (-24.0861)	-0.5227*** (-22.6728)	-0.5463*** (-34.0695)	-0.0068 (-0.4227)	-0.0573*** (-3.1266)	-0.0228* (-1.8251)
Age	0.0346*** (4.1628)	0.1088*** (9.9921)	0.0789*** (11.9232)	0.0087 (1.4605)	0.0301*** (3.4357)	0.0165*** (3.2921)
Cashflow	-0.0863*** (-8.9363)	-0.0425*** (-4.1423)	-0.0652*** (-8.9820)	-0.0616*** (-8.4235)	-0.0404*** (-4.9417)	-0.0465*** (-8.2226)
TobinQ	-0.0022* (-1.8100)	-0.0036*** (-2.6857)	-0.0026*** (-2.7656)	-0.0028*** (-2.9859)	-0.0037*** (-3.4479)	-0.0044*** (-6.1819)
Constant	-0.2705*** (-5.6902)	-0.3190*** (-5.3816)	-0.3005*** (-7.4906)	-0.5492*** (-15.8200)	-0.8552*** (-18.0061)	-0.7200*** (-24.0148)
N	12264	8415	20679	12264	8415	20679
Adjusted R^2	0.153	0.171	0.157	0.108	0.101	0.104
Model	RE	RE	RE	RE	RE	RE

注：检验结果中，*、**和***分别表示在10%、5%和1%的水平下显著，括号中的数字为 *t* 值。

表 3-21 是存款准备金率在政府干预程度不同的地区对公司银行借款总额的影响，当央行利用存款准备金率执行货币政策时，在以银行借款总额占总资产的百分比作为被解释变量的第（1）列和第（2）列中，两个子样本中的 *Ratio* 系数都在 1%的水平下显著为负，但政府干预程度较低区域子样本的系数绝对值更小，不到政府干预程度较高子样本的一半，说明货币政策紧缩，

政府干预程度较高区域公司的银行借款总额占资产的比重会下降得更多。第（3）列整体样本中交乘项 *Ratio×Government* 的系数在 5%的水平下显著为正，说明处于政府干预程度较高区域的公司银行借款总额占资产的比重会随着存款准备金率的上升而下降得更多，同时说明模型（1）和（2）中 *Ratio* 的系数差异是显著的。

在以银行借款总额占总负债的百分比作为被解释变量的第（4）列和第（5）列中，两个子样本中的 *Ratio* 系数都在 1%的水平下显著为负，但政府干预程度较高区域子样本的系数绝对值更大，说明货币政策紧缩，该区域公司的银行借款总额占负债的比重会下降得更多。第（6）列整体样本中交乘项 *Ratio×Government* 的系数在 5%的水平下显著为正，说明处于政府干预程度较高区域的公司银行借款总额占负债的比重会随着存款准备金率的上升而下降得更多，同时说明第（4）列和第（5）列中 *Ratio* 的系数差异是显著的。

表 3-21　存款准备金率、政府干预与公司银行借款（2）

变量	*Bankcredit*1			*Bankcredit*2		
	(1)	(2)	(3)	(4)	(5)	(6)
	政府干预程度低	政府干预程度高	整体	政府干预程度低	政府干预程度高	整体
Ratio	-0.0081*** (-8.7650)	-0.0176*** (-13.5043)	-0.0137*** (-17.5031)	-0.0185*** (-11.7905)	-0.0335*** (-15.7276)	-0.0270*** (-20.7462)
Government			-0.0039 (-1.0874)			-0.0094 (-1.5827)
Ratio×Government			0.0006** (2.0342)			0.0013** (2.5453)
Size	0.0573*** (26.8103)	0.0712*** (25.4825)	0.0645*** (38.0823)	0.0657*** (18.1704)	0.0878*** (19.1853)	0.0790*** (28.0760)
Col	-0.0622*** (-2.8877)	-0.0989*** (-3.9716)	-0.0370** (-2.2889)	-0.0201 (-0.5502)	-0.1010** (-2.4735)	-0.0100 (-0.3715)
Roa	-0.5651*** (-23.4200)	-0.6385*** (-24.4776)	-0.6244*** (-34.3081)	-0.4534*** (-11.0754)	-0.4671*** (-10.9098)	-0.4559*** (-15.0745)
Age	0.0427*** (4.4482)	0.1476*** (11.4164)	0.1002*** (13.0604)	0.0526*** (3.2466)	0.1965*** (9.3379)	0.1202*** (9.4387)
Cashflow	-0.1535*** (-14.1146)	-0.0748*** (-6.4438)	-0.1083*** (-13.1419)	-0.2725*** (-14.7630)	-0.1994*** (-10.4589)	-0.2278*** (-16.6399)

续表

变量	Bankcredit1			Bankcredit2		
	(1)	(2)	(3)	(4)	(5)	(6)
	政府干预程度低	政府干预程度高	整体	政府干预程度低	政府干预程度高	整体
TobinQ	-0.0071*** (-5.0547)	-0.0093*** (-6.1343)	-0.0093*** (-8.8635)	-0.0172*** (-7.2415)	-0.0172*** (-6.9143)	-0.0179*** (-10.2448)
Constant	-0.9594*** (-17.5771)	-1.2703*** (-18.2577)	-1.1473*** (-24.1546)	-0.8179*** (-8.8670)	-1.2499*** (-11.0200)	-1.0704*** (-13.5936)
N	12264	8415	20679	12264	8415	20679
Adjusted R^2	0.154	0.165	0.166	0.099	0.201	0.148
Model	RE	RE	RE	RE	RE	RE

注：检验结果中，*、**和***分别表示在10%、5%和1%的水平下显著，括号中的数字为 *t* 值。

表3-22是贷款基准利率在政府干预程度不同的地区对公司短期银行借款与长期银行借款融资的影响，当央行利用贷款基准利率执行货币政策时，在以短期银行借款作为被解释变量的第(1)~(3)列中，两个子样本中的 *Interest* 系数都在1%的水平下显著为负，但政府干预程度较高区域子样本的系数绝对值更大，说明贷款基准利率升高，货币政策紧缩，政府干预程度较高区域公司的短期银行借款会下降得更多。第（3）列整体样本中 *Interest*×*Government* 的系数在10%的水平下显著为正，说明处于政府干预程度较高区域的公司短期银行借款会随着贷款基准利率的上升而下降得更多，同时说明第（1）列和第（2）列中 *Interest* 的系数差异是显著的。

在以长期银行借款作为被解释变量的第(4)~(6)列中，两个子样本中的 *Interest* 系数也都在1%的水平下显著为负，但政府干预程度较高区域子样本的系数绝对值更大，说明贷款基准利率升高，货币政策紧缩，政府干预程度较高区域公司的长期银行借款会下降得更多。整体样本中 *Interest*×*Government* 的系数在10%的水平下显著为正，说明处于政府干预程度较高区域的公司长期银行借款会随着贷款基准利率的上升而下降得更多，同时说明第（4）列和第（5）列中 *Interest* 的系数差异是显著的。

表 3-22　贷款基准利率、政府干预与公司银行借款（1）

变量	Sbank			Lbank		
	(1)	(2)	(3)	(4)	(5)	(6)
	政府干预程度低	政府干预程度高	整体	政府干预程度低	政府干预程度高	整体
Interest	-0.0399*** (-5.1192)	-0.0577*** (-5.9554)	-0.0569*** (-9.4249)	-0.0978*** (-16.7313)	-0.1535*** (-19.8786)	-0.1274*** (-27.2053)
Government			-0.0082 (-0.9279)			0.0041 (0.5898)
Interest×*Government*			0.0018* (1.7701)			0.0014* (1.6914)
Size	0.0180*** (9.7984)	0.0220*** (9.1963)	0.0204*** (14.0620)	0.0309*** (22.4326)	0.0418*** (21.9267)	0.0366*** (32.5915)
Col	-0.0293 (-1.5517)	-0.1321*** (-6.0359)	-0.0553*** (-3.9094)	-0.0391*** (-2.7188)	0.0253 (1.4541)	0.0039 (0.3557)
Roa	-0.5189*** (-24.2856)	-0.5242*** (-22.7137)	-0.5471*** (-34.1160)	-0.0081 (-0.4938)	-0.0574*** (-3.1292)	-0.0238* (-1.8907)
Age	0.0358*** (4.5389)	0.1005*** (9.7153)	0.0752*** (11.8209)	0.0115** (2.0069)	0.0365*** (4.3955)	0.0202*** (4.1491)
Cashflow	-0.0864*** (-8.9573)	-0.0427*** (-4.1501)	-0.0655*** (-9.0162)	-0.0626*** (-8.4752)	-0.0408*** (-4.9922)	-0.0470*** (-8.2576)
TobinQ	-0.0028** (-2.2361)	-0.0042*** (-3.1488)	-0.0031*** (-3.3288)	-0.0028*** (-2.9777)	-0.0037*** (-3.5069)	-0.0045*** (-6.1960)
Constant	0.0000	0.0000	0.0000	0.0000	0.0000	0.0000
N	12297	8415	20712	12297	8415	20712
Adjusted R^2	0.153	0.171	0.156	0.109	0.101	0.105
Model	RE	RE	RE	RE	RE	RE

注：检验结果中，*、**和***分别表示在10%、5%和1%的水平下显著，括号中的数字为 *t* 值。

表 3-23 是贷款基准利率在政府干预程度不同的地区对公司银行借款总额的影响，当央行利用贷款基准利率执行货币政策时，在以银行借款总额占总资产的百分比作为被解释变量的第（1）列和第（2）列中，两个子样本中的 *Interest* 系数都在 1%的水平下显著为负，但政府干预程度较低区域子样本的系数绝对值更小，说明货币政策紧缩，政府干预程度较高区域公司的银行借款

总额占资产的比重会下降得更多。第（3）列整体样本中交乘项 *Interest*×*Government*的系数在 10%的水平下显著为正，说明处于政府干预程度较高区域的公司银行借款总额占资产的比重会随着贷款基准利率的上升而下降得更多，同时说明第（1）列和第（2）列中 *Interest* 的系数差异是显著的。

在以银行借款总额占总负债的百分比作为被解释变量的第（4）列和第（5）列中，两个子样本中的 *Interest* 系数都在 1%的水平下显著为负，但政府干预程度较高区域子样本的系数绝对值更大，说明货币政策紧缩，该区域公司的银行借款总额占负债的比重会下降得更多。第（6）列整体样本中交乘项 *Interest*×*Government* 的系数在 10%的水平下显著为正，说明处于政府干预程度较高区域的公司银行借款总额占负债的比重会随着贷款基准利率的上升而下降得更多，同时说明第（4）列和第（5）列中 *Interest* 的系数差异是显著的。

表 3-23　贷款基准利率、政府干预与公司银行借款（2）

变量	*Bankcredit*1			*Bankcredit*2		
	（1）	（2）	（3）	（4）	（5）	（6）
	政府干预程度低	政府干预程度高	整体	政府干预程度低	政府干预程度高	整体
Interest	-0.1608*** (-17.9675)	-0.2305*** (-20.5838)	0.0031** (2.3342)	-0.1504*** (-9.9413)	-0.2473*** (-13.4209)	-0.0018 (-0.7835)
Government			0.0004 (0.0359)			-0.0059 (-0.3453)
Interest×*Government*			0.0004* (1.7215)			0.0021* (1.8264)
Size	0.0559*** (26.5190)	0.0692*** (25.0405)	0.0510*** (32.1342)	0.0637*** (17.8754)	0.0840*** (18.4795)	0.0586*** (22.2306)
Col	-0.0580*** (-2.7057)	-0.1039*** (-4.1712)	-0.0344** (-2.0969)	-0.0141 (-0.3892)	-0.1117*** (-2.7287)	-0.0174 (-0.6402)
Roa	-0.5690*** (-23.5375)	-0.6393*** (-24.4833)	-0.6210*** (-34.1364)	-0.4582*** (-11.1945)	-0.4689*** (-10.9275)	-0.4816*** (-15.9450)
Age	0.0476*** (5.1331)	0.1484*** (11.9712)	-0.0469*** (-15.3215)	0.0603*** (3.8581)	0.1991*** (9.7351)	-0.1628*** (-32.0663)
Cashflow	-0.1548*** (-14.1975)	-0.0755*** (-6.4958)	-0.0946*** (-11.5706)	-0.2718*** (-14.7234)	-0.1993*** (-10.4358)	-0.2199*** (-16.1923)

续表

变量	Bankcredit1			Bankcredit2		
	(1)	(2)	(3)	(4)	(5)	(6)
	政府干预程度低	政府干预程度高	整体	政府干预程度低	政府干预程度高	整体
TobinQ	-0.0075*** (-5.3779)	-0.0098*** (-6.4766)	-0.0186*** (-21.3024)	-0.0177*** (-7.4484)	-0.0179*** (-7.2178)	-0.0296*** (-20.4049)
Constant	0.0000	0.0000	-0.7037*** (-18.8921)	0.0000	0.0000	-0.3159*** (-5.1135)
N	12297	8415	20679	12297	8415	20679
Adjusted R^2	0.155	0.165	0.132	0.100	0.201	0.116
Model	RE	RE	RE	RE	RE	RE

注：检验结果中，*、**和***分别表示在10%、5%和1%的水平下显著，括号中的数字为 t 值。

（二）货币政策在政府干预不同区域对上市公司银行借款的产权异质性影响

在政府干预程度不同的区域，货币政策对不同产权性质企业的差异影响会有怎样的变化？模型（3.3）在模型（3.2）的基础上加入表示公司产权性质的虚拟变量 *Private* 及其与货币政策、政府干预虚拟变量的交乘项进行分析，*Hasman* 检验结果显示应当采用随机效应模型进行回归，表 3-24 至表 3-27 给出了实证结果。

在表 3-24 中，我们可以看到，在以短期银行借款作为被解释变量的回归方程中，交乘项 *Ratio×Private* 表示相对于国有上市公司，存款准备金率对非国有上市公司影响的边际效应，也可以看作存款准备金率对不同产权性质公司的差异影响，其系数在子样本回归（1）和（2）中均显著为负，且与 *Ratio* 的系数符号相同，说明存款准备金率导致非国有上市公司的短期银行借款相对于国有上市公司下降的幅度更大，也表明整体上非国有公司的短期借款相比国有公司更容易受存款准备金率变动的影响，但是在第（1）列政府干预程度较低区域子样本的回归中，该系数绝对值较小，不到第（2）列子样本中 *Ratio* 系数的一半，说明存款准备金率上升，政府干预程度较高区域的非国有上市公司短期银行借款下降得相对较多。整体样本回归的第（3）列中交乘项 *Ratio×Private×Government* 的系数在 1%的水平下显著为正，并且与交乘项 *Ratio ×Private* 的系数符号相反，这说明存款准备金率对不同产权性质上市公司短期银行借款的差异影响在政府干预程度较高的区域更明显，即政府干预程度的降低能够改善非国有公司短期银行借款在货币紧缩时期所受的信贷歧视，同时表明第（1）列和第（2）列之间 *Ratio×Private* 的系数差异是显著的。

在以长期银行借款作为被解释变量的回归第(4)~(6)列中，*Ratio×Private* 系数在子样本回归的第（5）列中显著为正，但在政府干预程度较低的子样本方程（4）中则不显著，说明存款准备金率上升，导致政府干预程度较高区域国有上市公司的长期银行借款相对于非国有上市公司下降的幅度更大。整体样本回归的第（6）列中交乘项 *Ratio×Private×Government* 的系数在 1%的水平下显著为负，并且与交乘项 *Ratio×Private* 的系数符号相反，说明存款准备金率对不同产权性质上市公司长期银行借款的差异影响在政府干预程度较高的区域更明显，同时表明第（4）列和第（5）列之间 *Ratio×Private* 的系数差异是显著的。

表 3-24　存款准备金率、产权性质、政府干预与公司银行借款（1）

变量	*Sbank*			*LBank*		
	(1)	(2)	(3)	(4)	(5)	(6)
	政府干预程度低	政府干预程度高	整体	政府干预程度低	政府干预程度高	整体
Ratio	-0.0055*** (-6.6326)	-0.0104*** (-9.1062)	-0.0086*** (-12.0848)	-0.0013** (-2.1107)	-0.0053*** (-5.8036)	-0.0027*** (-5.0191)
Private	0.0447*** (4.7862)	0.0743*** (7.1947)	0.0868*** (9.7971)	0.0044 (0.7044)	-0.0361*** (-4.2638)	-0.0187*** (-2.9144)
Ratio×Private	-0.0024*** (-7.1252)	-0.0052*** (-12.4611)	-0.0056*** (-13.4261)	0.0003 (1.2605)	0.0033*** (9.9295)	0.0026*** (8.0286)
Government			0.0104*** (2.6001)			-0.0066** (-2.1066)
Government×Private			-0.0447*** (-6.9615)			0.0242*** (4.8148)
Ratio×Government			-0.0002 (-0.7079)			0.0003 (0.9885)

续表

变量	Sbank			LBank		
	(1)	(2)	(3)	(4)	(5)	(6)
	政府干预程度低	政府干预程度高	整体	政府干预程度低	政府干预程度高	整体
Ratio×Private×Government			0.0034*** (6.1426)			-0.0024*** (-5.5111)
Size	0.0202*** (10.7274)	0.0252*** (10.4295)	0.0223*** (15.1704)	0.0306*** (21.8981)	0.0418*** (21.5695)	0.0367*** (32.2418)
Col	-0.0240 (-1.2591)	-0.1292*** (-5.9553)	-0.0525*** (-3.7097)	-0.0464*** (-3.2290)	0.0290* (1.6701)	0.0022 (0.1982)
Roa	-0.5103*** (-23.8893)	-0.5168*** (-22.6227)	-0.5420*** (-33.9910)	-0.0074 (-0.4544)	-0.0611*** (-3.3493)	-0.0235* (-1.8801)
Age	0.0267*** (3.1923)	0.0878*** (8.0012)	0.0644*** (9.6674)	0.0085 (1.4187)	0.0420*** (4.7286)	0.0202*** (3.9880)
Cashflow	-0.0845*** (-8.7710)	-0.0458*** (-4.4993)	-0.0660*** (-9.1342)	-0.0618*** (-8.4543)	-0.0382*** (-4.7005)	-0.0457*** (-8.0745)
TobinQ	-0.0016 (-1.2664)	-0.0016 (-1.2358)	-0.0012 (-1.2927)	-0.0029*** (-3.0546)	-0.0049*** (-4.5965)	-0.0050*** (-6.8975)
Constant	-0.2783*** (-5.8473)	-0.3453*** (-5.8642)	-0.3286*** (-8.1989)	-0.5532*** (-15.8769)	-0.8448*** (-17.8065)	-0.7146*** (-23.7171)
N	12264	8415	20679	12264	8415	20679
Adjusted R^2	0.188	0.136	0.137	0.125	0.170	0.167
Model	RE	RE	RE	RE	RE	RE

注：检验结果中，*、**和***分别表示在10%、5%和1%的水平下显著，括号中的数字为t值。

表3-25中，在以总银行借款占资产总额百分比作为被解释变量的模型(1)~(3)中，交乘项*Ratio×Private*系数在子样本回归（1）和（2）中均显著为负，并且第（2）列政府干预程度较高区域子样本的系数绝对值较大，说明存款准备金率上升，货币政策紧缩，政府干预程度较高非国有上市公司总银行借款占资产总额的比重相对本区域的国有公司下降更多。整体样本回归的第（3）列中交乘项*Ratio×Private×Government*的系数在10%的水平下显著为正，并且与*Ratio×Private*的系数符号相反，说明存款准备金率上升，非国有上市公司总银行借款占资产总额的比重在政府干预程度较高的区域下降更

明显，同时也表明第（1）列和第（2）列之间 *Ratio×Private* 的系数差异是显著的。

在以总银行借款占负债总额百分比作为被解释变量的第(4)~(6)列中，交乘项 *Ratio×Private* 系数在政府干预程度较低的子样本回归第（4）列中显著为负，但在政府干预程度较高区域的子样本（5）中，*Ratio×Private* 系数绝对值很小，而且不显著，说明存款准备金率上升，货币政策紧缩，政府干预程度较低区域非国有上市公司总银行借款占负债总额的比重相对本区域的国有公司下降更多。整体样本回归的第（6）列中交乘项 *Ratio×Private×Government* 与 *Bankcredit2* 之间是弱的负相关关系，并且与 *Ratio×Private* 的系数符号相同，说明存款准备金率上升，非国有上市公司总银行借款占负债总额的比重在政府干预程度较低的区域下降更明显一些。

表 3-25　存款准备金率、产权性质、政府干预与公司银行借款（2）

变量	*Bankcredit1*			*Bankcredit2*		
	(1)	(2)	(3)	(4)	(5)	(6)
	政府干预程度低	政府干预程度高	整体	政府干预程度低	政府干预程度高	整体
Ratio	-0.0067*** (-7.0457)	-0.0163*** (-12.0978)	-0.0119*** (-14.5337)	-0.0168*** (-10.4279)	-0.0328*** (-14.9539)	-0.0257*** (-18.8138)
Private	0.0541*** (4.7972)	0.0389*** (2.9678)	0.0699*** (6.4005)	0.0717*** (3.8082)	0.0246 (1.1651)	0.0647*** (3.5746)
Ratio×Private	-0.0018*** (-3.8231)	-0.0022*** (-5.7050)	-0.0028*** (-5.8897)	-0.0025*** (-3.8626)	-0.0008 (-1.0166)	-0.0017** (-2.0863)
Government			0.0037 (0.8174)			-0.0105 (-1.3788)
Government×Private			-0.0181** (-2.4673)			0.0040 (0.3320)
Ratio×Government			0.0003 (0.7838)			0.0015** (2.3095)
Ratio×Private×Government			0.0009* (1.3638)			-0.0005 (-0.4820)
Size	0.0574*** (26.8267)	0.0718*** (25.6218)	0.0649*** (38.2583)	0.0661*** (18.2134)	0.0882*** (19.2076)	0.0794*** (28.1459)
Col	-0.0599*** (-2.7827)	-0.0988*** (-3.9721)	-0.0350** (-2.1646)	-0.0176 (-0.4812)	-0.1013** (-2.4813)	-0.0075 (-0.2793)

续表

变量	Bankcredit1			Bankcredit2		
	(1)	(2)	(3)	(4)	(5)	(6)
	政府干预程度低	政府干预程度高	整体	政府干预程度低	政府干预程度高	整体
Roa	-0.5604*** (-23.2524)	-0.6365*** (-24.4185)	-0.6212*** (-34.1782)	-0.4479*** (-10.9453)	-0.4662*** (-10.8863)	-0.4534*** (-14.9932)
Age	0.0343*** (3.5517)	0.1380*** (10.5000)	0.0900*** (11.5968)	0.0422*** (2.5818)	0.1914*** (8.9333)	0.1103*** (8.5484)
Cashflow	-0.1520*** (-13.9884)	-0.0759*** (-6.5363)	-0.1081*** (-13.1417)	-0.2707*** (-14.6714)	-0.1997*** (-10.4747)	-0.2274*** (-16.6127)
TobinQ	-0.0065*** (-4.6050)	-0.0086*** (-5.6567)	-0.0085*** (-8.0870)	-0.0165*** (-6.9217)	-0.0169*** (-6.7478)	-0.0172*** (-9.8323)
Constant	-0.9705*** (-17.7596)	-1.2840*** (-18.4193)	-1.1682*** (-24.5562)	-0.8345*** (-9.0310)	-1.2598*** (-11.0718)	-1.0886*** (-13.7775)
N	12264	8415	20679	12264	8415	20679
Adjusted R^2	0.121	0.172	0.166	0.194	0.139	0.145
Model	RE	RE	RE	RE	RE	RE

注：检验结果中，*、**和***分别表示在10%、5%和1%的水平下显著，括号中的数字为 t 值。

在表3-26中我们可以看到，当央行利用贷款基准利率执行货币政策时，在以短期银行借款作为被解释变量的回归方程中，交乘项 *Interest×Private* 系数在子样本回归的第（1）列和第（2）列中都为负，但均不显著，而且政府干预程度较高区域的系数绝对值较大，说明贷款基准利率上升，政府干预程度较高区域的非国有上市公司短期银行借款下降得相对较多，当然两个子样本中 *Interest×Private* 的系数均不显著，说明这种差异可能不具有统计意义。整体样本回归的第（3）列中交乘项 *Interest×Private×Government* 的系数与短期借款是弱的正相关关系（t 值为1.5222），并且与交乘项 *Interest×Private* 的系数符号相反，这也说明贷款基准利率对不同产权性质上市公司短期银行借款的差异影响在政府干预程度较高的区域更大一些，当然这种差异可能并不显著。

在以长期银行借款作为被解释变量的第(4)~(6)列中，*Interest×Private* 系数在政府干预程度较低的子样本回归（4）中为负，但不显著，而在政府干预程度较高的子样本回归（5）中 *Interest×Private* 系数则在1%的水平下显著为正，说明贷款基准利率导致对国有与非国有上市公司的长期银行借款的差异影响在政府干预程度较高的地区更加明显。在整体样本回归的第（6）列中交乘项 *Interest×Private×Government* 的系数在 1%的水平下显著为负，说明第（4）列和第（5）列中 *Interest×Private* 的系数差异是显著的。

表 3-26　贷款基准利率、产权性质、政府干预与公司银行借款（1）

变量	*Sbank*			*Lbank*		
	(1)	(2)	(3)	(4)	(5)	(6)
	政府干预程度低	政府干预程度高	整体	政府干预程度低	政府干预程度高	整体
Interest	-0.0558*** (-6.6058)	-0.0722*** (-6.8223)	-0.0673*** (-9.4898)	-0.0958*** (-15.5201)	-0.1508*** (-17.7716)	-0.1255*** (-23.6124)
Private	0.0318** (2.2658)	0.0208 (1.2981)	0.0407*** (2.5958)	0.0158 (1.5699)	-0.0350*** (-2.7186)	-0.0181 (-1.5120)
Interest×Private	-0.0001 (-0.0386)	-0.0020 (-1.0151)	-0.0026 (-1.0782)	-0.0014 (-0.9846)	0.0058*** (3.2288)	0.0048*** (2.5765)
Government			-0.0042 (-0.3727)			-0.0102 (-1.1566)
Government×Private			-0.0087 (-0.4786)			0.0399*** (2.8060)
Interest×Government			0.0019 (0.9709)			0.0012 (0.7774)
Interest×Private×Government			0.0004 (1.5222)			-0.0070*** (-2.8659)
Size	0.0205*** (10.9047)	0.0247*** (10.1051)	0.0222*** (14.9652)	0.0305*** (21.8460)	0.0423*** (21.7235)	0.0369*** (32.3580)
Col	-0.0269 (-1.4129)	-0.1322*** (-6.0392)	-0.0555*** (-3.9057)	-0.0458*** (-3.1894)	0.0302* (1.7331)	0.0024 (0.2213)
Roa	-0.5150*** (-24.0705)	-0.5231*** (-22.6805)	-0.5455*** (-33.9993)	-0.0066 (-0.4078)	-0.0561*** (-3.0600)	-0.0221* (-1.7646)
Age	0.0323*** (3.8768)	0.1051*** (9.5814)	0.0765*** (11.5295)	0.0077 (1.2826)	0.0310*** (3.5140)	0.0163*** (3.2270)
Cashflow	-0.0862*** (-8.9354)	-0.0423*** (-4.1185)	-0.0648*** (-8.9284)	-0.0615*** (-8.4199)	-0.0411*** (-5.0303)	-0.0466*** (-8.2351)
TobinQ	-0.0023* (-1.8129)	-0.0036*** (-2.6972)	-0.0027*** (-2.9334)	-0.0028*** (-2.9965)	-0.0036*** (-3.4351)	-0.0044*** (-6.1205)

续表

变量	Sbank			Lbank		
	(1)	(2)	(3)	(4)	(5)	(6)
	政府干预程度低	政府干预程度高	整体	政府干预程度低	政府干预程度高	整体
Constant	0.0000 (.)	0.0000 (.)	0.0000 (.)	0.0000 (.)	0.0000 (.)	0.0000 (.)
N	12264	8415	20679	12264	8415	20679
Adjusted R^2	0.184	0.121	0.127	0.125	0.159	0.164
Model	RE	RE	RE	RE	RE	RE

注：检验结果中，*、**和***分别表示在10%、5%和1%的水平下显著，括号中的数字为 t 值。

表3-27中，在以总银行借款占资产总额百分比作为被解释变量的第(1)~(3)列中，交乘项 *Interest×Private* 系数在子样本回归（1）和（2）中均显著为负，并且第（2）列政府干预程度较高区域子样本的系数绝对值较大，说明贷款基准利率上升，货币政策紧缩，政府干预程度较高区域非国有上市公司总银行借款占资产总额的比重相对本区域的国有公司下降更多。整体样本回归的第（3）列中交乘项 *Interest×Private×Government* 的系数在5%的水平下显著为正，并且与 *Interest×Private* 的系数符号相反，说明贷款基准利率上升，非国有上市公司总银行借款占资产总额的比重在政府干预程度较高的区域下降更明显，同时表明第（1）列和第（2）列之间 *Interest×Private* 的系数差异是显著的。

在以总银行借款占负债总额百分比作为被解释变量的第(4)~(6)列中，交乘项 *Interest×Private* 系数在政府干预程度较低的子样本回归（4）中显著为负，但在政府干预程度较高区域的子样本（5）中，*Interest×Private* 的系数则显著为正，说明贷款基准利率上升，货币政策紧缩，政府干预程度较低区域非国有上市公司总银行借款占负债总额的比重相对本区域的国有公司下降更多。整体样本回归的第（6）列中交乘项 *Interest×Private×Government* 的系数在5%的水平下显著为负，并且与 *Interest×Private* 的系数符号相同，说明贷款基准利率上升，非国有上市公司总银行借款占负债总额的比重在政府干预程度较低的区域下降更明显。

表 3-27　贷款基准利率、产权性质、政府干预与公司银行借款（2）

变量	Bankcredit1			Bankcredit2		
	(1)	(2)	(3)	(4)	(5)	(6)
	政府干预程度低	政府干预程度高	整体	政府干预程度低	政府干预程度高	整体
Interest	-0.1753*** (-18.0914)	-0.2406*** (-19.3493)	-0.2152*** (-25.6777)	-0.1638*** (-10.0066)	-0.2561*** (-12.6297)	-0.2182*** (-15.6965)
Private	0.0529*** (3.2453)	-0.0195 (-1.0247)	0.0177 (0.9688)	0.1004*** (3.6563)	-0.0288 (-0.9291)	0.0179 (0.5908)
Interest×Private	-0.0036* (-1.6602)	-0.0069*** (-2.6933)	-0.0037 (-1.3812)	-0.0094** (-2.5557)	0.0079* (1.8765)	0.0049 (1.1043)
Government			-0.0176 (-1.3746)			-0.0493** (-2.3232)
Government×Private			0.0402* (1.9428)			0.0866** (2.5197)
Interest×Government			0.0041* (1.8624)			0.0093** (2.5410)
Interest×Private×Government			0.0085** (2.3867)			-0.0152** (-2.5656)
Size	0.0577*** (26.9414)	0.0718*** (25.6214)	0.0649*** (38.2277)	0.0663*** (18.2795)	0.0884*** (19.2470)	0.0794*** (28.1497)
Col	-0.0624*** (-2.8947)	-0.1007*** (-4.0443)	-0.0373** (-2.3077)	-0.0199 (-0.5451)	-0.1027** (-2.5154)	-0.0081 (-0.3012)
Roa	-0.5645*** (-23.4031)	-0.6370*** (-24.4288)	-0.6228*** (-34.2113)	-0.4521*** (-11.0491)	-0.4654*** (-10.8692)	-0.4544*** (-15.0194)
Age	0.0394*** (4.0941)	0.1458*** (11.1853)	0.0979*** (12.7155)	0.0473*** (2.9107)	0.1954*** (9.2009)	0.1155*** (9.0419)
Cashflow	-0.1535*** (-14.1158)	-0.0755*** (-6.5009)	-0.1082*** (-13.1288)	-0.2723*** (-14.7620)	-0.2002*** (-10.4988)	-0.2280*** (-16.6562)
TobinQ	-0.0071*** (-5.0703)	-0.0093*** (-6.1221)	-0.0094*** (-8.9950)	-0.0173*** (-7.2855)	-0.0171*** (-6.9031)	-0.0181*** (-10.3602)
Constant	0.0000 (.)	0.0000 (.)	0.0000 (.)	0.0000 (.)	0.0000 (.)	0.0000 (.)
N	12264	8415	20679	12264	8415	20679
Adjusted R^2	0.119	0.172	0.163	0.193	0.139	0.144
Model	RE	RE	RE	RE	RE	RE

注：检验结果中，*、**和***分别表示在10%、5%和1%的水平下显著，括号中的数字为 *t* 值。

本章首先以中国上市公司作为研究样本，实证检验了货币政策工具对公司银行借款的影响，及其在不同产权公司中的产权异质效应。研究发现，数量型货币政策工具存款准备金率、价格型货币政策工具贷款基准利率与公司的短期银行借款、长期银行借款与总银行借款均为显著的负相关关系。当我们把研究数据按照实际控制人性质区分为国有与非国有样本时，这一结论仍然基本成立，但是货币政策对不同产权性质上市公司银行借款的影响是不同的。具体来说，非国有上市公司的短期银行借款在货币政策紧缩时会下降得更多，符合信贷配给的预期；而国有上市公司的长期银行借款在货币政策紧缩时会下降得更多，符合关系型融资的预期。当然，非国有上市公司银行借款无论是占总资产的比重还是占总负债的比重，都在货币政策紧缩时下降得更多。因此，总体来说，非国有上市公司在货币政策紧缩时期仍然会遭遇银行体系的信贷配给。其次，本章又实证研究了货币政策工具对上市公司银行借款成本与期限结构的影响。研究发现，货币政策紧缩时，非国有上市公司银行借款的成本会上升，国有上市公司银行借款的成本则会下降；同时，上市公司会以长期借款替代短期借款，而这种效应在非国有上市公司中更明显。

在此实证结果的基础上，本章又结合中国的金融业竞争差异与政府干预差异等制度背景变量，进一步研究了货币政策与公司银行借款的关系。结果发现，公司的银行借款在金融业竞争程度和政府干预程度不同的区域对货币政策的反应是不同的。其中，货币政策在金融业竞争程度较低和政府干预程度较高的区域对公司的银行借款影响更大。同时，随着金融业竞争程度的提高和政府干预程度的降低，非国有上市公司短期借款在货币紧缩时所受信贷配给能够得到缓解，而长期借款中存在的关系型融资现象也有所减少。总体来说，货币政策紧缩，在金融业竞争程度较低或政府干预程度较高的地区，非国有上市公司银行借款总额占总资产的比重相比同区域的国有上市公司下降更多；而在金融业竞争程度较高或政府干预程度较低的区域，非国有上市公司银行借款总额占总负债的比重相比同区域的国有上市公司下降更多。

第四章

货币政策对上市公司商业信用的影响

第一节　货币政策对上市公司商业信用影响的研究设计

一、问题的提出与模型设置

（一）问题的提出

商业信用是指企业在购买产品的过程中延期交付货款，或者在销售产品的过程中提前收取货款而从对方那里获得的信贷，如果站在信贷提供者的角度，这样一种延迟支付的行为相当于企业将自身的银行贷款再次借贷给了其他企业。商业信用在企业的短期融资中占据十分重要的地位，无论发达国家还是发展中国家都是如此。据统计，在全球平均水平上，商业信用占到企业资产的15%左右①。在金融体系尚不健全、企业融资渠道单一的中国，企业使用的商业信用平均占到总资产的13%②。可以说，商业信用与银行的短期借款构成了企业短期融资两个最重要的部分。2000年之后，商业信用在货币政策传导中的作用开始受到重视，现实中，企业不仅可以通过金融机构融资，而且还能通过它的供应商获得融资。当货币政策紧缩时，易遭受信贷配给的企业可能会通过商业信用缓解自身的融资不足。那么，中国上市公司的商业信用会随着货币政策变化做出怎样的调整？其应付的商业信用是否具有替代融

① 石晓军，张顺明，李杰．商业信用对信贷政策的抵消是反周期的吗？来自中国的证据．经济学季刊，2009（1）.

② Ge，Y.，J. Qiu..Financial Development，Bank Discrimination and Trade Credit，*Journal of Banking and Finance*. 2007（31）.

资的效应？其应收的商业信用是否具有信贷再分配效应？这是本章实证所关注的问题。与以往研究不同，本章选取 2004 年作为货币政策紧缩的事件年份，2009 年作为货币政策扩张的事件年份，在一个自然实验框架下，利用双重差分模型（Differences-in-Differences Model）讨论货币政策与上市公司的商业信用问题。

（二）模型设置

1. 实证检验的方法

近年来，一些研究者开始采用自然实验方法（Natural Experiment Method）来估计外生冲击对公司行为的影响。其中，最常用的就是双重差分模型，Khwaja & Mian（2008）、Leary（2009）与 Lemmon & Roberts（2010）是使用这一方法进行研究的三篇经典文献。其中，Khwaja & Mian（2008）以 1998 年巴基斯坦核试验作为一次自然实验，研究银行流动性冲击如何传导至企业；Leary（2009）采用双重差分估计了美国 1961 年大额可转让存单出现导致的可贷资金增加和 1966 年因 Q 条例导致的可贷资金外流的效应；Lemmon & Roberts（2010）则采用双重差分估计发现，投机级别的公司相对于投资级别的公司，在资本市场供给的外生冲击下其负债和投资水平都下降了。在这之后，Jiménez et al.（2010）采用双重差分方法研究贷款变化中供给方面的影响，进而识别西班牙货币政策的资产负债表渠道；而 2007 年开始的金融危机则为双重差分方法的应用提供了一个非常合适的自然实验，Allen & Paligorova（2011）、Balakrishnan（2011）、Calem et al.（2011）、Ivey et al.（2010）、Patti（2011）、Puri et al.（2009）、Garcia-Appendini（2011）利用双重差分方法分别检验了 2007 年金融危机对银行借贷行为、企业投资行为、企业信贷融资和企业间流动性供给的影响；除了金融危机以外，许多学者还应用这一方法研究了房地产市场冲击对企业投资的影响（Chaney et al.，2011）、“卡里亚娜”飓风对美国银行业的冲击（Lambert et al.，2011）、中央银行流动性注入对银行借贷的影响（Sokolov，2011），以及公司融资与投资对票据市场流动性冻结的反应（Rettl，2011）。

除此之外，该方法还被广泛地运用在政策效果的评价中，其主要思路是利用一个外生的公共政策所带来的横向单位（Cross-Sectional）和时间序列（Time-Series）的双重差异来识别公共政策的“处理效应”（Treatment Effect）。主要用来衡量某一项政策是否产生了效果，具体做法就是选择一个实验组和一个对照组，我们可以对比实验组和对照组政策前后产出的变化，如果实验组的变化明显大于对照组的变化，说明该项政策产生了明显效果。以双重差分模型估计政策的处理效应如图 4-1 所示。

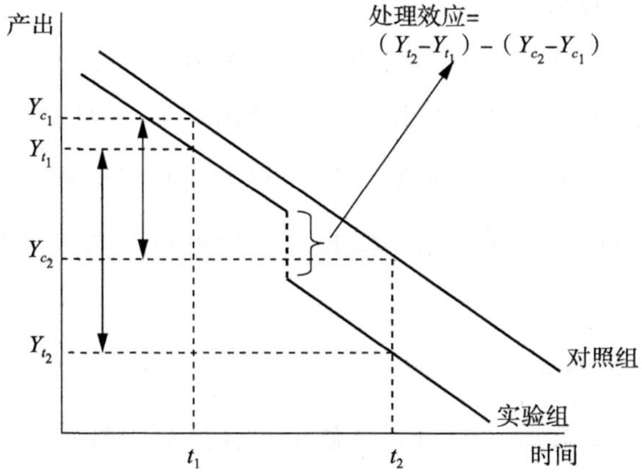

图 4-1　双重差分模型估计的处理效应示意

从图 4-1 可以看出，经过政策的变化，当时间由 t_1 时点进行至 t_2 时点，实验组的产出从 Y_{t_1} 变化为 Y_{t_2}，但我们并不能说政策变化对实验组的效应就是 $Y_{t_2}-Y_{t_1}$，因为其中可能还包含时间趋势的变化，而对照组没有受到政策的影响，其产出从 Y_{c_1} 变化为 Y_{c_2} 就是时间趋势的变化，因此政策变化对实验组准确的处理效应就可以表示为 $(Y_{t_2}-Y_{t_1})-(Y_{c_2}-Y_{c_1})$[①]。

使得社会中个人、厂商、城市等的环境发生改变的外生事件被称为自然实验（Natural Experiment）或准实验（Quasi-Experiment）。如果一项公共政策可被视为自然实验，那么通过比较受到政策影响的社会群体——实验组和没

① 从图 4-1 可以看出，双重差分模型应用的一个前提条件是实验组与对照组拥有共同的时间趋势，只有这样，双重差分估计结果才能消除时间趋势的效应，在本部分的实证过程中，我们通过控制不同的时间效应来检验这一假定是否成立。

有受到政策影响的社会群体——对照组在政策前后平均产出的变化就可以了解该项政策所产生的效果。货币政策的实施对于单个公司而言就属于外生的冲击，由于信贷配给的存在，中国货币政策的实施使得经济中部分企业（如非国有企业）受到显著影响，而另外一部分企业（如国有企业）则可能没有受到任何影响，或者受到的影响要小得多，因此它的执行可以类比自然科学实验中对实验对象施加的某种“处理”。如果货币政策可以被视为自然实验，那么通过比较受到政策影响的实验组和没有受到政策影响的对照组就可以了解该项政策所产生的效果。

而且，由于还有许多不可观测的因素同时影响着企业的银行借款和商业信用，在计量方法上，本章通过构造“实验组”和“对照组”，采用双重差分方法，还可以消除上述不可观测量的影响，进而识别货币政策对上市公司银行借款和商业信用的因果效应，因此是一种更强的因果推断和政策效应评估工具。

2. 模型的设定与变量的定义

本章按照国泰安数据库中的上市公司实际控制人性质来区分构建实验组和对照组，实际控制人性质为各级政府及其下属部门的，作为对照组；其余为非国有上市公司，作为实验组。为了检验公司应付的商业信用是否发挥替代融资的效应，我们采用双重差分检验策略，所使用的双重差分模型设定如下：

$$Debt_{i,t}=\alpha+\beta_1 Event_t+\beta_2 Group_i+\beta_3 Did+\delta X_{i,t}+\varepsilon_{i,t} \qquad (4.1)$$

在模型（4.1）中，被解释变量 *Debt* 表示公司的债务融资，我们在实证过程中采用 *Bankcredit* 表示公司获得的银行借款，以公司的年末短期借款与长期借款之和占年末总资产的百分比表示；采用 *Accountpayable* 表示公司从其上游企业那里获取的应付的商业信用，以年末应付账款、应付票据与预收款项之和占年末总资产的百分比表示。

解释变量 *Event* 是自然实验中表示货币政策紧缩与扩张的事件虚拟变量，货币政策事件发生前的年份为 0，货币政策事件发生及以后的年份为 1。现实中，央行的货币政策调控通常综合运用多种工具，包括数量型和价格型两类实质性调控工具，以及选择性信贷政策和窗口指导两类指导性政策工具。数量型货币政策工具侧重于直接调控货币供给量，主要包括公开市场操作（央行票据的发行与回购）和准备金率调整两类；价格型货币政策工具侧重于间接调控，通常借助金融市场的长短期利率期限结构来影响市场预期和经济行为。各种政策工具对公司债务融资的影响通常交织在一起，难以严格区分，对于货币紧缩事件的确定，通过参阅中国人民银行各季度《货币政策执行报告》，可以看到2004年4月25日中央银行上调存款金融机构准备金率、央行对金融机构的再贷款利率和再贴现利率，10月29日又上调金融机构存贷款基准利率，提高了存款准备金率0.5个百分点，提高了再贷款利率0.63个百分点，提高了再贴现率0.27个百分点（曾海舰和苏冬蔚，2010）。2009年中国的存款准备金率和存贷款利率虽然都没有发生任何变化，但M2的增长率却高达27.7%①。因此，我们选择2004年作为货币紧缩的事件年份，以2002—2006年作为事件窗口；选择2009年作为货币扩张的事件年份，以2007—2011年作为事件窗口②。

解释变量*Group*为自然实验中表示组别的虚拟变量，如果公司属于实验组为1，属于对照组为0。我们设置交乘项*Did*作为双重差分变量，表示自然实验中货币政策对不同类型上市公司的债务融资变动影响的净效应，对于该交乘项前的系数β_3，有如下解释：

$$\beta_3 = [E(Y|Event=1, Group=1, X_{i,t}) - E(Y|Event=0, Group=1, X_{i,t})] - [E(Y|Event=1, Group=0, X_{i,t}) - E(Y|Event=0, Group=0, X_{i,t})]$$

替代融资效应是基于应付的商业信用，也就是从融资需求者的视角进行研究，而商业信用具有双向性的特点，我们不能忽视商业信用供给者的影响。因此，我们同时构建了如下模型来验证不同货币政策下，公司应收商业信用

① 数据来自中国人民银行网站和各年度《货币政策执行报告》。

② 在实证中，我们也以2003—2005年、2002—2005年作为货币政策紧缩的事件窗口，以2008—2010年、2007—2010年作为货币扩张的事件窗口进行检验，结果并没有显著性改变，说明本书设定的模型是稳健的。

的再分配效应：

$$TC_{i,t}=\alpha+\beta_1 Event_t+\beta_2 Group_i+\beta_3 Did+\delta X_{i,t}+\varepsilon_{i,t} \quad (4.2)$$

在模型（4.2）中，被解释变量 *TC* 表示企业向其下游公司提供的商业信用，我们在实证过程中采用两种形式，商业信用 *Accountreceivable* 定义为应收账款、应收票据与预付账款之和占总资产的百分比，净商业信用 *Nettradecredit* 是企业提供给下游企业的商业信用与从上游企业获得的商业信用之差，定义为应付的商业信用与应收的商业信用之差占总资产的百分比。之所以检验不同类型公司在净商业信用方面的差异是考虑到如果公司使用的商业信用较多，但提供的商业信用更多的话，那么这个公司获得的净商业信用可能还是少于那些使用商业信用较少但提供商业信用更少的公司。

解释变量中，货币政策事件虚拟变量 *Event*，组别虚拟变量 *Group* 和双重差分变量 *Did* 的定义与模型（4.1）一致。控制变量 $X_{i,t}$ 由企业规模 *Size*、有形资产比率 *Col*、资产利润率 *Roa*、企业年龄 *Age* 和经营现金流 *Cashflow* 等构成。此外，为了防止时间差异、地区差异和行业差异对上市公司债务融资的影响可能给本书实证结果造成的偏差，在本书的模型中我们还控制了时间效应、地区效应和行业效应。模型所涉及的变量符号及其定义如表 4-1 所示。

表 4-1　变量定义

	变量符号	变量定义
被解释变量	*Bankcredit*	银行借款=（短期借款+长期借款）/总资产
	Accountpayable	应付商业信用=（应付账款+应付票据+预收款项）/总资产
	Accountreceivable	应收商业信用=（应收账款+应收票据+预付款项）/总资产
	Nettradecredit	净商业信用=（应付商业信用-应收商业信用）/总资产
解释变量	*Event*	事件虚拟变量，货币政策事件以前取 0，货币政策事件及以后取 1
	Group	组别虚拟变量，公司属于实验组取 1，属于对照组取 0
	Did	双重差分变量，$Did=Event\times Group$
控制变量	*Size*	公司规模=总资产的自然对数
	Col	有形资产比率=有形资产总额/总资产
	Roa	资产利润率=净利润/总资产
	Age	公司年龄=（公司成立年份+1）的自然对数
	Cashflow	经营现金流=经营现金流净额/总资产

二、数据来源与相关变量的描述性统计

（一）研究样本与数据来源

本章仍然选择在中国沪深证券交易所上市的 A 股公司作为研究样本，以年度数据作为观测值，数据来自国泰安 CSMAR 数据库，我们仍然删除了金融类上市公司、ST、*ST 公司、资不抵债的公司以及统计逻辑上明显错误的样本和相关年份银行贷款、应付商业信用、应收商业信用、资产等关键变量缺失的样本。本章也对主要连续变量两端的异常值按照 1%的水平进行了 *winsorize* 处理。

由于本章的样本观测值是时间跨度 *T* 很短（5 年），而横截面 *N* 很大的短面板数据，对于这类数据来说，使用常用的估计方法会低估标准误差，进而导致高估系数的显著性水平，所以在对本章模型进行检验时，我们采用普通最小二乘法（OLS）对模型进行回归估计，并对标准误差在公司层面进行聚类（cluster）调整，采用稳健的标准差。在每一种分组下，我们都分别考虑三种情况：①不控制样本时间效应；②控制实验组与对照组共同的时间效应；③控制货币政策事件前实验组与对照组分别可能具有的不同时间效应。

（二）相关变量在货币政策事件前后的描述性统计

在进行正式的实证检验之前，我们首先对不同组别公司的关键变量在事件窗口下如何变化进行描述性统计。从表 4-2 我们发现，在货币紧缩之后，实验组的银行借款 *Bankcredit* 均值有所下降，而对照组的银行借款 *Bankcredit* 均值则几乎没有变化；实验组和对照组应付的商业信用 *Accountpayable* 均值在货币紧缩之后都有所上升，但实验组的变化更明显；实验组和对照组应收的商业信用 *Accountreceivable* 均值在货币紧缩之后也都有所上升，仍然是实验组的变化更明显；在货币扩张之后，对照组的银行借款 *Bankcredit* 均值有所下降，而实验组的银行借款 *Bankcredit* 均值则几乎没有变化；实验组应付的商业

信用 *Accountpayable* 在货币扩张之后有所上升，对照组则略有下降；实验组和对照组应收的商业信用 *Accountreceivable* 均值在货币扩张之后都有所上升，但实验组的变化更明显。当然，描述性统计只为我们提供了一些直觉信息，还不足以做出最终判断。在下文中，我们将在控制上市公司特征、年度效应、区域效应和行业效应之后，采用双重差分模型对相关问题进行严格的检验。

表 4-2 被解释变量的描述性统计

	货币紧缩以前				货币紧缩以后			
	Bankcredit	*Account-payable*	*Account-receivable*	*Net-tradecredit*	*Bankcredit*	*Account-payable*	*Account-receivable*	*Net-tradecredit*
实验组	0. 2501	0. 1362	0. 1983	-0. 0622	0. 2478	0. 1610	0. 2181	-0. 0571
对照组	0. 2117	0. 1489	0. 1739	-0. 0249	0. 2114	0. 1637	0. 1809	-0. 0173
	货币扩张以前				货币扩张以后			
	Bankcredit	*Account-payable*	*Account-receivable*	*Net-tradecredit*	*Bankcredit*	*Account-payable*	*Account-receivable*	*Net-tradecredit*
实验组	0. 1967	0. 1702	0. 1004	0. 0698	0. 1931	0. 1817	0. 1190	0. 0627
对照组	0. 1985	0. 1772	0. 0812	0. 0959	0. 1618	0. 1727	0. 0901	0. 0826

注：货币紧缩以前是指 2002—2003 年关键变量的平均值，货币紧缩以后是指 2004—2006 年关键变量的平均值。货币扩张以前是指 2007—2008 年关键变量的平均值，货币扩张以后是指 2009—2011 年关键变量的平均值。

第二节 货币政策紧缩对上市公司商业信用的影响

一、货币政策紧缩对应付商业信用的影响

（一）双重差分实证结果

表 4-3 是 2004 年货币紧缩事件中按照实际控制人性质分组的双重差分实证结果，在表中我们可以发现，上市公司银行借款 *Bankcrdit* 的 *Event* 前系数均为负，说明无论是国有上市公司还是非国有上市公司，货币政策紧缩之后上

市公司整体的银行借款下降，符合货币政策信贷传导的预期；而对于上市公司应付的商业信用 *Accountpayable* 来说，*Event* 前的系数均在 1%的统计水平下显著为正，说明货币政策紧缩之后，上市公司的商业信用均会增加，这也符合商业信用的替代性融资理论，即银行借款下降的同时，应付的商业信用会上升。但曾海舰和苏冬蔚（2010）指出，在双重差分实证方法中事件虚拟变量的估计系数和显著性实际包含了事件发生后时间趋势以及其他各种事件的平均影响，本身并不可靠，真正可以度量货币政策对企业债务融资影响效应的是交乘项 *Did* 的估计系数。

在表 4-3 中，关于组别变量 *Group* 的结果，*Bankcredit* 在 1%的统计水平下均显著为正，也就是平均来看，非国有上市公司的银行借款与资产的比率高于国有上市公司；应付商业信用 *Accountpayable* 的 *Group* 系数为负，但都不显著，表明非国有上市公司应付的商业信用与国有上市公司没有显著差别。

表 4-3 中银行借款 *Bankcredit* 的双重差分变量 *Did* 系数在 1%的统计水平下均显著为负，说明在货币紧缩发生后，非国有上市公司相对于国有上市公司，其银行借款下降的幅度更大，也说明货币政策紧缩对非国有上市公司的银行借款影响更大；应付商业信用 *Accountpayable* 的双重差分变量 *Did* 系数在 10%的统计水平下均显著为正，证明了非国有上市公司相比国有上市公司，其应付的商业信用在货币紧缩期增加的幅度更大，即遭遇信贷歧视的非国有企业在货币紧缩期从银行获取的信贷资源减少更多，需要从其供应商那里寻求更多的替代性融资。

表 4-3　货币政策紧缩对应付商业信用的影响

变量	(1)	(2)	(3)	(4)	(5)	(6)
	Bankcredit			*Accountpayable*		
Event04	-0.0043 (-1.0671)	-0.0075 (-1.2968)	-0.0060 (-0.9953)	0.0264*** (8.0698)	0.0466*** (9.7510)	0.0467*** (9.4828)
Group	0.0385*** (4.4873)	0.0383*** (4.4630)	0.0370*** (4.1798)	-0.0046 (-0.7377)	-0.0044 (-0.7133)	-0.0050 (-0.7514)
Did	-0.0170*** (-2.7348)	-0.0174*** (-2.7892)	-0.0201*** (-2.8767)	0.0083* (1.6465)	0.0090* (1.7769)	0.0099* (1.6837)

续表

变量	(1)	(2)	(3)	(4)	(5)	(6)
	Bankcredit			*Accountpayable*		
Size	0.0337*** (9.0190)	0.0338*** (9.0433)	0.0338*** (9.0429)	0.0240*** (6.9824)	0.0236*** (6.8755)	0.0236*** (6.8740)
Col	-0.1547** (-2.3425)	-0.1552** (-2.3524)	-0.1553** (-2.3545)	0.1888*** (4.2410)	0.1887*** (4.2296)	0.1887*** (4.2292)
Roa	-0.9643*** (-16.7282)	-0.9626*** (-16.6196)	-0.9624*** (-16.6250)	-0.1774*** (-3.9711)	-0.1898*** (-4.2154)	-0.1898*** (-4.2149)
Age	0.0360*** (4.3488)	0.0382*** (4.4396)	0.0382*** (4.4387)	-0.0038 (-0.5007)	-0.0088 (-1.1106)	-0.0088 (-1.1109)
Cashflow	-0.0105 (-1.1439)	-0.0106 (-1.1746)	-0.0107 (-1.1881)	0.0062 (1.4321)	0.0067 (1.5206)	0.0067 (1.5224)
Group×2002			0.0026 (0.4394)			0.0012 (0.2823)
Group×2004			0.0117** (2.1117)			-0.0010 (-0.2040)
Constant	-0.4495*** (-4.1525)	-0.4584*** (-4.2338)	-0.4588*** (-4.2384)	-0.6283*** (-7.1544)	-0.6216*** (-7.0684)	-0.6217*** (-7.0694)
Year	No	Yes	Yes	No	Yes	Yes
Region	Yes	Yes	Yes	Yes	Yes	Yes
Industry	Yes	Yes	Yes	Yes	Yes	Yes
N	5207	5207	5207	5207	5207	5207
R-squared	0.2789	0.2809	0.2811	0.2764	0.2819	0.2819

注：*、**和***分别表示在10%、5%和1%的水平下显著，其中标准误差经过公司聚类（cluster）调整。

（二）账龄分析

我们也对货币政策紧缩事件前后实验组与对照组的应付账款和预收账款等应付商业信用的账龄进行了分析，并比较实验组与对照组之间的差异，表4-4和表4-5是其结果。按照常用的分类方法，我们将账龄分为1年以内、1~2年、2~3年和3年以上，由于国泰安数据库提供的应付款项账龄是从2003年开始的，因此我们将2003年的年初数调整为2002年的年末数①。

表4-4是货币紧缩事件前后各类应付账款占总额的比例及其差异，从表中可以看到，实验组1年以内的应付账款比例在货币紧缩前后几乎没有差别，1~2年的应付账款比例则有所下降，但差异并不显著。而货币紧缩以后实验组2~3年和3年以上的应付账款比例则显著高于货币紧缩以前。对照组应付账款账龄的变化趋势与实验组比较类似，货币紧缩以后1年以内与1~2年的应付账款比例都有所下降，而2~3年和3年以上的应付账款比例则有所上升，但是这种差异都不显著。我们也对货币紧缩之后实验组和对照组的账龄差异进行了比较，从表中可以看出，货币政策紧缩之后，实验组的各类应付账款占总额的比例普遍高于对照组，其中除1年以内的差异不显著以外，其他1年以上（包括1~2年、2~3年和3年以上）的应付账款差异都是显著的。

表4-4 货币紧缩前后应付账款账龄分析

应付账款账龄	*Group*=1			*Group*=0			*Event*04=1
	*Event*04=0	*Event*04=1	*Difference* (*t-Value*)	*Event*04=0	*Event*04=1	*Difference* (*t-Value*)	*Difference Between Group*
1年以内	89.1264	88.7667	-0.3596 (-0.0736)	88.5713	88.3689	-0.2024 (-0.0649)	0.3979 (0.1832)
1~2年	13.2813	10.0534	-3.2278 (-0.7538)	9.0494	6.3845	-2.6649 (-1.1402)	3.6689* (1.8905)
2~3年	1.795125	5.9868	4.1917* (1.8380)	2.0456	2.2018	0.1562 (0.2135)	3.7849* (1.6665)
3年以上	3.9293	13.5746	9.6453** (2.4114)	3.7901	2.6628	1.2773 (0.9607)	10.9118*** (2.8994)

注：*、**和***分别表示在10%、5%和1%的水平下显著，括号中的数字为t值。

表4-5是货币紧缩事件前后各类预收账款占总额的比例及其差异，其结果与表4-4比较一致，实验组2~3年和3年以上的预收账款比例在货币紧缩之后显著高于货币紧缩以前，对照组各类预收账款占总额的比例在货币紧缩

① 由于上市公司资产负债表附注中应付款项科目有应付账款、其他应付款和预收账款，属于商业信用范畴的是应付账款和预收账款，应付票据没有显示，因此我们只对应付账款和预收账款进行账龄分析。

前后则没有显著差异，实验组 1 年以上的预收账款占总额的比例均高于对照组，其中 1~2 年和 2~3 年的预收账款显著高于对照组，3 年以上预收账款的差异只是由于样本数较少而不显著。从以上分析结果可以看出，货币紧缩之后，上市公司较长期限的商业信用均普遍增加，非国有公司增加的更明显，而且货币紧缩之后，非国有公司长期的商业信用普遍高于国有公司。

表 4-5　货币紧缩前后预收账款账龄分析

预收账款账龄	*Group* = 1			*Group* = 0			*Event04* = 1
	Event04 = 0	*Event04* = 1	*Difference* (*t*-*Value*)	*Event04* = 0	*Event04* = 1	*Difference* (*t*-*Value*)	*Difference Between Group*
1 年以内	92. 2304	90. 6956	-1. 5348 (-0. 4780)	92. 6112	92. 6031	-0. 0081 (-0. 0046)	-1. 9075 (-1. 0642)
1~2 年	15. 5267	14. 3222	-1. 2045 (-0. 2045)	7. 0212	6. 4550	-0. 5661 (-0. 3034)	7. 8671** (2. 5236)
2~3 年	2. 1049	6. 2815	4. 1765* (1. 6996)	2. 4394	2. 7829	0. 3435 (0. 4956)	3. 4985* (1. 7487)
3 年以上	2. 8597	8. 2163	5. 3566* (1. 8723)	7. 0583	5. 3039	1. 7544 (0. 6538)	2. 9124 (1. 1121)

注：*、**和***分别表示在 10%、5%和 1%的水平下显著，括号中的数字为 *t* 值。

二、货币政策紧缩对应收商业信用的影响

（一）双重差分实证结果

表 4-6 是 2004 年货币紧缩事件中按照实际控制人性质分组讨论信贷再分配效应的双重差分实证结果，对于应收的商业信用 *Accountreceivable*，在没有控制时间效应的第（1）列和控制了共同时间效应的第（2）列中，其双重差分变量 *Did* 的系数在 5%的水平下显著为正，当控制了事件发生前各组特有的时间效应后，第（3）列系数估计值变得不显著，但是我们发现在这次估计中，事件发生前年度变量和组别虚拟变量交乘项 *Group*×2002 的系数是不显著的，这说明实验组和对照组在 *Accountreceivable* 上有基本一致的时间趋势，我们可以信赖没有控制时间效应或只控制了共同时间效应的估计结果，在这两种情况下，其双重差

分系数估计值显著为正。这说明货币紧缩之后实验组对外提供的商业信用相对对照组上升的幅度更大，这一结果与传统的商业信用再分配理论不一致，即国有企业在货币紧缩期并没有比非国有企业提供更多的商业信用，但是符合余明桂和潘红波（2010）与刘小鲁（2012）的实证结论。

对于净商业信用 *Nettradecredit*，双重差分变量 *Did* 的系数都不显著，说明货币紧缩期实验组获得的净商业信用融资相比对照组没有显著差异，也说明货币紧缩之后非国有公司相比国有公司虽然获得了更多应付商业信用融资，但也比国有公司对外提供了更多应收的商业信用，所以非国有公司并没有比国有公司获得更多的净商业信用。

表 4-6　货币政策紧缩对应收商业信用的影响

变量	(1)	(2)	(3)	(4)	(5)	(6)
	Accountreceivable			*Nettradecredit*		
Event04	0.0076** (2.3380)	0.0220*** (4.5964)	0.0212*** (4.3090)	0.0187*** (4.9883)	0.0246*** (4.4454)	0.0258*** (4.5289)
Group	0.0046 (0.6811)	0.0044 (0.6504)	0.0090 (1.2072)	−0.0093 (−1.2393)	−0.0089 (−1.1929)	−0.0146* (−1.7506)
Did	0.0125** (2.2653)	0.0126** (2.2680)	0.0050 (0.8100)	−0.0045 (−0.6899)	−0.0039 (−0.5929)	0.0049 (0.6556)
Size	−0.0146*** (−4.3771)	−0.0148*** (−4.4340)	−0.0148*** (−4.4304)	0.0392*** (11.0681)	0.0390*** (11.0172)	0.0390*** (11.0119)
Col	0.2579*** (5.2750)	0.2559*** (5.2677)	0.2558*** (5.2668)	−0.0623 (−1.1870)	−0.0604 (−1.1508)	−0.0603 (−1.1482)
Roa	−0.4539*** (−9.0324)	−0.4592*** (−9.1358)	−0.4589*** (−9.1359)	0.2699*** (4.8080)	0.2629*** (4.6867)	0.2625*** (4.6822)
Age	0.0103 (1.4326)	0.0089 (1.1909)	0.0089 (1.1943)	−0.0133 (−1.6114)	−0.0167* (−1.9577)	−0.0168* (−1.9617)
Cashflow	−0.0238** (−2.2749)	−0.0237** (−2.3290)	−0.0238** (−2.3371)	0.0249* (1.7282)	0.0251* (1.7805)	0.0253* (1.7867)
Group×2002			−0.0096 (−1.4117)			0.0118 (1.5440)
Group×2004			0.0089* (1.7729)			−0.0092 (−1.4747)
Constant	0.1708** (2.0518)	0.1620* (1.9508)	0.1634** (1.9681)	−0.8189*** (−8.6720)	−0.8036*** (−8.4965)	−0.8053*** (−8.5118)

续表

变量	(1)	(2)	(3)	(4)	(5)	(6)
	Accountreceivable			*Nettradecredit*		
Year	No	Yes	Yes	No	Yes	Yes
Region	Yes	Yes	Yes	Yes	Yes	Yes
Industry	Yes	Yes	Yes	Yes	Yes	Yes
N	5207	5207	5207	5207	5207	5207
R-squared	0.2372	0.2453	0.2456	0.2677	0.2740	0.2743

注：*、**和***分别表示在10%、5%和1%的水平下显著，其中标准误差经过公司聚类（cluster）调整。

（二）账龄分析

我们也对货币政策紧缩事件前后实验组与对照组的应收账款和预付账款等应收商业信用的账龄进行了分析①，并比较实验组与对照组之间的差异，表4-7和表4-8是其结果。从表4-7中可以看到，实验组1年以内的应收账款比例在货币紧缩之后显著增加，1~2年、2~3年和3年以上的应收账款比例在货币紧缩之后的变化差异并不显著。对照组各类应收账款比例在货币紧缩之后则没有显著变化。我们也对货币紧缩事件之后实验组和对照组的账龄差异进行了比较，从表中可以看出，货币政策紧缩之后，实验组2~3年和3年以上的应收账款比例显著高于对照组，其他（包括1年以内和1~2年）的应收账款则没有显著差异。

表4-7 货币紧缩前后应收账款账龄分析

应收账款账龄	*Group*=1			*Group*=0			*Event*04=1
	*Event*04=0	*Event*04=1	*Difference* (*t-Value*)	*Event*04=0	*Event*04=1	*Difference* (*t-Value*)	*Difference Between Group*
1年以内	83.3589	89.1758	5.8169* (1.8677)	82.7236	86.5750	3.8514 (0.7675)	2.6008 (1.0086)

① 由于上市公司资产负债表附注中应收款项科目有应收账款、其他应收款和预付账款，属于商业信用范畴的是应收账款和预付账款，应收票据没有显示，因此我们只对应收账款和预付账款进行账龄分析。

续表

应收账款账龄	Group=1			Group=0			Event04=1
	Event04=0	Event04=1	Difference (t-Value)	Event04=0	Event04=1	Difference (t-Value)	Difference Between Group
1~2 年	8.9330	9.4446	0.5116 (0.1544)	6.0643	8.3449	2.2806 (1.2905)	1.0998 (0.5107)
2~3 年	8.2974	3.7918	-4.5055 (-0.8785)	1.7821	1.8628	0.0807 (0.1832)	1.9291* (1.7719)
3 年以上	5.0683	9.4373	4.3690 (1.2917)	5.1906	2.4259	-2.7647 (1.2845)	7.0114*** (2.9577)

注：*、**和***分别表示在10%、5%和1%的水平下显著，括号中的数字为t值。

表4-8是货币紧缩事件前后各类预付账款占总额的比例及其差异，从表中可以看出，实验组3年以上的预付账款在货币紧缩之后显著增加，其他（包括1年以内、1~2年和2~3年）各类预付账款比例在货币紧缩之后均没有显著变化。对照组1~2年的预付账款在货币紧缩之后显著增加，其他（包括1年以内、2~3年和3年以上）各类预付账款比例在货币紧缩之后均没有显著变化。货币紧缩之后，实验组1~2年和3年以上的预付账款比例显著高于对照组。

表4-8 货币紧缩前后预付账款账龄分析

预付账款账龄	Group=1			Group=0			Event04=1
	Event04=0	Event04=1	Difference (t-Value)	Event04=0	Event04=1	Difference (t-Value)	Difference Between Group
1 年以内	86.8188	87.9278	1.1089 (0.2592)	92.2293	91.9772	-0.2521 (-0.1349)	-4.0494 (-1.6057)
1~2 年	10.8298	11.4417	0.6119 (0.1369)	4.4789	6.6672	2.1883* (1.6815)	4.7745** (1.9649)
2~3 年	5.2742	5.0666	-0.2075 (-0.0461)	5.1189	3.3612	-1.7578 (-0.7801)	1.7055 (1.2106)
3 年以上	1.8906	13.6409	11.7503*** (2.7316)	6.0244	4.6389	-1.3854 (-0.3506)	9.0019** (2.0861)

注：*、**和***分别表示在10%、5%和1%的水平下显著，括号中的数字为t值。

第三节 货币政策扩张对上市公司商业信用的影响

一、货币政策扩张对应付商业信用的影响

（一）双重差分实证结果

表4-9是2009年货币政策扩张事件中按照实际控制人性质分组的实证结果，在表4-9中我们可以看到，两个被解释变量的组别虚拟变量与年度交乘项是显著的，说明实验组与对照组在事件之前具有不同的时间趋势，但是各变量的双重差分系数基本一致，因此，并不妨碍我们得出适当的结论。表4-9中银行借款 *Bankcredit* 的双重差分变量 *Did* 系数都显著为正，说明在货币扩张发生后，非国有上市公司相对于国有上市公司，其银行借款上升的幅度更大，也说明货币政策扩张对非国有上市公司的银行借款影响更大；应付商业信用 *Accountpayable* 的双重差分变量 *Did* 系数均不显著，证明了非国有上市公司相比国有上市公司，其应付的商业信用在货币扩张期没有增加更多。

表4-9 货币政策扩张对应付商业信用的影响

变量	(1)	(2)	(3)	(4)	(5)	(6)
	Bankcredit			*Accountpayable*		
Event09	-0.0292*** (-9.7219)	-0.0476*** (-12.7608)	-0.0473*** (-11.7263)	-0.0016 (-0.5690)	-0.0056 (-1.5932)	-0.0041 (-1.0834)
Group	0.0108 (1.6222)	0.0112* (1.6803)	0.0052 (0.7343)	0.0111* (1.7025)	0.0113* (1.7310)	0.0051 (0.7590)
Did	0.0136*** (2.7256)	0.0119** (2.3778)	0.0248*** (4.0776)	-0.0006 (-0.1452)	-0.0009 (-0.2147)	0.0086 (1.6300)
Size	0.0315*** (11.3854)	0.0318*** (11.4824)	0.0318*** (11.4450)	0.0224*** (8.5422)	0.0224*** (8.5523)	0.0224*** (8.5335)

续表

变量	(1)	(2)	(3)	(4)	(5)	(6)
		Bankcredit			*Accountpayable*	
Col	-0.1991*** (-3.6715)	-0.1997*** (-3.6759)	-0.1992*** (-3.6675)	0.2307*** (5.1615)	0.2298*** (5.1350)	0.2302*** (5.1402)
Roa	-0.8748*** (-15.8633)	-0.8734*** (-15.5297)	-0.8716*** (-15.4775)	-0.3059*** (-6.0465)	-0.3093*** (-6.0258)	-0.3079*** (-5.9967)
Age	0.0223*** (4.0921)	0.0231*** (4.2482)	0.0228*** (4.1858)	-0.0029 (-0.5200)	-0.0028 (-0.4861)	-0.0029 (-0.5168)
Cashflow	-0.1382*** (-4.4466)	-0.1469*** (-4.5461)	-0.1479*** (-4.5645)	0.1599*** (5.7556)	0.1597*** (5.6682)	0.1590*** (5.6544)
Group×2007			0.0122** (2.4228)			0.0127*** (3.0138)
Group×2009			-0.0145*** (-3.0525)			-0.0070* (-1.7240)
Constant	-0.4457*** (-5.7113)	-0.4336*** (-5.5511)	-0.4319*** (-5.5163)	-0.4456*** (-6.5872)	-0.4422*** (-6.5412)	-0.4428*** (-6.5365)
Year	No	Yes	Yes	No	Yes	Yes
Region	Yes	Yes	Yes	Yes	Yes	Yes
Industry	Yes	Yes	Yes	Yes	Yes	Yes
N	5711	5711	5711	5711	5711	5711
R-squared	0.3264	0.3309	0.3314	0.2563	0.2566	0.2569

注：*、**和***分别表示在10%、5%和1%的水平下显著，其中标准误差经过公司聚类（cluster）调整。

（二）账龄分析

我们也对货币政策扩张事件前后实验组与对照组的应付账款和预收账款等应付商业信用的账龄进行了分析，并比较实验组与对照组之间的差异，表4-10和表4-11是其结果。从表4-10中可以看到，实验组1年以内、2~3年和3年以上的应付账款比例在货币扩张之后有所下降，1~2年的应付账款比例则有所上升，但差异并不显著。对照组1年以内的应付账款比例显著上升，1~2年、2~3年和3年以上的应付账款比例则在货币扩张之后有所下降，但差异都不显著。我们也对货币扩张事件之后实验组和对照组的账龄差异进行了比较，从表中可以看出，货币政策扩张之后，实验组 1 年以内的应付账款比例显著低于对照组，1～2 年的应付账款比例显著高于对照组，其他（包括 2～3年和 3 年以上）应付账款则没有显著差异。

表 4-10　货币扩张前后应付账款账龄分析

应付账款账龄	*Group*=1			*Group*=0			*Event09*=1
	Event09=0	*Event09*=1	*Difference* (*t-Value*)	*Event09*=0	*Event09*=1	*Difference* (*t-Value*)	*Difference Between Group*
1 年以内	88.2087	86.0846	-2.1242 (-0.9644)	88.2185	90.9194	2.7009** (1.9308)	-4.8349*** (-2.8575)
1~2 年	9.2829	10.3316	1.0486 (0.5870)	9.2763	7.6711	-1.6052 (1.3844)	2.6605* (1.9041)
2~3 年	3.0959	2.4763	-0.6196 (-0.5136)	2.1257	2.0431	-0.0825 (0.2373)	0.4332 (0.9885)
3 年以上	7.3087	5.0609	-2.2479 (-0.9066)	4.7514	3.2355	-1.5159 (-1.2996)	1.8254 (1.1739)

注：*、**和***分别表示在 10%、5%和 1%的水平下显著，括号中的数字为 t 值。

表 4-11 是货币扩张事件前后各类预收账款占总额的比例及其差异，从表中可以看出，实验组各类预收账款比例在货币扩张之后均低于货币扩张以前，但差异并不显著。对照组 1 年以内和 1～2 年的预收账款比例在货币扩张前后没有显著差异，2～3 年的预收账款比例显著增加，3 年以上的预收账款比例则显著下降。货币扩张之后，实验组除 1～2 年的预收账款比例显著高于对照组，其他预收账款比例均与对照组没有显著差异。

表 4-11　货币扩张前后预收账款账龄分析

预收账款账龄	*Group*=1			*Group*=0			*Event09*=1
	Event09=0	*Event09*=1	*Difference* (*t-Value*)	*Event09*=0	*Event09*=1	*Difference* (*t-Value*)	*Difference Between Group*
1 年以内	90.0303	89.8913	-0.8319 (0.0731)	90.4307	90.4798	0.0492 (0.0395)	-0.5885 (-0.3884)
1~2 年	12.1146	9.8171	-2.2975 (-0.9641)	7.6546	6.5718	-1.0828 (-0.7902)	3.2453* (1.9134)

续表

预收账款账龄	Group = 1			Group = 0			Event09 = 1
	Event09 = 0	Event09 = 1	Difference (t-Value)	Event09 = 0	Event09 = 1	Difference (t-Value)	Difference Between Group
2~3 年	4. 7317	2. 7308	-2. 0001 (-0. 9564)	1. 6829	3. 2204	1. 5375** (2. 3631)	-0. 4896 (-0. 5337)
3 年以上	7. 8749	4. 4873	-3. 3876 (1. 0652)	5. 2107	2. 9713	-2. 2393* (1. 7595)	1. 5159 (0. 8787)

注：*、**和***分别表示在 10%、5%和 1%的水平下显著，括号中的数字为 t 值。

二、货币政策扩张对应收商业信用的影响

（一）双重差分实证结果

表 4-12 是 2009 年货币扩张事件中按照实际控制人性质分组讨论信贷再分配效应的双重差分实证结果，对于应收的商业信用 *Accountreceivable*，从表 4-12中可以看出，双重差分变量 *Did* 的系数，在没有控制时间效应的第（1）列和控制了共同时间效应的第（2）列中该系数在 5%的水平下显著为正，当控制了事件发生前各组特有的时间效应后，第（3）列系数在 1%的水平下显著为正，说明货币扩张之后实验组对外提供的商业信用相对对照组上升的幅度更大，即非国有上市公司在货币扩张期比国有上市公司对外提供了更多的商业信用，但考虑到非国有上市公司在货币扩张期获得了更多的银行信贷，这一结果也符合余明桂和潘红波（2010）与刘小鲁（2012）的实证结论。

对于净商业信用 *Nettradecredit*，双重差分变量 *Did* 的系数都不显著，说明货币扩张期实验组获得的净商业信用融资相比对照组没有显著差异，也说明货币扩张之后非国有公司相比国有公司并没有比国有公司获得更多的净商业信用。

表 4-12　货币政策扩张对应收商业信用的影响

变量	(1)	(2)	(3)	(4)	(5)	(6)
	Accountreceivable			*Nettradecredit*		
Event09	0.0004 (0.2012)	-0.0010 (-0.4553)	-0.0006 (-0.2382)	-0.0022 (-0.8131)	-0.0048 (-1.4021)	-0.0037 (-1.0147)
Group	0.0005 (0.1095)	0.0006 (0.1219)	-0.0021 (-0.4535)	0.0100 (1.5188)	0.0102 (1.5374)	0.0068 (0.9909)
Did	0.0056** (2.0897)	0.0055** (2.0488)	0.0103*** (3.0869)	-0.0060 (-1.3766)	-0.0062 (-1.4150)	-0.0020 (-0.3626)
Size	-0.0128*** (-8.0921)	-0.0128*** (-8.0702)	-0.0128*** (-8.0781)	0.0352*** (13.7824)	0.0352*** (13.7798)	0.0352*** (13.7653)
Col	0.0675** (2.2678)	0.0673** (2.2585)	0.0675** (2.2642)	0.1597*** (3.4716)	0.1591*** (3.4566)	0.1593*** (3.4591)
Roa	0.0025 (0.0674)	0.0017 (0.0458)	0.0024 (0.0640)	-0.3081*** (-5.1748)	-0.3106*** (-5.1206)	-0.3100*** (-5.1089)
Age	-0.0156*** (-3.9849)	-0.0155*** (-3.9563)	-0.0156*** (-3.9807)	0.0129** (2.3371)	0.0130** (2.3522)	0.0130** (2.3369)
Cashflow	-0.0733*** (-2.6191)	-0.0736*** (-2.5893)	-0.0740*** (-2.5976)	0.2301*** (4.6581)	0.2301*** (4.5934)	0.2298*** (4.5896)
Group×2007			0.0055 (1.2519)			0.0068 (1.5258)
Group×2009			-0.0045* (-1.7248)			-0.0019 (-0.4596)
Constant	0.4142*** (9.4953)	0.4153*** (9.5145)	0.4155*** (9.4997)	-0.8583*** (-12.5683)	-0.8560*** (-12.5466)	-0.8569*** (-12.5339)
Year	No	Yes	Yes	No	Yes	Yes
Region	Yes	Yes	Yes	Yes	Yes	Yes
Industry	Yes	Yes	Yes	Yes	Yes	Yes
N	5711	5711	5711	5711	5711	5711
R-squared	0.2926	0.2926	0.2928	0.3273	0.3274	0.3275

注：*、**和***分别表示在10%、5%和1%的水平下显著，其中标准误差经过公司聚类（cluster）调整。

（二）账龄分析

我们也对货币政策扩张事件前后实验组与对照组的应收账款和预付账款等应收商业信用的账龄进行了分析，并比较实验组与对照组之间的差异，

表 4-13和表 4-14 是其结果。从表 4-13 中可以看到，实验组 1 年以内和 1~2 年的应收账款比例在货币扩张之后显著增加，2~3 年和 3 年以上的应收账款比例则在货币扩张之后有所下降，但差异并不显著。对照组各类应收账款比例在货币扩张之后则没有显著变化。我们也对货币扩张事件之后实验组和对照组的账龄差异进行了比较，从表中可以看出，货币政策扩张之后，实验组 1 年以内的应收账款比例显著高于对照组，其他（包括 1~2 年、2~3 年和 3 年以上）的应收账款则没有显著差异。

表 4-13　货币扩张前后应收账款账龄分析

应收账款账龄	*Group*=1			*Group*=0			*Event*09=1
	*Event*09=0	*Event*09=1	*Difference* (*t*-*Value*)	*Event*09=0	*Event*09=1	*Difference* (*t*-*Value*)	*Difference Between Group*
1 年以内	87.5084	90.2445	2.7362** (2.1683)	86.7727	85.3297	-1.4429 (-0.6213)	4.9148*** (2.7328)
1~2 年	7.2273	9.1853	1.9579* (1.7326)	8.4016	9.2766	0.8749 (0.4922)	-0.0856 (-0.0457)
2~3 年	2.3729	2.3448	-0.0282 (-0.0472)	4.4007	2.6552	-1.7455 (-1.2560)	-0.3104 (-0.3751)
3 年以上	3.7811	3.4742	-0.3069 (-0.2846)	6.6764	5.2895	-1.3869 (-0.5541)	-1.8153 (-1.1252)

注：*、**和***分别表示在 10%、5%和 1%的水平下显著，括号中的数字为 *t* 值。

表 4-14 是货币扩张事件前后各类预付账款占总额的比例及其差异，从表中可以看出，实验组各类预付账款比例在货币扩张之后均没有显著变化。对照组各类预付账款比例在货币扩张之后也均没有显著变化。货币扩张之后，实验组各类预付账款比例均与对照组没有显著差异。

表 4-14　货币扩张前后预付账款账龄分析

预付账款账龄	*Group*=1			*Group*=0			*Event*09=1
	*Event*09=0	*Event*09=1	*Difference* (*t*-*Value*)	*Event*09=0	*Event*09=1	*Difference* (*t*-*Value*)	*Difference Between Group*
1 年以内	87.7484	90.0982	2.3498 (1.2201)	91.1302	90.5900	-0.5402 (-0.3981)	-0.4918 (-0.3388)

续表

预付账款账龄	Group=1			Group=0			Event09=1
	Event09=0	Event09=1	Difference (t-Value)	Event09=0	Event09=1	Difference (t-Value)	Difference Between Group
1~2 年	9.5685	8.8109	-0.7576 (0.3956)	7.9224	7.3494	0.5730 (0.4577)	1.4616 (1.1293)
2~3 年	6.3587	2.8173	-3.5414 (1.5320)	2.5207	2.6187	0.0980 (0.1585)	0.1986 (0.2538)
3 年以上	5.9696	2.6819	-3.2877 (-1.5040)	4.9328	3.0567	-1.8761 (-1.6238)	-0.3749 (-0.4491)

注：*、**和***分别表示在 10%、5%和 1%的水平下显著，括号中的数字为 t 值。

本章在一个自然实验框架下利用双重差分模型实证检验了中国 2004 年货币政策紧缩与 2009 年货币政策扩张中上市公司商业信用变化及相关问题。研究发现，在货币紧缩时期，相对于国有上市公司，易遭受信贷歧视的非国有上市公司的银行信贷下降幅度更大，而货币紧缩时期非国有上市公司应付的商业信用上升的幅度更大，即商业信用在非国有公司中发挥着替代融资效应；通过账龄分析也发现，货币紧缩之后，非国有上市公司会用期限较长的商业信用替代期限较短的商业信用，非国有的长期商业信用比例显著高于国有上市公司。但研究同时发现，在货币紧缩时期，非国有上市公司对外提供了更多的商业信用，在货币扩张时期，非国有上市公司也对外提供了更多的商业信用，这与传统的信贷再分配理论不一致，即国有上市公司并没有对外提供更多的信贷资源。通过账龄分析发现，货币紧缩之后，非国有上市公司对外提供的长期商业信用比例显著高于国有上市公司；而货币扩张之后，非国有上市公司对外提供的短期商业信用比例高于国有上市公司。

第五章

货币政策对上市公司债务结构动态调整的影响

第一节　货币政策对上市公司债务结构动态调整影响的研究设计

一、货币政策对上市公司债务结构动态调整影响的模型设置

（一）公司最优债务结构的衡量

在第三章和第四章对公司债务融资的两个主要组成部分——银行借款和商业信用融资进行实证分析的基础上，本章把公司的债务融资作为一个整体，考察货币政策与公司债务结构的动态调整问题。企业是否存在最优债务结构目前仍然是一个充满争议的问题，但是，更多的学者倾向于认为企业存在最优债务结构。即使企业存在最优债务结构，也是处于不断的变化中，而且还受到企业的内外部环境以及自身的经营、财务状况不断变化的影响，因此，最优债务结构无法直接观测，但 Hovakimian et al.（2001）认为只要能够对影响最优债务结构的变量做恰当的选择，就可以近似地模拟出最优的债务结构，而且他们还证明了这种方式具有较强的稳健性。已有的大量实证研究认为，公司特征、时间等因素共同决定了公司的最优债务结构，并且随着公司内外部环境的改变而不断变化①，因此，我们通过模型（5.1）来衡量公司的最优债务结构：

$$Lev_{i,t}^{*}=\alpha+\beta X_{i,t-1}+v_i \tag{5.1}$$

① Flannery, M., Rangan, K. P.. Partial Adjustment toward Target Capital Structures. *Journal of Financial Economics*, 2006（79）；姜付秀，屈耀辉，陆正飞，李焰．产品市场竞争与资本结构动态调整．经济研究，2008（4）．

其中，$Lev_{i,t}^*$表示公司 t 年的最优债务结构，向量组 $X_{i,t-1}$为实证研究中最优债务结构决定的控制变量因素，包括公司规模、有形资产比率、成长性、公司年龄、盈利能力、非债务税盾、经营现金流等变量，v_i 为公司特殊的非观测效应。

（二）货币政策调控影响债务结构的部分调整模型

在定义了上市公司最优债务结构之后，我们利用部分调整模型（Flannery & Rangan，2006；Byoun，2008；Cook & Tang，2010）来估计上市公司的债务结构调整速度，然后在标准的部分调整模型基础上通过引入货币政策变量，构建扩展的部分调整模型，以此来考察货币政策调控对债务结构调整速度的影响。标准的部分调整模型为：

$$Lev_{i,t}-Lev_{i,t-1}=\delta(Lev_{i,t}^*-Lev_{i,t-1})+\varepsilon_{i,t} \tag{5.2}$$

其中，$Lev_{i,t}$表示 t 年末的债务结构，$Lev_{i,t-1}$表示 t 年初的债务结构。δ 为调整系数，也就是模型估计得到的样本公司每年平均的债务结构调整速度，表示在一个年度内公司的债务结构向最优水平调整的快慢，可以间接反映出调整成本的大小。根据动态债务结构理论（Fischer et al.，1989；Leary & Roberts，2005；Titman & Tsyplakov，2007），公司在每一期的期初确定当期的最优债务结构，如果进行债务结构调整的收益大于成本，并且期初的债务结构偏离最优债务结构的程度较大，公司就将选择进行调整。Flannery & Rangan（2006）、Byoun（2008）、Cook & Tang（2010）等实证研究结果表明，公司调整到最优水平所需的期数均大于 1。借鉴 Flannery & Rangan（2006）的做法，把式（5.1）代入式（5.2）可以得到如下模型：

$$Lev_{i,t}=(1-\delta)Lev_{i,t-1}+\delta\beta X_{i,t-1}+v_i+\varepsilon_{i,t} \tag{5.3}$$

根据式（5.3）就可以一步得到公司债务结构的调整速度，其中，公司债务结构的调整速度由公司债务结构滞后项的系数（$1-\delta$）直接表示，公司债务结构滞后项的系数越大，则 δ 越小，说明公司债务结构调整速度越慢，反之，（$1-\delta$）越小表明债务结构调整越快。需要说明的是，Flannery & Rangan（2006）、Cook & Tang（2010）等研究对部分调整模型在债务结构动态调整方面应用的合理性与有效性提供了理论分析与实证支持，对此，这里不再赘述。

为了检验货币政策调控对债务结构调整速度的影响，我们将首先按照货币政策的宽松与紧缩程度对样本进行分组，对子样本进行回归分析，以比较不同货币政策松紧状况下的债务结构调整速度是否存在差异。然后，我们在方程（5.3）等式的右边加入了货币政策变量 MP_{t-1} 以及货币政策变量 MP_{t-1} 与债务结构 $Lev_{i,t-1}$ 的交乘项 $MP_{t-1} \times Lev_{i,t-1}$，得到扩展的部分调整模型如下：

$$Lev_{i,t} = (1-\delta) Lev_{i,t-1} + \gamma MP_{t-1} + \eta MP_{t-1} \times Lev_{i,t-1} + \delta\beta X_{i,t-1} + v_i + \varepsilon_{i,t} \qquad (5.4)$$

这时，债务结构的调整速度就可以表示为 $\delta' = \delta - \eta MP_{t-1}$，由于货币政策变量 MP_{t-1} 在一般情况下为正，如果 η 的符号显著为正，则说明债务结构的调整速度会随着货币政策趋于紧缩而降低；如果 η 的符号显著为负，则说明随着货币政策趋于紧缩，债务结构调整速度会显著加快。本书仍然选取滞后一期的法定存款准备金率和一年期银行贷款基准利率作为货币政策变量。*MP* 的值越大，代表货币政策越趋于紧缩；*MP* 的值越小，代表货币政策越趋于宽松。

（三）货币政策调控与债务结构偏离程度的模型设置

在本章的实证检验中，我们定义债务结构偏离程度为公司期末实际债务结构与当期最优债务结构之间的差距，它可以用来衡量一期内债务结构调整的效果，偏离程度越小，实际债务结构的水平越接近于最优债务结构。为了检验货币政策调控如何影响实际债务结构偏离最优水平的程度，我们建立了模型（5.5）：

$$Dis_{i,t} = \alpha' + \lambda MP_{t-1} + \beta' Z_{i,t-1} + v'_i + \varepsilon'_{i,t} \qquad (5.5)$$

其中，$Dis_{i,t} = |Lev_{i,t} - Lev^*_{i,t}|$ 表示 t 年末公司的实际债务结构偏离目标债务结构的绝对程度。货币政策变量 MP_{t-1} 用来检验货币政策调控对资本结构偏离程度的影响，如果 MP_{t-1} 的回归系数 λ 显著为负，则说明货币政策越趋于紧缩，债务结构偏离的程度越低；如果 λ 显著为正，则说明货币政策越趋于紧缩，债务结构偏离的程度越高。向量组 $Z_{i,t-1}$ 与 v'_i 分别为公司控制变量和特殊的非观测效应，与模型（5.1）的定义相同。实证模型所涉及的变量及定义如表 5-1 所示。

表 5-1　变量定义

	变量符号	定义
被解释变量	*Lev*	债务结构=总负债/总资产
	Dis	债务结构偏离程度=｜实际债务结构-最优债务结构｜
解释变量	*Ratio*	法定存款准备金率
	Interest	一年期贷款基准利率
	$Lev_{i,t-1}$	债务结构的滞后项
控制变量	*Size*	公司规模=总资产的对数
	Col	有形资产比率=有形资产总额/总资产
	Roa	资产利润率=净利润/总资产
	Age	公司年龄=（公司成立年份+1）的对数
	Cashflow	经营现金流=经营活动的现金流净额/总资产
	Grow	企业成长性=企业销售增长额/总资产
	NDTs	非债务税盾=固定资产折旧/总资产

二、数据来源与相关变量的描述性统计

（一）数据来源

本章实证仍然选择中国沪深两市的 *A* 股上市公司年度财务数据作为研究样本，数据来自国泰安 CSMAR 数据库，由于计算非债务税盾所需的固定资产折旧等只有年度数据，并且是从 2003 年开始的，因此样本区间选择为 2003—2012 年，我们仍然删除了金融类上市公司、ST、*ST 公司、资不抵债的公司和在统计逻辑上明显错误的样本以及相关年份资产、负债等关键变量缺失的样本。本章也对主要连续变量进行了 *winsorize* 处理。

（二）相关变量的描述性统计

表 5-2 是模型相关变量的描述性统计，从表中可以看到，上市公司债务结构 *Lev* 的均值为 0.5094，中位数为 0.5283，说明上市公司负债平均占总资产的 50%，但不同上市公司的差距比较大，*Lev* 的最小值为 0.0124，表明有的

上市公司负债总额只占总资产的1%，而最大值为0.9969，表明有上市公司的资产几乎全部由负债构成。

表 5-2　主要变量的描述性统计

变量	平均值	中位数	最小值	最大值	标准差	样本数
Lev	0.5094	0.5283	0.0124	0.9969	0.1891	4171
Size	21.5057	21.4582	15.3764	26.4873	1.1895	4171
Col	0.9517	0.9725	0.7038	1	0.0612	4171
Roa	0.0269	0.0267	-0.1848	0.1608	0.0585	4171
Cashflow	0.0459	0.0464	-2.5224	0.9014	0.0989	4171
NDTs	0.0131	0.0141	-0.9486	0.7467	0.0435	4171
Grow	0.3968	0.1163	-0.8902	5.4838	1.0743	4171
Age	2.5458	2.564949	1.3863	3.4012	0.3294	4171

第二节　货币政策对上市公司债务结构调整速度的影响

由于模型（5.4）等式右边包含被解释变量的滞后项，因此属于动态面板模型，我们采用系统广义矩（GMM）估计方法（Arellano & Bover，1995）进行实证检验，该方法由于利用了更多的样本信息，在一般情况下比仅使用差分方程作为工具变量进行估计更有效，但这种有效性是以新增工具变量有效作为前提的，因此我们需要使用 Sargan 检验来检验新增工具变量的有效性。该检验的原假设是新增工具是有效的。此外，系统 GMM 的一致性是以回归系统中差分的残差项不存在二阶序列自相关为基础的，因此我们需要对实证模型进行 AR（1）和 AR（2）检验，其原假设是差分的残差项不存在二阶序列自相关，因此原假设允许差分的残差项存在一阶序列自相关。

一、货币政策对上市公司债务结构调整速度的影响：整体样本回归

表 5-3 至表 5-7 是货币政策对公司债务结构动态调整速度影响的实证结果。其中，表 5-3 中，我们首先按照存款准备金率和贷款基准利率的平均值将货币

政策划分为紧缩与扩张两种不同的状况，讨论货币政策松紧程度不同的情况下，上市公司债务结构的调整速度问题。表 5-4 至表 5-7 则按照公司的负债水平和实际控制人性质分组讨论不同子样本中货币政策对债务结构调整速度的影响问题。在所有的方程估计结果中，AR（2）的 p 值表明差分后的残差只存在一阶序列相关，而不存在二阶序列相关，因此可以断定原模型的误差项无序列相关，说明工具变量有效，符合系统 GMM 估计方法的假设，因此，我们采用系统 GMM 估计对实证方程进行估计是比较合适的。Sargan 检验的 p 统计值表明，我们无法拒绝原假设，因此新增工具变量具有有效性，从而系统估计方法是有效的。模型整体显著性检验的 Wald 检验 p 值表明模型整体非常显著。

在表 5-3 存款准备金率的影响中，当存款准备金率处于较高阶段时，按照系统 GMM 方法估计的公司债务结构 *Lev* 的系数为 0.7340，并且显著为正，则这一阶段上市公司债务结构的调整速度为 1-0.7340=0.2660，而在存款准备金率较低的阶段，公司债务结构 *Lev* 的系数为 0.7534，并且显著为正，则这一阶段上市公司债务结构的调整速度为 1-0.7534=0.2466。由这一结果我们可以得到初步的结论，上市公司在存款准备金较高的时期，其债务结构的动态调整速度较快。

为了进一步考察存款准备金率对公司债务结构动态调整速度的影响，我们对部分调整模型进行回归分析，债务结构的调整速度为 $\delta'=\delta-\eta\times Ratio$，其中 η 为存款准备金率和债务结构交乘项 $Ratio\times Lev$ 的回归系数，从表 5-3 第（3）列中可以看出，系统 GMM 估计的交乘项 $Ratio\times Lev$ 系数在 1%的水平下显著为负，这也说明存款准备金率越高，债务结构的调整速度越快，同时也表明表 5-3 中第（1）列和第（2）列 *Lev* 系数之间的差异是显著的。

在表 5-3 贷款基准利率的影响中，当贷款基准利率处于较高阶段时，按照系统 GMM 方法估计的公司债务结构 *Lev* 的系数为 0.7131，并且显著为正，则这一阶段上市公司债务结构的调整速度为 1-0.7131=0.2869，而在贷款基准利率较低的阶段，公司债务结构 *Lev* 的系数为 0.7925，并且显著为正，则这一阶段上市公司债务结构的调整速度为 1-0.7925=0.2075。由这一结果我们仍然可以认为，上市公司在贷款基准利率较高的时期，其债务结构的动态调整速度较快。

我们也对部分调整模型（5.3）进行了回归分析，从表 5-3 第（6）列可以看出，系统 GMM 估计的贷款基准利率和债务结构交乘项 *Interest×Lev* 回归系数在1%的水平下显著为负。这说明贷款利率越高，债务结构的调整速度越快，同时也表明表 5-3 中第（4）列和第（5）列 *Lev* 系数之间的差异是显著的。

表 5-3　货币政策对上市公司债务结构调整速度的影响

变量	(1) 紧缩	(2) 扩张	(3) 整体	(4) 紧缩	(5) 扩张	(6) 整体
Lev	0.7340*** (30.6643)	0.7534*** (20.2066)	0.6068*** (21.9537)	0.7131*** (15.2813)	0.7925*** (37.6714)	0.7769*** (14.9475)
Ratio			0.0061*** (4.7079)			
Ratio×Lev			-0.0206*** (-9.6275)			
Interest						0.0220*** (4.6745)
Interest×Lev						-0.0561*** (-6.4306)
Age	0.0142* (1.6923)	0.0146 (1.5777)	0.0707*** (7.6389)	0.0313** (2.3797)	-0.0042 (-0.7629)	0.0337*** (4.8008)
Size	0.0242*** (7.1482)	0.0285*** (5.1304)	0.0599*** (15.4788)	0.0207*** (3.5241)	0.0160*** (6.1010)	0.0334*** (10.8345)
Col	0.0620 (0.9645)	0.2021** (2.3485)	0.1847*** (3.2533)	0.2447** (2.0140)	0.1524*** (2.6890)	0.2277*** (4.1498)
Roa	-0.4218*** (-4.8701)	-0.9318*** (-10.1296)	-1.2798*** (-23.0348)	-0.3499*** (-2.7046)	-0.6813*** (-9.7502)	-1.3062*** (-22.6813)
Cashflow	-0.0043 (-0.0844)	-0.0312 (-0.4133)	-0.0612 (-1.6306)	0.1145 (1.0900)	-0.0522 (-1.1446)	-0.1632*** (-3.8751)
NDTs	-0.4061** (-2.1841)	0.1298 (0.8203)	0.7179*** (7.0303)	0.0225 (0.0744)	-0.0887 (-0.6498)	1.3548*** (10.2287)
Grow	0.0045 (1.2609)	0.0157* (1.8923)	0.0164*** (4.5536)	0.0048 (0.5291)	0.0035 (1.1021)	0.0188*** (5.0127)
Constant	-0.4672*** (-5.0606)	-0.6850*** (-4.9785)	-1.3718*** (-13.6567)	-0.6075*** (-3.8601)	-0.3411*** (-4.1635)	-0.8477*** (-10.3360)
Sargan	0.3006	0.1881	0.1726	0.7643	0.2840	0.1235
AR（1）	0.0000	0.0000	0.0000	0.0000	0.0000	0.0000

续表

变量	(1) 紧缩	(2) 扩张	(3) 整体	(4) 紧缩	(5) 扩张	(6) 整体
AR（2）	0.4170	0.5902	0.7918	0.3751	0.6633	0.9132
Wald	0.0000	0.0000	0.0000	0.0000	0.0000	0.0000
N	1649	1858	3507	1247	1320	3507

注：*、**和***分别表示在10%、5%和1%的水平下显著，括号中的数字为*t*值。

二、货币政策对上市公司债务结构调整速度的影响：子样本的差异

（一）负债水平的差异

表5-4是按照上市公司的负债水平区分不同子样本，得到存款准备金率对上市公司债务结构调整速度影响的回归结果，其中，无论是过度负债子样本还是负债不足的子样本，货币紧缩期 *Lev* 的系数均小于货币扩张期的系数，存款准备金率和债务结构的交乘项 *Ratio*×*Lev* 的估计系数也均在1%的水平下显著为负，这与整体样本存款准备金率的提高能够加快公司债务结构调整速度的结论是一致的，也说明存款准备金率的变动对不同负债水平公司的效应基本一致。但货币紧缩期负债过度子样本的系数绝对值小于负债不足子样本，同时我们发现，过度负债子样本的交乘项 *Ratio*×*Lev* 系数绝对值要大于负债不足的子样本，说明货币紧缩期负债过度的上市公司债务结构的调整速度快于负债不足的上市公司，也说明存款准备金率对债务结构调整的效应，过度负债公司要大于负债不足的公司。

表5-4　存款准备金率对上市公司债务结构调整速度的影响：不同债务水平

变量	负债过度			负债不足		
	(1) 紧缩	(2) 扩张	(3) 整体	(4) 紧缩	(5) 扩张	(6) 整体
Lev	0.5502*** (18.4604)	0.7432*** (19.7422)	0.8855*** (27.3306)	0.5779*** (20.1569)	0.7431*** (16.3432)	0.8231*** (22.9120)
Ratio			0.0330*** (17.3185)			0.0131*** (9.9815)
Ratio×*Lev*			-0.0531*** (-18.4803)			-0.0429*** (-15.7443)

续表

变量	负债过度			负债不足		
	(1) 紧缩	(2) 扩张	(3) 整体	(4) 紧缩	(5) 扩张	(6) 整体
Size	0.0349*** (11.3896)	0.0290*** (5.5305)	0.0561*** (20.7497)	0.0357*** (10.0304)	0.0245*** (4.6387)	0.0625*** (24.0024)
Col	-0.0609 (-1.3482)	-0.0433 (-0.5692)	0.0175 (0.4111)	0.1132* (1.6702)	0.0057 (0.0705)	0.0207 (0.5828)
Roa	-0.6276*** (-8.6180)	-0.7111*** (-11.6780)	-0.9661*** (-26.8831)	-0.0622 (-0.6699)	-0.6480*** (-6.6034)	-0.6920*** (-11.8935)
Age	0.0202** (2.4613)	0.0093 (1.2770)	0.0429*** (6.6126)	-0.0055 (-0.5020)	-0.0189 (-1.5194)	0.0276*** (2.9093)
Cashflow	0.0391 (1.2457)	-0.1120** (-2.1146)	0.0412** (2.3633)	-0.1466*** (-3.4099)	0.1466* (1.7248)	-0.0059 (-0.2450)
NDTs	-0.2573* (-1.8387)	-0.1008 (-0.8721)	0.0768 (1.5481)	0.2814* (1.9140)	0.8180*** (4.2544)	1.3705*** (14.5554)
Grow	0.0092*** (3.2147)	-0.0008 (-0.1361)	0.0071*** (3.8616)	-0.0050 (-1.4219)	-0.0019 (-0.1941)	-0.0057** (-2.4430)
Constant	-0.4428*** (-6.1878)	-0.4090*** (-3.2401)	-1.2309*** (-17.1357)	-0.7071*** (-6.4661)	-0.3871*** (-3.2324)	-1.3315*** (-21.3030)
Sargan	0.5028	0.2331	0.1783	0.1740	0.2391	0.3913
AR（1）	0.0000	0.0000	0.0000	0.0000	0.0000	0.0000
AR（2）	0.2274	0.7660	0.6557	0.8737	0.9265	0.9216
Wald	0.0000	0.0000	0.0000	0.0000	0.0000	0.0000
N	820	1023	1843	829	835	1664

注：*、**和***分别表示在10%、5%和1%的水平下显著，括号中的数字为 *t* 值。

表5-5是贷款基准利率的结果，与存款准备金率比较类似。其中，各子样本在货币紧缩期 *Lev* 的系数均小于货币扩张期的系数，贷款基准利率和债务结构的交乘项 *Interest*×*Lev* 的估计系数也均在1%的水平下显著为负。但货币紧缩期负债过度子样本 *Lev* 的系数绝对值小于负债不足子样本，同时我们发现，过度负债子样本的交乘项 *Interest*×*Lev* 系数绝对值要大于负债不足的子样本，都说明货币紧缩期负债过度的上市公司债务结构的调整速度快于负债不足的上市公司，也说明贷款基准利率对债务结构调整的效应，过度负债公司要大于负债不足的公司。

表 5-5　贷款基准利率对上市公司债务结构调整速度的影响：不同债务水平

变量	负债过度			负债不足		
	(1) 紧缩	(2) 扩张	(3) 整体	(4) 紧缩	(5) 扩张	(6) 整体
Lev	0.5087*** (13.1958)	0.6428*** (10.1015)	0.7904*** (10.4085)	0.5868*** (10.3715)	0.6818*** (14.0946)	0.8076*** (11.2569)
Interest			0.0467*** (5.6546)			0.0241*** (5.2327)
Interest×Lev			-0.0799*** (-6.1252)			-0.0767*** (-6.3567)
Size	0.0352*** (8.6995)	0.0332*** (6.4081)	0.0504*** (20.9406)	0.0226*** (3.3595)	0.0264*** (5.1062)	0.0417*** (17.3307)
Col	-0.2549*** (-2.6557)	0.0055 (0.0849)	-0.0339 (-1.0044)	0.0535 (0.3608)	0.1634** (2.2686)	0.0463 (1.2588)
Roa	-0.3890*** (-3.6335)	-0.6700*** (-6.2375)	-1.0989*** (-27.9430)	-0.2552 (-1.2931)	-0.3315*** (-2.5773)	-0.5710*** (-10.2238)
Age	0.0230*** (2.8898)	-0.0090 (-1.0312)	0.0309*** (6.2175)	0.0016 (0.1073)	-0.0108 (-1.1364)	0.0068 (0.9710)
Cashflow	0.0080 (0.1563)	-0.0245 (-0.5834)	-0.0284 (-1.3662)	-0.2092** (-2.4692)	-0.0106 (-0.1548)	-0.0482* (-1.7510)
NDTs	-0.7301*** (-3.0155)	-0.1711 (-0.8484)	0.3168*** (5.8385)	1.6915*** (2.9348)	0.5831*** (4.0915)	1.7220*** (15.9233)
Grow	0.0124*** (2.7697)	0.0023 (0.4749)	0.0176*** (8.2068)	-0.0082 (-1.5703)	0.0028 (0.5519)	-0.0086*** (-3.5327)
Constant	-0.2465** (-2.3580)	-0.4382*** (-4.2385)	-0.9573*** (-13.6806)	-0.3951 (-1.6292)	-0.5796*** (-5.7627)	-0.8634*** (-12.5797)
Sargan	0.4180	0.2196	0.2764	0.1918	0.1391	0.4003
AR（1）	0.0002	0.0000	0.0000	0.0000	0.0002	0.0000
AR（2）	0.2251	0.5162	0.7249	0.2538	0.1526	0.8718
Wald	0.0000	0.0000	0.0000	0.0000	0.0000	0.0000
N	638	676	1843	609	644	1664

注：*、**和***分别表示在10%、5%和1%的水平下显著，括号中的数字为 *t* 值。

（二）产权性质的差异

表 5-6 是按照上市公司的产权性质区分不同子样本，得到的存款准备金率对上市公司债务结构调整速度影响的回归结果，其中，无论是非国有子样

本还是国有上市公司的子样本，货币紧缩期 *Lev* 的系数均小于货币扩张期的系数，存款准备金率和债务结构的交乘项 *Ratio*×*Lev* 的估计系数也均在 1%的水平下显著为负，这与整体样本存款准备金率的提高能够加快公司债务结构调整速度的结论是一致的，也说明存款准备金率的变动对不同产权性质上市公司的效应基本一致。但同时我们发现，货币紧缩期非国有子样本 *Lev* 的系数绝对值小于国有子样本，而且非国有子样本的交乘项 *Ratio*×*Lev* 系数的绝对值要大于国有子样本，说明货币紧缩期非国有上市公司债务结构的调整速度快于国有上市公司，也说明存款准备金率对债务结构调整的效应在非国有上市公司中更加明显。

表 5-6　存款准备金率对上市公司债务结构调整速度的影响：不同产权性质

变量	非国有			国有		
	(1) 紧缩	(2) 扩张	(3) 整体	(4) 紧缩	(5) 扩张	(6) 整体
Lev	0.6644*** (30.6338)	0.7484*** (18.3659)	0.7307*** (44.6182)	0.7322*** (31.3722)	0.7894*** (21.0470)	0.5475*** (22.5086)
Ratio			0.0080*** (12.2777)			0.0054*** (4.6512)
Ratio×*Lev*			-0.0233*** (-21.0125)			-0.0204*** (-11.0214)
Size	0.0385*** (10.9764)	0.0301*** (3.5726)	0.0591*** (37.0005)	0.0200*** (6.4505)	0.0304*** (6.0207)	0.0634*** (21.5190)
Col	-0.1212*** (-2.9186)	0.0134 (0.1392)	-0.1277*** (-8.1231)	0.1103* (1.6865)	0.2758*** (3.3020)	0.2875*** (6.0157)
Roa	-0.3530*** (-5.5297)	-0.9278*** (-11.3065)	-1.0385*** (-42.0562)	-0.5990*** (-7.3397)	-0.9267*** (-9.4553)	-1.2607*** (-24.6601)
Age	-0.0123 (-1.3409)	0.0171* (1.7465)	0.0266*** (5.1149)	0.0334*** (3.5729)	-0.0009 (-0.0932)	0.0936*** (9.4652)
Cashflow	-0.0026 (-0.1014)	-0.0431 (-0.7235)	-0.0202** (-2.2189)	-0.0216 (-0.4462)	0.1451** (2.0649)	0.0346 (1.0925)
NDTs	-0.0329 (-0.3690)	0.4106*** (3.3834)	0.4404*** (12.9660)	-0.0977 (-0.4516)	-0.4327*** (-3.2983)	0.3192*** (3.9629)
Grow	0.0080*** (3.5380)	0.0145** (1.9609)	0.0094*** (10.3129)	0.0016 (0.3750)	0.0155*** (2.6138)	0.0170*** (5.9364)
Constant	-0.4932*** (-6.1780)	-0.5399*** (-3.4993)	-0.9942*** (-32.2132)	-0.4639*** (-5.0237)	-0.7806*** (-6.4273)	-1.5743*** (-18.9614)

续表

变量	非国有			国有		
	(1) 紧缩	(2) 扩张	(3) 整体	(4) 紧缩	(5) 扩张	(6) 整体
Sargan	0.6255	0.2551	0.2820	0.2112	0.1397	0.5115
AR（1）	0.0000	0.0000	0.0000	0.0000	0.0001	0.0000
AR（2）	0.1179	0.7720	0.4715	0.6053	0.7559	0.3207
Wald	0.0000	0.0000	0.0000	0.0000	0.0000	0.0000
N	608	652	1260	1041	1206	2247

注：*、**和***分别表示在10%、5%和1%的水平下显著，括号中的数字为 *t* 值。

贷款基准利率的结果与存款准备金率比较类似。表5-7是按照上市公司的产权性质区分不同子样本，得到的贷款基准利率对上市公司债务结构调整速度影响的回归结果，在表5-7中，无论是非国有上市公司还是国有上市公司，各子样本在货币紧缩期 *Lev* 的系数均小于货币扩张期的系数，贷款基准利率和债务结构的交乘项 *Interest×Lev* 的估计系数也均在1%的水平下显著为负，这仍然与整体样本回归中贷款基准利率的提高能够加快公司债务结构调整速度的结论是一致的，也说明贷款基准利率的变动对不同产权性质上市公司的效应基本一致；但货币紧缩期非国有子样本的 *Lev* 系数绝对值小于国有子样本，同时我们发现，非国有子样本的交乘项 *Interest×Lev* 系数绝对值大于国有子样本，说明货币紧缩期非国有上市公司债务结构的调整速度快于国有上市公司，也说明贷款基准利率对债务结构调整的效应，非国有上市公司要大于国有上市公司。

表5-7　贷款基准利率对上市公司债务结构调整速度的影响：不同产权性质

变量	非国有			国有		
	(1) 紧缩	(2) 扩张	(3) 整体	(4) 紧缩	(5) 扩张	(6) 整体
Lev	0.6961*** (17.0276)	0.7195*** (25.0639)	0.7994*** (48.9030)	0.7340*** (16.3056)	0.8145*** (21.2205)	0.5697*** (16.3099)
Interest			0.0234*** (13.0831)			0.0145*** (4.7825)
Interest×Lev			-0.0564*** (-19.3923)			-0.0354*** (-6.6765)

续表

变量	非国有			国有		
	(1) 紧缩	(2) 扩张	(3) 整体	(4) 紧缩	(5) 扩张	(6) 整体
Size	0.0443*** (5.8028)	0.0274*** (4.9819)	0.0438*** (24.6097)	0.0241*** (5.7101)	0.0048 (0.8298)	0.0359*** (13.0915)
Col	-0.1563** (-1.9999)	0.3404*** (3.5091)	0.0701*** (5.8225)	0.2934*** (3.4264)	-0.0576 (-0.4323)	0.2750*** (6.1083)
Roa	-1.0320*** (-6.9648)	-0.6376*** (-6.2332)	-1.2199*** (-59.2016)	-0.8158*** (-7.1876)	-0.5702*** (-3.6014)	-1.1981*** (-23.9907)
Age	-0.0021 (-0.1729)	-0.0042 (-0.3534)	-0.0060 (-1.3431)	0.0377*** (3.6193)	-0.0050 (-0.4180)	0.0564*** (8.0512)
Cashflow	-0.0256 (-0.5352)	0.0912 (1.3400)	0.0068 (0.6479)	0.0233 (0.3299)	-0.0529 (-0.5889)	-0.0199 (-0.5939)
NDTs	-0.3747 (-1.6312)	0.2887* (1.8659)	0.6305*** (19.9858)	0.4644 (1.6421)	-0.0976 (0.2301)	0.6690*** (6.8402)
Grow	0.0089** (2.0193)	0.0087* (1.8902)	0.0085*** (11.5140)	0.0158** (2.5232)	-0.0099 (-1.1302)	0.0250*** (8.4421)
Constant	-0.5969*** (-3.2106)	-0.7417*** (-5.5160)	-0.8176*** (-24.2638)	-0.7491*** (-6.3704)	0.0985 (0.5493)	-0.9240*** (-12.8856)
Sargan	0.7290	0.1585	0.3927	0.2287	0.1826	0.6319
AR (1)	0.0004	0.0000	0.0000	0.0000	0.0000	0.0000
AR (2)	0.2731	0.4608	0.1975	0.5512	0.1763	0.4012
Wald	0.0000	0.0000	0.0000	0.0000	0.0000	0.0000
N	446	489	1260	801	831	2247

注：*、**和***分别表示在10%、5%和1%的水平下显著，括号中的数字为 *t* 值。

第三节 货币政策对上市公司债务结构偏离程度的影响

我们以实际债务结构偏离最优债务结构的绝对值作为被解释变量，对模型（5.5）进行回归分析，以检验货币政策对债务结构偏离程度的影响，具体结果如表5-8至表5-12所示。在估计方法上，面板数据模型的 *Hausman* 检验拒绝了公司随机效应假设，*F* 统计量检验拒绝混合效应假设，所以我们以固定效应模型对模型（5.5）进行回归分析。

一、货币政策与公司债务结构的偏离程度：整体样本的回归

表5-8是货币政策变量对公司债务结构偏离程度影响的整体样本实证检验结果，从表5-8的回归结果看，模型（5.5）的回归系数在3种不同估计方法（RE ML、RE GLS和FE）得到的最优债务结构下只有细微的差异，回归系数的大小和显著性水平则比较一致，因此本章得到的货币政策与债务结构偏离程度之间的关系是非常稳健的。从实证结果可以看出，在整体样本的回归中，存款准备金率 *Ratio* 系数显著为正，说明就整体样本来说，存款准备金率越高，货币政策越趋于紧缩，公司债务结构的偏离程度越大。对于贷款基准利率的影响，从表中可以看出与存款准备金率的影响基本一致，在整体样本的回归中，贷款基准利率 *Interest* 系数显著为正，说明就整体样本来说，贷款基准利率越高，货币政策越趋于紧缩，公司债务结构的偏离程度越大。

表5-8　货币政策对公司债务结构偏离程度的影响

变量	(1) *Dis-M*	(2) *Dis-R*	(3) *Dis-F*	(4) *Dis-M*	(5) *Dis-R*	(6) *Dis-F*
Ratio	0.0050*** (3.6084)	0.0078*** (5.7437)	0.0045*** (3.2571)			
Interest				0.0167*** (3.3774)	0.0275*** (5.6231)	0.0147*** (2.9766)
Size	-0.0254*** (-8.2439)	-0.0218*** (-7.1571)	-0.0244*** (-7.9073)	-0.0258*** (-8.3596)	-0.0222*** (-7.2854)	-0.0240*** (-7.7949)
Col	-0.0601* (-1.8686)	-0.0831*** (-2.6182)	-0.0636** (-1.9809)	-0.0639** (-1.9887)	-0.0874*** (-2.7539)	-0.0598* (-1.8622)
Roa	-0.0651** (-2.3848)	-0.0441 (-1.6371)	-0.0654** (-2.3934)	-0.0651** (-2.3842)	-0.0447* (-1.6563)	-0.0654** (-2.3939)
Cashflow	0.0058 (0.3699)	0.0149 (0.9559)	0.0056 (0.3540)	0.0053 (0.3371)	0.0140 (0.8981)	0.0061 (0.3857)
NDTs	-0.0389 (-1.0995)	-0.0401 (-1.1460)	-0.0428 (-1.2090)	-0.0403 (-1.1383)	-0.0411 (-1.1746)	-0.0414 (-1.1702)
Grow	-0.0017 (-1.2858)	-0.0016 (-1.2241)	-0.0019 (-1.4077)	-0.0016 (-1.2195)	-0.0015 (-1.1468)	-0.0020 (-1.4717)

续表

变量	(1) Dis-M	(2) Dis-R	(3) Dis-F	(4) Dis-M	(5) Dis-R	(6) Dis-F
Age	-0.0574** (-2.0587)	-0.1270*** (-4.6109)	-0.0521* (-1.8670)	-0.0599** (-2.1487)	-0.1293*** (-4.6911)	-0.0496* (-1.7786)
Constant	0.8222*** (9.1915)	0.9024*** (10.2138)	0.7967*** (8.9261)	0.7852*** (9.6183)	0.8290*** (10.2775)	0.7336*** (8.9677)
N	3499	3499	3507	3507	3507	3499
Adjusted R^2	0.034	0.035	0.031	0.034	0.035	0.031

注：*、**和***分别表示在10%、5%和1%的水平下显著，括号中的数字为 *t* 值。

二、货币政策与公司债务结构的偏离程度：子样本的差异

（一）负债水平的差异

在从整体上检验了货币政策对债务结构偏离程度的影响之后，我们进一步分析不同负债水平下，货币政策对债务结构偏离程度的影响，表5-9和表5-10分别是存款准备金率和贷款基准利率的回归结果。在表5-9中，各个子样本的回归结果中，存款准备金率 *Ratio* 的回归系数也都为正，但其显著性有所不同。其中，在过度负债的子样本中，第（1）列和第（3）列存款准备金率 *Ratio* 与公司债务结构的偏离程度是弱的正相关关系（*t* 值分别为1.4356和1.3210），说明存款准备金率越高，那些高于最优债务结构的上市公司，其实际债务结构的偏离程度会增大，但这种效应在统计意义上并不显著；相反，在负债不足的子样本中，对应的第（4）列和第（6）列存款准备金率 *Ratio* 前的系数显著为正，说明存款准备金率越高，那些低于最优债务结构的上市公司，其实际债务结构的偏离程度会显著增大；而在第（2）列中，*Ratio* 前的系数虽然显著为正，但其绝对值小于第（5）列中 *Ratio* 的估计系数，这都说明存款准备金率对上市公司债务结构偏离程度的影响对负债不足样本更显著。

表 5-9　存款准备金率对公司债务结构偏离程度的影响：不同负债水平

变量	负债过度			负债不足		
	(1) *Dis-M*	(2) *Dis-R*	(3) *Dis-F*	(4) *Dis-M*	(5) *Dis-R*	(6) *Dis-F*
Ratio	0.0027 (1.4536)	0.0071*** (3.7302)	0.0025 (1.3210)	0.0101*** (4.5702)	0.0084*** (3.6735)	0.0098*** (4.3717)
Size	-0.0145*** (-3.2319)	-0.0212*** (-4.7567)	-0.0160*** (-3.5085)	-0.0416*** (-7.9143)	-0.0260*** (-4.8844)	-0.0354*** (-6.5570)
Col	-0.1009** (-2.4145)	-0.1223*** (-2.9755)	-0.1076** (-2.5611)	-0.0415 (-0.8174)	0.0532 (0.9537)	-0.0492 (-0.9610)
Roa	0.1072*** (2.9217)	0.0522 (1.3891)	0.0712* (1.9458)	-0.2308*** (-5.4039)	-0.1459*** (-3.3576)	-0.1871*** (-4.3200)
Cashflow	0.0362* (1.7926)	0.0532*** (2.6244)	0.0279 (1.3726)	-0.0030 (-0.1255)	-0.0187 (-0.7470)	0.0020 (0.0805)
NDTs	-0.0050 (-0.1047)	-0.0060 (-0.1254)	-0.0323 (-0.6649)	-0.0463 (-0.9348)	-0.0956* (-1.8748)	-0.0297 (-0.5963)
Grow	-0.0014 (-0.8339)	-0.0015 (-0.8788)	-0.0004 (-0.2071)	0.0030 (1.4052)	0.0038* (1.7552)	0.0017 (0.7742)
Age	-0.0388 (-0.9789)	-0.1027*** (-2.6612)	-0.0251 (-0.6196)	-0.1539*** (-3.5759)	-0.1572*** (-3.4154)	-0.1610*** (-3.7300)
Constant	0.5897*** (4.6072)	0.8663*** (7.0285)	0.5997*** (4.6110)	1.3566*** (9.4173)	0.9490*** (6.1869)	1.2482*** (8.4812)
N	1829	1806	1843	1670	1693	1664
Adjusted R^2	0.036	0.050	0.032	0.091	0.044	0.069

注：*、**和***分别表示在10%、5%和1%的水平下显著，括号中的数字为 *t* 值。

贷款基准利率的回归结果与存款准备金率比较一致。各个子样本的回归结果中，贷款基准利率 *Interest* 的回归系数也都为正，但其显著性有所不同。在过度负债的子样本中，第（1）列和第（3）列贷款基准利率 *Interest* 与公司债务结构的偏离程度也是弱的正相关关系（*t* 值分别为 1.3988 和 1.2723），说明贷款基准利率越高，那些高于最优债务结构的上市公司，其实际债务结构的偏离程度会增大，但这种效应在统计意义上并不显著；相反，在负债不足的子样本中，对应的第（4）列和第（6）列贷款基准利率 *Interest* 的系数显著为正，说明贷款基准利率越高，那些低于最优债务结构的上市公司，其实际债务结构的偏离程度会显著增大；而在第（2）列中，*Interest* 前的系数虽然显著为正，但其绝对值小于第（5）列中 *Interest* 的估计系数，这也表明贷款基准利率对上市公司债务结构偏离程度的影响对负债不足样本更明显。

表 5-10　贷款基准利率对公司债务结构偏离程度的影响：不同负债水平

变量	负债过度			负债不足		
	(1) *Dis-M*	(2) *Dis-R*	(3) *Dis-F*	(4) *Dis-M*	(5) *Dis-R*	(6) *Dis-F*
Interest	0. 0093 (1. 3988)	0. 0211*** (3. 0816)	0. 0085 (1. 2723)	0. 0323*** (4. 0653)	0. 0288*** (3. 5669)	0. 0303*** (3. 7404)
Size	-0. 0150*** (-3. 3416)	-0. 0222*** (-4. 9792)	-0. 0155*** (-3. 3991)	-0. 0417*** (-7. 9308)	-0. 0260*** (-4. 8844)	-0. 0354*** (-6. 5404)
Col	-0. 1069** (-2. 5575)	-0. 1311*** (-3. 1864)	-0. 1017** (-2. 4210)	-0. 0415 (-0. 8184)	0. 0532 (0. 9537)	-0. 0492 (-0. 9598)
Roa	0. 1071*** (2. 9130)	0. 0518 (1. 3730)	0. 0713* (1. 9520)	-0. 2304*** (-5. 4019)	-0. 1459*** (-3. 3576)	-0. 1877*** (-4. 3258)
Cashflow	0. 0350* (1. 7264)	0. 0513** (2. 5252)	0. 0292 (1. 4383)	-0. 0025 (-0. 1027)	-0. 0187 (-0. 7470)	0. 0014 (0. 0563)
NDTs	-0. 0064 (-0. 1343)	-0. 0079 (-0. 1642)	-0. 0310 (-0. 6377)	-0. 0467 (-0. 9440)	-0. 0956* (-1. 8748)	-0. 0291 (-0. 5851)
Grow	-0. 0013 (-0. 7736)	-0. 0013 (-0. 7534)	-0. 0005 (-0. 2651)	0. 0030 (1. 4150)	0. 0038* (1. 7552)	0. 0016 (0. 7627)
Age	-0. 0425 (-1. 0717)	-0. 1075*** (-2. 7753)	-0. 0213 (-0. 5253)	-0. 1548*** (-3. 5986)	-0. 1572*** (-3. 4154)	-0. 1602*** (-3. 7070)
Constant	0. 5850*** (4. 9958)	0. 8457*** (7. 4789)	0. 5465*** (4. 5716)	1. 2583*** (9. 5519)	0. 8546*** (6. 1081)	1. 1531*** (8. 5691)
N	1832	1813	1840	1675	1694	1659
Adjusted R^2	0. 036	0. 051	0. 032	0. 090	0. 044	0. 070

注：*、**和***分别表示在 10%、5%和 1%的水平下显著，括号中的数字为 *t* 值。

（二）产权性质的差异

我们还将样本按照企业的产权性质分为国有上市公司与非国有上市公司，重新进行了以上回归分析，以考察货币政策与债务结构偏离程度之间的关系在不同性质企业中是否有所不同。实证结果详见表 5-11 和表 5-12。在各个子样本的回归结果中，存款准备金率 *Ratio* 的回归系数也都为正，但其显著性有所不同。其中，在国有子样本中，第（4）列和第（6）列存款准备金率

Ratio 与公司债务结构的偏离程度是弱的正相关关系（*t* 值分别为 0.9638 和 1.0725），说明存款准备金率越高，国有上市公司实际债务结构的偏离程度变动不显著；相反，在非国有子样本中，对应的第（1）列和第（3）列存款准备金率 *Ratio* 前的系数显著为正，说明存款准备金率越高，非国有上市公司实际债务结构的偏离程度会显著增大；而在第（5）列中，*Ratio* 前的系数虽然也显著为正，但其绝对值小于第（2）列中 *Ratio* 的估计系数。

表 5-11　存款准备金率对公司债务结构偏离程度的影响：不同产权性质

变量	非国有			国有		
	(1) *Dis-M*	(2) *Dis-R*	(3) *Dis-F*	(4) *Dis-M*	(5) *Dis-R*	(6) *Dis-F*
Ratio	0.0096*** (3.7409)	0.0130*** (5.0219)	0.0085*** (3.3179)	0.0016 (0.9638)	0.0034** (2.1095)	0.0018 (1.0725)
Size	-0.0162*** (-3.2023)	-0.0170*** (-3.3299)	-0.0154*** (-3.0622)	-0.0339*** (-8.5713)	-0.0257*** (-6.6816)	-0.0333*** (-8.3671)
Col	-0.0563 (-1.0505)	-0.1240** (-2.2957)	-0.0785 (-1.4749)	-0.0524 (-1.2961)	-0.0461 (-1.1712)	-0.0375 (-0.9232)
Roa	-0.0855* (-1.9280)	-0.0634 (-1.4205)	-0.0906** (-2.0523)	-0.0377 (-1.0702)	-0.0241 (-0.7032)	-0.0317 (-0.8962)
Cashflow	-0.0216 (-0.8345)	0.0035 (0.1348)	-0.0239 (-0.9285)	0.0323 (1.6105)	0.0262 (1.3419)	0.0326 (1.6214)
NDTs	-0.0235 (-0.4241)	-0.0353 (-0.6315)	-0.0402 (-0.7272)	-0.0549 (-1.1587)	-0.0399 (-0.8662)	-0.0444 (-0.9321)
Grow	-0.0029 (-1.4036)	-0.0023 (-1.0954)	-0.0030 (-1.4448)	-0.0000 (-0.0013)	-0.0005 (-0.2537)	-0.0000 (-0.0263)
Age	-0.1547*** (-2.7454)	-0.2265*** (-3.9894)	-0.1379** (-2.4652)	0.0138 (0.4286)	-0.0432 (-1.3752)	0.0080 (0.2485)
Constant	0.8238*** (4.7924)	1.0490*** (6.0586)	0.7978*** (4.7034)	0.8635*** (8.0490)	0.7912*** (7.5818)	0.8481*** (7.8764)
N	1260	1260	1260	2247	2247	2247
Adjusted R^2	0.040	0.053	0.037	0.049	0.033	0.046

注：*、**和***分别表示在 10%、5%和 1%的水平下显著，括号中的数字为 *t* 值。

贷款基准利率的回归结果与存款准备金率比较一致。各个子样本的回归结果中，贷款基准利率 *Interest* 的回归系数也都为正，但其显著性有所不同。在国有子样本中，第（4）列和第（6）列贷款基准利率 *Interest* 与公司债务结构的偏离程度也是弱的正相关关系（t 值分别为 0.8537 和 0.9394），说明贷款基准利率越高，国有上市公司实际债务结构的偏离程度变动不显著；相反，在非国有子样本中，对应的第（1）列和第（3）列贷款基准利率 *Interest* 前的系数显著为正，说明贷款基准利率越高，非上市公司实际债务结构的偏离程度会显著增大；而在第（5）列中，*Interest* 前的系数虽然显著为正，但其绝对值小于第（2）列中 *Interest* 的估计系数。这些都说明货币政策紧缩对非国有上市公司债务结构的偏离程度影响更大。

表 5-12 贷款基准利率对公司债务结构偏离程度的影响：不同产权性质

变量	非国有			国有		
	(1) *Dis-M*	(2) *Dis-R*	(3) *Dis-F*	(4) *Dis-M*	(5) *Dis-R*	(6) *Dis-F*
Interest	0.0335*** (3.6330)	0.0462*** (4.9731)	0.0276*** (2.9986)	0.0051 (0.8537)	0.0122** (2.1081)	0.0056 (0.9394)
Size	-0.0172*** (-3.3943)	-0.0180*** (-3.5300)	-0.0145*** (-2.8744)	-0.0339*** (-8.5713)	-0.0257*** (-6.6816)	-0.0333*** (-8.3671)
Col	-0.0659 (-1.2339)	-0.1343** (-2.4922)	-0.0690 (-1.2923)	-0.0524 (-1.2961)	-0.0461 (-1.1712)	-0.0375 (-0.9232)
Roa	-0.0847* (-1.9110)	-0.0641 (-1.4335)	-0.0914** (-2.0695)	-0.0377 (-1.0702)	-0.0241 (-0.7032)	-0.0317 (-0.8962)
Cashflow	-0.0226 (-0.8764)	0.0017 (0.0668)	-0.0228 (-0.8873)	0.0323 (1.6105)	0.0262 (1.3419)	0.0326 (1.6214)
NDTs	-0.0258 (-0.4655)	-0.0374 (-0.6687)	-0.0379 (-0.6859)	-0.0549 (-1.1587)	-0.0399 (-0.8662)	-0.0444 (-0.9321)
Grow	-0.0027 (-1.3120)	-0.0021 (-0.9960)	-0.0032 (-1.5338)	-0.0000 (-0.0013)	-0.0005 (-0.2537)	-0.0000 (-0.0263)
Age	-0.1671*** (-2.9747)	-0.2373*** (-4.1911)	-0.1257** (-2.2402)	0.0138 (0.4286)	-0.0432 (-1.3752)	0.0080 (0.2485)
Constant	0.7718*** (5.0024)	0.9518*** (6.1194)	0.6536*** (4.2134)	0.8478*** (8.6440)	0.7504*** (7.8656)	0.8310*** (8.4406)
N	1260	1260	1260	2247	2247	2247
Adjusted R^2	0.041	0.054	0.036	0.049	0.033	0.046

注：*、**和***分别表示在 10%、5%和 1%的水平下显著，括号中的数字为 t 值。

在对上市公司银行借款和商业信用融资的实证分析基础上，本章又把上市公司的债务融资作为一个整体，实证研究了货币政策下公司债务结构的动态调整问题。首先结合动态面板数据模型和GMM方法实证检验了货币政策与公司债务结构的调整速度。研究发现，存款准备金率和贷款基准利率越高，上市公司债务结构调整的速度越快，即货币政策紧缩时，公司债务结构的调整速度较快，而货币政策宽松时，公司债务结构的调整速度较慢；负债过度与非国有上市公司债务结构调整速度受货币政策的影响较大。然后结合随机效应极大似然估计、随机效应GLS和固定效应三种方法估计公司最优债务结构，并实证检验货币政策与公司债务结构的偏离程度。结果发现，存款准备金率和贷款基准利率提高，将增大公司实际债务结构的偏离程度，而这一效应在负债不足与非国有上市公司样本中更加明显。

第六章

货币政策对上市公司融资方式选择的影响

第一节　货币政策对上市公司融资方式选择影响的研究设计

在第五章货币政策与公司债务结构动态调整的实证检验基础上，本章将上市公司的内部融资与股权融资方式引入分析，考察货币政策对公司融资方式选择的影响。货币政策对公司内部融资、债务融资与股权融资的选择有哪些影响，在本书第一章货币政策对公司融资的作用机制分析中可以看到，不同的公司融资理论有不同的解释，本章将采用二项 Logit 模型进行检验，并考察货币政策对不同产权性质与不同债务水平上市公司融资选择的影响差异。

一、二项 Logit 模型设置

公司融资方式通常包括内部融资、债务融资和股权融资三种选择，按照常规应使用多项 Logit 模型进行计量检验，但多项 Logit 模型假定各选项之间的概率比具有独立不相关的特性，可能不符合现实情况。因此，本书借鉴苏冬蔚和曾海舰（2009）的研究成果，拟通过条件二项 Logit 回归模型分阶段先检验货币政策调控下公司内部融资和外部融资的选择，再检验货币政策调控下公司外部融资中债务融资和股权融资的选择。首先，本章使用以下条件 Logit 模型，估计货币政策对公司在外部融资和内部融资之间选择概率的影响：

$$P(f_{i,t}=1 \mid \text{融资})=G[\alpha(y_{i,t}^{*}-y_{i,t-1})+\beta MP+\delta X_{i,t}+\lambda_{i}] \tag{6.1}$$

其中，$P(f_{i,t}=1 \mid \text{融资})$为公司选择融资后的条件概率，下标 i 和 t 分别表示公司和年度，$f_{i,t}=1$ 代表公司选择内部融资，$f_{i,t}=0$ 代表公司选择外部融资，$G(\cdot)$是 Logistic 概率分布函数，$y_{i,t}^{*}-y_{i,t-1}$代表最优债务结构的偏离，MP 为货币政策变量，β 代表货币政策变量对公司内外部融资选择概率的作用。

其次，本章使用以下条件 Logit 模型来估计货币政策对公司在债务融资与股权融资之间选择概率的影响：

$$P(f_{i,t}=1 \mid \text{外部融资}) = G[\alpha(y_{i,t}^{*}-y_{i,t-1})+\beta MP+\delta X_{i,t}+\lambda_i] \tag{6.2}$$

其中，$P(f_{i,t}=1 \mid \text{外部融资})$为公司选择外部融资后的条件概率，$f_{i,t}=1$ 代表公司选择债务融资，$f_{i,t}=0$ 代表公司选择股权融资，$G(\cdot)$是 Logistic 概率分布函数，$y_{i,t}^{*}-y_{i,t-1}$代表最优债务结构的偏离，MP 为货币政策变量，β 代表货币政策变量对公司债务融资与股权融资选择概率的作用。我们仍然以存款准备金率和一年期贷款基准利率作为货币政策变量，其他控制变量与第五章类似。实证模型所涉及的变量及定义如表 6-1 所示。

表 6-1　变量定义

	变量符号	定义
被解释变量	f	公司选择融资方式的虚拟变量
解释变量	*Ratio*	法定存款准备金率
	Interest	一年期贷款基准利率
	$y_{i,t}^{*}-y_{i,t-1}$	最优债务结构的偏离
控制变量	*Size*	公司规模＝总资产的对数
	Col	有形资产比率＝有形资产总额/总资产
	Roa	资产利润率＝净利润/总资产
	Age	公司年龄＝（公司成立年份+1）的对数
	Cashflow	经营现金流＝经营活动的现金流净额/总资产
	Grow	企业成长性＝企业销售增长额/总资产
	NDTs	非债务税盾＝固定资产折旧/总资产

二、上市公司融资方式的界定

我们根据 Hovakimian et al.（2001）以及 Korajczyk & Levy（2003）的思路界定内部融资、债务融资和股权融资①：

第一，内部融资。t 年度公司未分配利润、盈余公积与折旧的增加额之和

① 雒敏，苏文兵，聂文忠．宏观经济政策与公司资本结构动态调整路径研究——基于我国上市公司的经验证据．南京社会科学，2013（11）．

大于 $t-1$ 年末总资产的 5%，同时公司没有进行（2）或（3）所描述的债务或股权融资。

第二，债务融资。t 年度公司总负债增加额大于 $t-1$ 年末总资产的 5%，并且没有出现（1）和（3）所描述的融资状况（其中总负债=短期借款+应计利息+长期借款+长期债券+一年内到期的非流动负债+应付票据+应付账款+预收款项）。

第三，股权融资。t 年度公司股东权益增加额大于 $t-1$ 年末总资产的 5%，并且没有出现（1）和（2）所描述的融资状况（其中股东权益=实收资本+资本公积）。

如果在 t 年度没有出现（1）至（3）的情况，则可以认定该公司没有进行融资活动①。根据以上对融资事件的界定，各类融资事件样本的具体分布如图 6-1 所示。

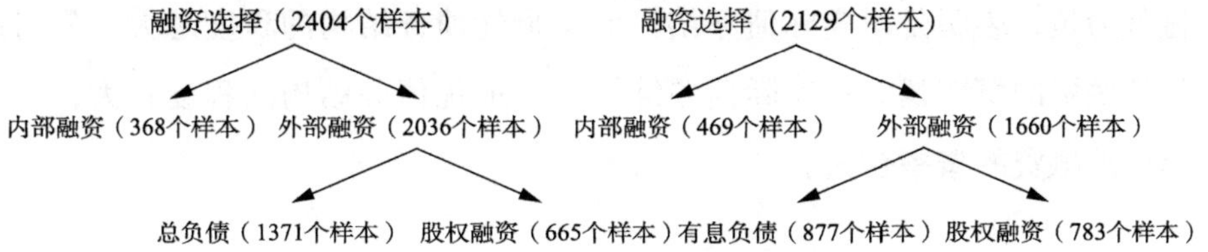

图 6-1　各类融资事件样本的分布

本章实证仍然选择中国沪深两市的 A 股上市公司年度财务数据作为研究样本，数据来自国泰安 CSMAR 数据库，样本区间选择为 2003—2012 年，我们仍然删除了金融类上市公司、ST、*ST 公司、资不抵债的公司以及在统计逻辑上明显错误的样本和相关年份负债、资产、股权收益等关键变量缺失的样本，并对连续变量进行了 *winsorize* 处理。

---

① 此外，本书在考虑债务融资时是以广义的总负债变化作为界定标准，由于总负债中还包含了应付账款、应付票据和预收款项等被动负债项目，而这些项目主要是用于交易目的而非融资目的，其变化不能真实反映公司债务融资的情况，为了保证实证检验结果的稳健性和可靠性，本书又把债务融资界定为有息债务融资事件，其中有息负债=短期借款+长期借款+应付利息+一年内到期的非流动负债+长期债券。由于有息债务的增加更可能是公司主动负债的行为所致，所以更能精确地反映公司的债务融资情况。

第二节　货币政策与公司内部融资、外部融资的选择

一、货币政策与公司内部融资、外部融资的选择：整体样本回归

表 6-2 是关于货币政策与公司内部融资、外部融资选择的整体样本回归，表中 M、R 和 F 分别对应 3 种不同的最优债务结构估计方法（随机效应极大似然估计、随机效应 GLS 估计和固定效应估计）。从表中可以看出，无论是以总负债与股权作为外部融资，还是以有息负债与股权作为外部融资，存款准备金率 *Ratio* 和贷款基准利率 *Interest* 的估计系数均显著为正，说明货币政策紧缩，将提高公司选择内部融资的概率。而债务结构偏离程度 $Lev^{*}-Lev$ 的系数均显著为负，表明公司实际债务结构低于最优债务结构的程度越大，公司选择外部融资的概率越大；实际债务结构高于最优债务结构的程度越大，公司选择内部融资的概率越大。

二、货币政策与公司内部融资、外部融资的选择：子样本的差异

（一）产权性质的差异

表 6-3 和表 6-4 是按照实际控制人性质划分的子样本，对货币政策与公司内部融资、外部融资选择所做的回归，在以总负债与股权作为外部融资的表6-3 中可以看到，存款准备金率 *Ratio* 的估计系数均在 5%的水平下显著为正，说明存款准备金率提高，国有样本和非国有样本都将提高公司选择内部融资的概率；存款准备金率降低，国有和非国有公司都将提高公司选择外部融资的概率。同时我们注意到，非国有样本的系数绝对值都要低于对应的国有样本系数，说明国有公司内部融资与外部融资的选择对存款准备金率更敏感。表 6-3 中贷款基准利率 *Interest* 的结果比较一致，国有样本的系数均在 10%的水平下显著为正，

非国有样本的系数均为正，但都不显著，也说明贷款基准利率提高，国有样本和非国有样本都将提高公司选择内部融资的概率，但国有样本更敏感。

在以有息负债与股权作为外部融资的表 6-4 中，存款准备金率 *Ratio* 的估计系数在国有样本中均在 1%的水平下显著为正，在非国有样本中都为正，但不显著。国有样本的贷款基准利率 *Interest* 估计系数无论是绝对值还是显著性都要高于非国有样本。这说明货币政策紧缩，公司选择内部融资的概率增加；货币政策宽松，公司选择外部融资的概率增加，国有上市公司在内外部融资选择上对货币政策的变化更敏感。

（二）负债水平的差异

表 6-5 和表 6-6 是按照公司债务水平划分的子样本，对货币政策与公司内部融资、外部融资选择所做的回归，在以总负债与股权作为外部融资的表 6-5中可以看到，负债不足样本中存款准备金率 *Ratio* 的估计系数均在 1%的水平下显著为正，而过度负债样本的系数虽然都为正，但显著性水平大大降低，第（4）列和第（6）列都在 10%的水平下显著，第（5）列则不显著，说明存款准备金率提高，负债不足和过度负债公司都将提高选择内部融资的概率；存款准备金率降低，负债不足和过度负债公司都将提高公司选择外部融资的概率，但负债不足公司在内外部融资选择上对存款准备金率的变化更敏感。表 6-5 中贷款基准利率 *Interest* 的结果比较类似，过度负债样本的系数均为正，但都不显著，而且系数绝对值普遍小于负债不足样本，也说明贷款基准利率提高，不同债务水平公司都将提高选择内部融资的概率，但负债不足样本更敏感。

在以有息负债与股权作为外部融资的表 6-6 中，存款准备金率 *Ratio* 的估计系数在负债不足样本中均显著为正，在负债过度样本中虽然也都为正，但第（4）列不显著，而且第（4）列至第（6）列的系数绝对值都有所下降。贷款基准利率 *Interest* 的估计系数在负债不足样本中均显著为正，在负债过度样本中虽然也都显著为正，但显著性和系数绝对值都有所下降。这说明货币政策紧缩，公司选择内部融资的概率增加；货币政策宽松，公司选择外部融资的概率增加，负债不足公司在内外部融资选择上对货币政策的变化更敏感。

表 6-2　内部融资与外部融资选择

变量	内部融资与外部融资（外部融资=总债务融资+股权融资）						内部融资与外部融资（外部融资=有息债务融资+股权融资）					
	(1)	(2)	(3)	(4)	(5)	(6)	(7)	(8)	(9)	(10)	(11)	(12)
	M	R	F	M	R	F	M	R	F	M	R	F
Ratio	0.0563***	0.0543***	0.0579***				0.0518***	0.0510***	0.0525***			
	(3.1304)	(3.0255)	(3.2177)				(3.1718)	(3.1211)	(3.2072)			
Interest				0.1873*	0.1791*	0.1898**				0.2988***	0.2981***	0.2999***
				(1.9517)	(1.8675)	(1.9783)				(3.5599)	(3.5499)	(3.5720)
*Lev**-*Lev*	-2.0141***	-1.8175***	-1.9973***	-1.9870***	-1.8005***	-1.9489***	-0.8077**	-0.5926	-0.7880**	-0.7704**	-0.5697	-0.7350*
	(-4.9480)	(-4.3915)	(-4.9084)	(-4.8736)	(-4.3467)	(-4.7855)	(-2.1591)	(-1.5617)	(-2.1068)	(-2.0504)	(-1.4955)	(-1.9580)
Size	-0.6675***	-0.6609***	-0.6760***	-0.6087***	-0.6038***	-0.6149***	-0.4546***	-0.4503***	-0.4578***	-0.4104***	-0.4070***	-0.4125***
	(-9.3821)	(-9.2964)	(-9.4708)	(-9.0114)	(-8.9449)	(-9.0822)	(-7.5931)	(-7.5218)	(-7.6239)	(-7.1925)	(-7.1343)	(-7.2137)
Col	-1.0656	-1.1403	-1.0413	-1.3815	-1.4438	-1.3699	-0.8082	-0.8574	-0.8009	-1.0480	-1.0886	-1.0472
	(-0.9607)	(-1.0301)	(-0.9386)	(-1.2646)	(-1.3240)	(-1.2543)	(-0.7933)	(-0.8415)	(-0.7858)	(-1.0413)	(-1.0815)	(-1.0404)
Roa	22.1171***	22.3324***	22.0270***	22.4077***	22.5959***	22.3476***	19.5633***	19.7619***	19.5394***	19.7378***	19.9146***	19.7335***
	(13.6131)	(13.7533)	(13.5281)	(13.7979)	(13.9180)	(13.7348)	(13.0648)	(13.1841)	(13.0142)	(13.1545)	(13.2536)	(13.1194)
Cashflow	-0.7258	-0.7104	-0.7411	-0.8130	-0.7967	-0.8318	2.0548***	2.0571***	2.0483***	1.9551***	1.9600***	1.9469***
	(-0.9313)	(-0.9152)	(-0.9512)	(-1.0484)	(-1.0313)	(-1.0732)	(2.8568)	(2.8612)	(2.8480)	(2.7501)	(2.7578)	(2.7393)
NDTs	15.1506***	15.0964***	15.1349***	14.5926***	14.5621***	14.5718***	13.4743***	13.5775***	13.4755***	13.2256***	13.3318***	13.2302***
	(5.1803)	(5.1851)	(5.1751)	(5.1384)	(5.1473)	(5.1343)	(5.3713)	(5.4164)	(5.3713)	(5.3697)	(5.4129)	(5.3716)
Grow	-0.1247*	-0.1259*	-0.1231*	-0.1197*	-0.1212*	-0.1180*	-0.0087	-0.0098	-0.0082	-0.0121	-0.0132	-0.0117
	(-1.8175)	(-1.8354)	(-1.7941)	(-1.7749)	(-1.7967)	(-1.7510)	(-0.1589)	(-0.1793)	(-0.1492)	(-0.2215)	(-0.2419)	(-0.2146)
Age	0.5107*	0.5152*	0.4875*	0.9503***	0.9410***	0.9403***	0.7304***	0.7321***	0.7211***	1.0962***	1.0911***	1.0920***
	(1.9234)	(1.9414)	(1.8371)	(4.4631)	(4.4242)	(4.4186)	(3.0703)	(3.0771)	(3.0320)	(5.8175)	(5.7949)	(5.7985)
Constant	10.2513***	10.1929***	10.4572***	7.7919***	7.8178***	7.9329***	5.4814***	5.4353***	5.5617***	2.7311*	2.7099*	2.7836*
	(5.6258)	(5.6022)	(5.7294)	(4.3636)	(4.3829)	(4.4403)	(3.5170)	(3.4866)	(3.5639)	(1.7919)	(1.7783)	(1.8253)

续表

变量	内部融资与外部融资（外部融资=总债务融资+股权融资）						内部融资与外部融资（外部融资=有息债务融资+股权融资）					
	(1)	(2)	(3)	(4)	(5)	(6)	(7)	(8)	(9)	(10)	(11)	(12)
	M	R	F	M	R	F	M	R	F	M	R	F
Pseudo R^2	0. 2486	0. 2486	0. 2484	0. 2455	0. 2456	0. 2451	0. 2214	0. 2214	0. 2213	0. 2223	0. 2223	0. 2222
chi2	496. 92	496. 97	496. 52	490. 71	490. 81	489. 84	510. 60	510. 62	510. 38	512. 82	512. 86	512. 45
N	2404	2404	2404	2404	2404	2404	2129	2129	2129	2129	2129	2129

注：*、**和***分别表示在 10%、5%和 1%的水平下显著，括号中的数字为 *t* 值。

表 6-3 内部融资与外部融资选择的产权性质差异（外部融资＝总债务融资+股权融资）

变量	(1)	(2)	(3)	(4)	(5)	(6)	(7)	(8)	(9)	(10)	(11)	(12)
	M	R	F	M	R	F	M	R	F	M	R	F
	非国有			国有			非国有			国有		
Ratio	0.0566 * * (2.3641)	0.0555 * * (2.3154)	0.0583 * * (2.4322)	0.0676 * * (2.4101)	0.0652 * * (2.3329)	0.0689 * * (2.4537)						
Interest							0.1591 (1.0761)	0.1497 (1.0130)	0.1610 (1.0892)	0.2211 * (1.7293)	0.2142 * (1.6773)	0.2237 * (1.7500)
Lev * −*Lev*	−1.5920 * * * (−2.7196)	−1.4078 * * (−2.4399)	−1.5777 * * * (−2.6955)	−2.0874 * * * (−3.6029)	−1.8523 * * * (−3.0563)	−2.0678 * * * (−3.5707)	−1.5498 * * * (−2.6391)	−1.3924 * * (−2.4009)	−1.5126 * * * (−2.5782)	−2.0705 * * * (−3.5610)	−1.8294 * * * (−3.0161)	−2.0273 * * * (−3.4906)
Size	−0.6699 * * * (−5.9421)	−0.6678 * * * (−5.9363)	−0.6767 * * * (−5.9885)	−0.7421 * * * (−7.4227)	−0.7338 * * * (−7.3435)	−0.7511 * * * (−7.4965)	−0.5928 * * * (−5.5603)	−0.5934 * * * (−5.5730)	−0.5976 * * * (−5.5969)	−0.6871 * * * (−7.1571)	−0.6796 * * * (−7.0817)	−0.6941 * * * (−7.2192)
Col	−0.8961 (−0.5664)	−0.9873 (−0.6244)	−0.8767 (−0.5542)	−1.0719 (−0.6748)	−1.0895 (−0.6867)	−1.0478 (−0.6594)	−1.4346 (−0.9213)	−1.5144 (−0.9733)	−1.4262 (−0.9162)	−1.3433 (−0.8585)	−1.3503 (−0.8638)	−1.3329 (−0.8520)
Roa	17.1209 * * * (7.7803)	17.1579 * * * (7.7901)	17.0454 * * * (7.7360)	27.0230 * * * (11.2400)	27.4221 * * * (11.4214)	26.9373 * * * (11.1735)	17.8358 * * * (8.1047)	17.8414 * * * (8.1062)	17.7872 * * * (8.0736)	26.9570 * * * (11.2200)	27.3493 * * * (11.3902)	26.9005 * * * (11.1657)
Cashflow	−1.3487 (−1.2357)	−1.3109 (−1.2008)	−1.3629 (−1.2492)	−0.5547 (−0.4937)	−0.5850 (−0.5227)	−0.5684 (−0.5060)	−1.4537 (−1.3381)	−1.4094 (−1.2968)	−1.4720 (−1.3558)	−0.5919 (−0.5261)	−0.6268 (−0.5593)	−0.6085 (−0.5410)
NDTs	9.6679 * * * (2.6588)	9.8112 * * * (2.7054)	9.6588 * * * (2.6562)	20.3941 * * * (4.9940)	20.1377 * * * (4.9401)	20.3748 * * * (4.9898)	9.3990 * * * (2.6608)	9.5350 * * * (2.7021)	9.3963 * * * (2.6608)	19.3322 * * * (4.8172)	19.1149 * * * (4.7695)	19.2945 * * * (4.8101)
Grow	−0.0714 (−0.8769)	−0.0736 (−0.9055)	−0.0700 (−0.8609)	−0.1689 (−1.4193)	−0.1658 (−1.3949)	−0.1672 (−1.4052)	−0.0528 (−0.6577)	−0.0559 (−0.6955)	−0.0512 (−0.6384)	−0.1834 (−1.5607)	−0.1801 (−1.5351)	−0.1820 (−1.5499)
Age	0.2124 (0.4829)	0.2516 (0.5729)	0.1952 (0.4432)	0.7867 * * (2.1752)	0.7703 * * (2.1324)	0.7622 * * (2.1111)	0.7697 * * (2.0836)	0.7900 * * (2.1402)	0.7649 * * (2.0684)	1.2234 * * * (4.2646)	1.1998 * * * (4.1956)	1.2122 * * * (4.2321)
Constant	11.1378 * * * (4.1623)	11.1026 * * * (4.1581)	11.2974 * * * (4.2103)	10.7741 * * * (4.1424)	10.6695 * * * (4.1060)	10.9936 * * * (4.2276)	8.4571 * * * (3.1969)	8.5439 * * * (3.2289)	8.5562 * * * (3.2292)	8.2089 * * * (3.2350)	8.1539 * * * (3.2173)	8.3705 * * * (3.3015)

续表

变量	(1)	(2)	(3)	(4)	(5)	(6)	(7)	(8)	(9)	(10)	(11)	(12)
	M	R	F	M	R	F	M	R	F	M	R	F
	非国有			国有			非国有			国有		
Pseudo R^2	0.2220	0.2220	0.2218	0.2768	0.2768	0.2768	0.2158	0.2158	0.2154	0.2745	0.2745	0.2741
chi2	169.66	169.67	169.53	339.86	339.89	339.62	164.91	164.95	164.59	337.08	337.14	336.58
N	834	834	834	1570	1570	1570	834	834	834	1570	1570	1570

注：*、**和***分别表示在10%、5%和1%的水平下显著，括号中的数字为 *t* 值。

表 6-4 内部融资与外部融资选择的产权性质差异（外部融资=有息债务融资+股权融资）

变量	(1)	(2)	(3)	(4)	(5)	(6)	(7)	(8)	(9)	(10)	(11)	(12)
	M	R	F	M	R	F	M	R	F	M	R	F
	非国有			国有			非国有			国有		
Ratio	0.0391 (1.5477)	0.0381 (1.5099)	0.0398 (1.5755)	0.0673*** (3.0469)	0.0666*** (3.0144)	0.0675*** (3.0554)						
Interest							0.2597** (1.9688)	0.2572* (1.9493)	0.2610** (1.9782)	0.3474*** (3.1377)	0.3469*** (3.1331)	0.3477*** (3.1403)
*Lev**-*Lev*	-0.8956* (-1.6546)	-0.7818 (-1.4622)	-0.8794 (-1.6247)	-0.3924 (-0.7395)	-0.0287 (-0.0519)	-0.3699 (-0.6972)	-0.8834 (-1.6242)	-0.7758 (-1.4422)	-0.8576 (-1.5774)	-0.3252 (-0.6094)	0.0184 (0.0332)	-0.2794 (-0.5243)
Size	-0.4248*** (-4.3883)	-0.4244*** (-4.3868)	-0.4285*** (-4.4195)	-0.5578*** (-6.6940)	-0.5540*** (-6.6501)	-0.5592*** (-6.6950)	-0.3934*** (-4.2364)	-0.3940*** (-4.2441)	-0.3962*** (-4.2618)	-0.4995*** (-6.2456)	-0.4967*** (-6.2115)	-0.5001*** (-6.2422)
Col	-1.5956 (-1.0990)	-1.6504 (-1.1368)	-1.5856 (-1.0920)	0.0874 (0.0591)	0.0001 (0.0001)	0.0868 (0.0586)	-1.7958 (-1.2467)	-1.8439 (-1.2805)	-1.7926 (-1.2446)	-0.2543 (-0.1754)	-0.3303 (-0.2272)	-0.2622 (-0.1808)
Roa	14.2236*** (7.0740)	14.2272*** (7.0668)	14.1840*** (7.0460)	24.9575*** (11.2963)	25.3873*** (11.4791)	24.9650*** (11.2590)	14.5134*** (7.2180)	14.5018*** (7.2035)	14.4864*** (7.1968)	24.8439*** (11.2293)	25.2484*** (11.3988)	24.8837*** (11.2045)
Cashflow	0.4636 (0.4728)	0.5043 (0.5136)	0.4559 (0.4649)	3.4497*** (3.1767)	3.4311*** (3.1594)	3.4459*** (3.1734)	0.3320 (0.3392)	0.3756 (0.3833)	0.3226 (0.3297)	3.3569*** (3.1493)	3.3395*** (3.1330)	3.3516*** (3.1449)
NDTs	12.7796*** (3.3721)	12.9320*** (3.4088)	12.7772*** (3.3715)	13.6116*** (3.9045)	13.7941*** (3.9401)	13.6190*** (3.9055)	12.6635*** (3.4003)	12.8208*** (3.4368)	12.6583*** (3.3998)	13.0398*** (3.8222)	13.2274*** (3.8551)	13.0590*** (3.8254)
Grow	0.0556 (0.8341)	0.0551 (0.8262)	0.0563 (0.8438)	-0.0713 (-0.7403)	-0.0732 (-0.7594)	-0.0711 (-0.7384)	0.0636 (0.9618)	0.0628 (0.9501)	0.0644 (0.9723)	-0.0964 (-0.9999)	-0.0974 (-1.0106)	-0.0963 (-0.9997)
Age	0.6771* (1.6822)	0.7019* (1.7482)	0.6681* (1.6570)	0.8695*** (2.7239)	0.8561*** (2.6828)	0.8645*** (2.7111)	0.9506*** (2.8579)	0.9666*** (2.9113)	0.9487*** (2.8492)	1.3532*** (5.4218)	1.3358*** (5.3660)	1.3496*** (5.4146)
Constant	6.1717*** (2.6413)	6.1576*** (2.6372)	6.2594*** (2.6724)	5.9935*** (2.7351)	6.0239*** (2.7440)	6.0346*** (2.7544)	3.9393* (1.7102)	3.9672* (1.7221)	3.9968* (1.7326)	2.6862 (1.2556)	2.7315 (1.2746)	2.7141 (1.2691)

续表

变量	(1)	(2)	(3)	(4)	(5)	(6)	(7)	(8)	(9)	(10)	(11)	(12)
	M	R	F	M	R	F	M	R	F	M	R	F
	非国有			国有			非国有			国有		
Pseudo R^2	0.1789	0.1790	0.1788	0.2680	0.2680	0.2679	0.1860	0.1859	0.1804	0.2681	0.2681	0.2680
chi2	153.68	153.69	153.58	387.71	387.71	387.65	155.09	155.10	154.94	387.82	387.83	387.72
N	771	771	771	1358	1358	1358	771	771	771	1358	1358	1358

注：*、**和***分别表示在10%、5%和1%的水平下显著，括号中的数字为 *t* 值。

表 6-5　内部融资与外部融资选择的负债水平差异（外部融资=总债务融资+股权融资）

变量	(1)	(2)	(3)	(4)	(5)	(6)	(7)	(8)	(9)	(10)	(11)	(12)
	M	R	F	M	R	F	M	R	F	M	R	F
	负债不足			负债过度			负债不足			负债过度		
Ratio	0. 0678 * * * (2. 7463)	0. 0730 * * * (2. 9902)	0. 0709 * * * (2. 8635)	0. 0502 * (1. 8543)	0. 0402 (1. 4756)	0. 0522 * (1. 9200)						
Interest							0. 2426 * (1. 6916)	0. 2651 * * (2. 0700)	0. 2030 (1. 4373)	0. 1488 (1. 1379)	0. 0864 (0. 5832)	0. 1891 (1. 4262)
Lev * −*Lev*	−3. 1243 * * * (−3. 7417)	−2. 6747 * * * (−3. 1238)	−3. 2936 * * * (−3. 9570)	−1. 6726 (−1. 5976)	−1. 2007 (−1. 1309)	−1. 8535 * (−1. 7855)	−3. 0685 * * * (−3. 6884)	−2. 6081 * * * (−3. 0579)	−3. 2289 * * * (−3. 8960)	−1. 5349 (−1. 4728)	−1. 0574 (−1. 0036)	−1. 6786 (−1. 6278)
Size	−0. 6992 * * * (−7. 1677)	−0. 6177 * * * (−6. 4973)	−0. 7048 * * * (−7. 1790)	−0. 6589 * * * (−5. 7861)	−0. 7488 * * * (−6. 4285)	−0. 6737 * * * (−5. 9368)	−0. 6365 * * * (−6. 8381)	−0. 5527 * * * (−6. 0856)	−0. 6402 * * * (−6. 8314)	−0. 5937 * * * (−5. 6067)	−0. 6924 * * * (−6. 3780)	−0. 6023 * * * (−5. 7365)
Col	−0. 6274 (−0. 4163)	−1. 4426 (−0. 9791)	−0. 3227 (−0. 2123)	−1. 6772 (−1. 0097)	−0. 9340 (−0. 5582)	−1. 9562 (−1. 1900)	−0. 8956 (−0. 6008)	−1. 6114 (−1. 1021)	−0. 5919 (−0. 3934)	−2. 1441 (−1. 3183)	−1. 2907 (−0. 7861)	−2. 4233 (−1. 5059)
Roa	25. 0174 * * * (10. 7880)	25. 1185 * * * (10. 8927)	24. 6618 * * * (10. 6910)	18. 4989 * * * (7. 6021)	17. 9458 * * * (7. 4034)	18. 6384 * * * (7. 5438)	25. 2273 * * * (10. 8738)	25. 2581 * * * (10. 9208)	24. 8483 * * * (10. 7629)	18. 9296 * * * (7. 8136)	18. 3999 * * * (7. 6321)	19. 2254 * * * (7. 8378)
Cashflow	−2. 4148 * * (−2. 0101)	−2. 0918 * (−1. 7435)	−2. 5089 * * (−2. 0794)	0. 5291 (0. 5005)	0. 3282 (0. 3163)	0. 5421 (0. 5147)	−2. 4251 * * (−2. 0036)	−2. 1589 * (−1. 7794)	−2. 5018 * * (−2. 0558)	0. 3365 (0. 3212)	0. 2411 (0. 2342)	0. 3405 (0. 3269)
NDTs	19. 4857 * * * (4. 3755)	17. 5268 * * * (4. 2877)	19. 5430 * * * (4. 3872)	11. 7689 * * * (3. 1778)	12. 0602 * * * (2. 8789)	11. 8080 * * * (3. 2022)	18. 3648 * * * (4. 2146)	16. 7253 * * * (4. 2251)	18. 4291 * * * (4. 2197)	11. 6451 * * * (3. 2347)	11. 7772 * * * (2. 8712)	11. 6858 * * * (3. 2619)
Grow	−0. 1005 (−1. 0145)	−0. 1013 (−1. 0166)	−0. 0997 (−1. 0062)	−0. 1496 (−1. 5426)	−0. 1479 (−1. 5484)	−0. 1402 (−1. 4567)	−0. 0973 (−1. 0012)	−0. 0965 (−0. 9857)	−0. 0960 (−0. 9887)	−0. 1446 (−1. 5143)	−0. 1456 (−1. 5401)	−0. 1367 (−1. 4403)
Age	0. 2828 (0. 7814)	0. 1866 (0. 5232)	0. 1874 (0. 5147)	0. 7565 * (1. 8892)	0. 8970 * * (2. 1870)	0. 8066 * * (2. 0315)	0. 8650 * * * (3. 0593)	0. 7726 * * * (2. 7789)	0. 7847 * * * (2. 7577)	1. 0965 * * * (3. 2985)	1. 2103 * * * (3. 5413)	1. 1721 * * * (3. 5506)
Constant	10. 5578 * * * (4. 1539)	9. 8519 * * * (3. 9759)	10. 5796 * * * (4. 1297)	10. 2702 * * * (3. 7070)	11. 2066 * * * (3. 9125)	10. 7179 * * * (3. 8955)	8. 0049 * * * (3. 1958)	6. 5355 * * * (2. 6794)	7. 7489 * * * (3. 0651)	7. 6433 * * * (2. 8824)	9. 5162 * * * (3. 4626)	8. 1470 * * * (3. 1063)

续表

变量	(1)	(2)	(3)	(4)	(5)	(6)	(7)	(8)	(9)	(10)	(11)	(12)
	M	R	F	M	R	F	M	R	F	M	R	F
	负债不足			负债过度			负债不足			负债过度		
Pseudo R^2	0. 2657	0. 2655	0. 2639	0. 2020	0. 2022	0. 2082	0. 2597	0. 2597	0. 2580	0. 2012	0. 2013	0. 2062
chi2	288. 44	288. 27	284. 61	175. 69	175. 85	183. 08	282. 00	281. 94	278. 24	174. 99	175. 10	181. 34
N	1091	1116	1087	1313	1288	1317	1091	1116	1087	1313	1288	1317

注：*、**和***分别表示在10%、5%和1%的水平下显著，括号中的数字为 t 值。

表 6-6　内部融资与外部融资选择的负债水平差异（外部融资=有息债务融资+股权融资）

变量	(1)	(2)	(3)	(4)	(5)	(6)	(7)	(8)	(9)	(10)	(11)	(12)
	M	R	F	M	R	F	M	R	F	M	R	F
	负债不足			负债过度			负债不足			负债过度		
Ratio	0.0649*** (2.8684)	0.0575** (2.5234)	0.0666*** (2.9233)	0.0377 (1.5579)	0.0481** (2.0210)	0.0413* (1.7238)						
Interest							0.3442*** (2.9924)	0.3856*** (3.3075)	0.3973*** (3.4243)	0.2553** (2.0545)	0.2175* (1.7685)	0.2091* (1.6914)
Lev * −*Lev*	−1.0910 (−1.3819)	−1.2389 (−1.5123)	−1.2393 (−1.5738)	−0.7667 (−0.8320)	−0.8556 (−0.9147)	−1.0321 (−1.1382)	−1.1393 (−1.4429)	−1.3101 (−1.5993)	−1.3020* (−1.6506)	−0.6310 (−0.6858)	−0.7206 (−0.7715)	−0.8928 (−0.9861)
Size	−0.5525*** (−6.6738)	−0.4965*** (−5.9260)	−0.5250*** (−6.3264)	−0.3497*** (−3.7204)	−0.4243*** (−4.6176)	−0.4018*** (−4.3313)	−0.5099*** (−6.3586)	−0.4589*** (−5.6610)	−0.4808*** (−5.9943)	−0.3046*** (−3.5193)	−0.3674*** (−4.2983)	−0.3513*** (−4.0887)
Col	−0.4971 (−0.3631)	−1.0542 (−0.7633)	−0.2158 (−0.1557)	−1.3812 (−0.8955)	−0.8479 (−0.5564)	−1.6576 (−1.0927)	−0.4947 (−0.3624)	−1.0375 (−0.7546)	−0.2056 (−0.1487)	−1.8210 (−1.2065)	−1.2903 (−0.8627)	−2.0734 (−1.3923)
Roa	22.0966*** (10.3546)	23.0462*** (10.8042)	22.0474*** (10.3699)	17.3243*** (7.7721)	16.0387*** (7.1929)	17.0012*** (7.5744)	22.1344*** (10.3429)	23.0427*** (10.7654)	22.0659*** (10.3369)	17.5821*** (7.9406)	16.4375*** (7.4074)	17.3830*** (7.8018)
Cashflow	0.7702 (0.7112)	1.0153 (0.9079)	0.6626 (0.6103)	2.9661*** (3.0890)	2.8324*** (3.0135)	2.9884*** (3.1233)	0.7680 (0.7184)	0.9611 (0.8729)	0.6859 (0.6380)	2.8493*** (2.9941)	2.7292*** (2.9294)	2.8492*** (3.0121)
NDTs	17.9997*** (4.6824)	15.2059*** (4.1854)	17.7371*** (4.6287)	10.0951*** (3.2673)	11.9573*** (3.3535)	10.3206*** (3.3194)	17.4172*** (4.5713)	15.3172*** (4.3083)	17.2449*** (4.5220)	10.1235*** (3.3187)	11.4181*** (3.2637)	10.3084*** (3.3677)
Grow	−0.0210 (−0.2410)	−0.0162 (−0.1765)	−0.0307 (−0.3514)	−0.0086 (−0.1211)	−0.0106 (−0.1532)	0.0020 (0.0280)	−0.0227 (−0.2641)	−0.0155 (−0.1707)	−0.0311 (−0.3609)	−0.0100 (−0.1419)	−0.0139 (−0.2026)	−0.0007 (−0.0103)
Age	0.5751* (1.7459)	0.5993* (1.8170)	0.4798 (1.4438)	0.9274*** (2.6614)	0.8644** (2.4821)	0.9903*** (2.8700)	1.0567*** (4.1012)	0.9813*** (3.7821)	0.9567*** (3.6821)	1.1699*** (4.1639)	1.2261*** (4.3914)	1.2818*** (4.5915)
Constant	7.3007*** (3.3549)	6.5673*** (3.0327)	6.6424*** (3.0384)	3.5832 (1.5125)	4.8053** (2.0102)	4.8038** (2.0512)	3.9606* (1.8418)	3.2208 (1.5083)	2.9709 (1.3733)	1.3749 (0.6091)	2.3987 (1.0444)	2.6513 (1.1874)

续表

变量	(1)	(2)	(3)	(4)	(5)	(6)	(7)	(8)	(9)	(10)	(11)	(12)
	M	R	F	M	R	F	M	R	F	M	R	F
	负债不足			负债过度			负债不足			负债过度		
Pseudo R^2	0.2383	0.2382	0.2346	0.1916	0.1920	0.1973	0.2386	0.2386	0.2370	0.1932	0.1935	0.1971
chi2	292.13	292.12	284.61	202.56	202.86	211.23	292.55	292.61	287.44	204.24	204.46	211.04
N	1038	1054	1027	1091	1075	1102	1038	1054	1027	1091	1075	1102

注：*、**和***分别表示在10%、5%和1%的水平下显著，括号中的数字为 t 值。

第三节 货币政策与公司债务融资、股权融资的选择

一、货币政策与公司债务融资、股权融资的选择：整体样本回归

表 6-7 是关于货币政策与公司债务融资、股权融资选择的整体样本 Logit 回归，表中 M、R 和 F 分别对应 3 种不同的最优债务结构统计量，从表中可以看出，无论是总债务融资与股权融资的选择，还是有息债务融资与股权融资的选择，存款准备金率 *Ratio* 和贷款基准利率 *Interest* 的估计系数均显著为负，说明货币政策紧缩，将提高公司选择股权融资的概率；货币政策扩张，将提高公司选择债务融资的概率。债务结构偏离程度 Lev^*-Lev 的系数均显著为正，表明公司实际债务结构低于最优债务结构的程度越大，公司选择债务融资的概率越大；实际债务结构高于最优债务结构的程度越大，公司选择股权融资的概率越大。

二、货币政策与公司债务融资、股权融资的选择：子样本的差异

（一）产权性质的差异

表 6-8 和表 6-9 是按照实际控制人性质划分的子样本，对货币政策与公司债务融资、股权融资选择所做的 Logit 回归，在总债务融资与股权融资选择的表 6-8 中可以看到，非国有样本存款准备金率 *Ratio* 的估计系数均在 1%的水平下显著为负，而国有样本均在 5%的水平下显著为负，并且系数绝对值都小于对应的非国有样本，说明存款准备金率提高，国有样本和非国有样本都将提高公司选择股权融资的概率；存款准备金率降低，国有和非国有公司都将提高公司选择债务融资的概率，同时非国有公司债务融资与股权融资的选择对存款准备金率的变化更敏感。表 6-8 中贷款基准利率 *Interest* 的结果与存

款准备金率 *Ratio* 比较类似，非国有样本的系数均在 1%的水平下显著为负，国有样本的系数的绝对值和显著性都有所下降，也说明贷款基准利率提高，国有样本和非国有样本都将提高公司选择股权融资的概率，但非国有样本更敏感。

在有息债务融资与股权融资选择的表 6-9 中，所有子样本存款准备金率 *Ratio* 的估计系数均在 1%的水平下显著为负，但国有样本的系数绝对值都小于对应的非国有样本，说明存款准备金率提高，国有样本和非国有样本都将提高公司选择股权融资的概率；存款准备金率降低，国有和非国有公司都将提高公司选择债务融资的概率，同时非国有公司债务融资与股权融资的选择对存款准备金率的变化更敏感。表 6-9 中非国有样本的贷款基准利率 *Interest* 系数均在 5%的水平下显著为负，国有样本的系数均在 1%的水平下显著为负，但系数绝对值有所下降，也说明贷款基准利率提高，国有样本和非国有样本都将提高公司选择股权融资的概率，但非国有样本更敏感。

（二）债务水平的差异

表 6-10 和表 6-11 是按照公司债务水平划分的子样本，对货币政策与公司债务融资、股权融资选择所做的 Logit 回归，在总债务融资与股权融资选择的表 6-10 中可以看到，负债不足样本中存款准备金率 *Ratio* 的估计系数均在 1%的水平下显著为负，而过度负债样本的系数虽然都为负，但显著性水平大大降低，第（4）列和第（6）列都在 5%的水平下显著，第（5）列则不显著，说明存款准备金率提高，负债不足和过度负债公司都将提高选择股权融资的概率；存款准备金率降低，负债不足和过度负债公司都将提高公司选择债务融资的概率，但负债不足公司对存款准备金率的变化更敏感。表 6-10 中贷款基准利率 *Interest* 的结果比较一致，所有样本的估计系数均显著为负，但过度负债样本的系数绝对值都小于对应的负债不足样本，也说明贷款基准利率提高，不同债务水平公司都将提高选择股权融资的概率，但负债不足样本更敏感。

在有息债务融资与股权融资选择的表 6-11 中，负债不足样本中存款准备

金率 *Ratio* 前的估计系数均在 1%的水平下显著为负，在负债过度样本中虽然也都显著为负，但系数的绝对值都有所下降，而且第（4）列和第（5）列的系数都是在 5%的水平下显著。负债不足样本中贷款基准利率 *Interest* 的估计系数均在 1%的水平下显著为负，在负债过度样本中虽然也都显著为负，但系数的显著性和绝对值都有所下降。这仍然说明货币政策紧缩，公司选择股权融资的概率增加，货币政策宽松，公司选择债务融资的概率增加，负债不足公司在债务融资与股权融资的选择上对货币政策的变化更敏感。

表 6-7　债务融资与股权融资选择

变量	总债务融资与股权融资						有息债务融资与股权融资					
	(1)	(2)	(3)	(4)	(5)	(6)	(7)	(8)	(9)	(10)	(11)	(12)
	M	R	F	M	R	F	M	R	F	M	R	F
Ratio	-0.1167*** (-3.6854)	-0.1124*** (-3.5083)	-0.1220*** (-3.8438)				-0.1301*** (-4.1449)	-0.1255*** (-3.9844)	-0.1353*** (-4.2964)			
Interest				-0.6412*** (-4.0610)	-0.6196*** (-3.8860)	-0.6464*** (-4.0975)				-0.5122*** (-3.6169)	-0.4873*** (-3.4222)	-0.5173*** (-3.6551)
Lev-Lev*	6.8881*** (8.4081)	7.5066*** (8.8665)	6.8956*** (8.4141)	6.8810*** (8.3728)	7.5396*** (8.8182)	6.8361*** (8.3315)	6.7570*** (8.1720)	7.0795*** (8.3659)	6.7652*** (8.1760)	6.5382*** (8.0189)	6.8703*** (8.2225)	6.4806*** (7.9652)
Size	0.2497** (2.0910)	0.2226* (1.8371)	0.2807** (2.3533)	0.1353 (1.1755)	0.1054 (0.9031)	0.1615 (1.4074)	0.1132 (1.1286)	0.0737 (0.7315)	0.1435 (1.4266)	-0.0111 (-0.1148)	-0.0497 (-0.5117)	0.0133 (0.1379)
Col	-1.4285 (-0.6773)	-1.3231 (-0.6243)	-1.5198 (-0.7205)	-0.6477 (-0.3168)	-0.6717 (-0.3253)	-0.6999 (-0.3429)	-1.6061 (-0.8196)	-1.4018 (-0.7181)	-1.6911 (-0.8626)	-0.1620 (-0.0857)	-0.1182 (-0.0623)	-0.1815 (-0.0961)
Roa	-3.4264 (-1.3008)	-3.7586 (-1.4406)	-3.0716 (-1.1651)	-3.8109 (-1.4729)	-4.0280 (-1.5663)	-3.5061 (-1.3558)	1.1668 (0.4609)	0.6671 (0.2644)	1.5146 (0.5974)	1.0724 (0.4346)	0.6672 (0.2708)	1.3626 (0.5530)
Cashflow	-0.9985 (-0.6359)	-1.3483 (-0.8486)	-0.9482 (-0.6037)	-0.2144 (-0.1389)	-0.5085 (-0.3252)	-0.1461 (-0.0947)	-8.7393*** (-5.2444)	-9.2321*** (-5.5233)	-8.6827*** (-5.2115)	-7.7649*** (-4.8125)	-8.1851*** (-5.0660)	-7.6870*** (-4.7728)
NDTs	4.1973 (0.9940)	5.2757 (1.2439)	4.2886 (1.0156)	4.1369 (0.9807)	5.0347 (1.1835)	4.2230 (1.0011)	11.4285** (2.5498)	12.4543*** (2.7410)	11.5089** (2.5679)	10.7362** (2.2807)	11.6111** (2.4376)	10.7793** (2.2901)
Grow	0.8002*** (3.1040)	0.8124*** (3.1156)	0.7935*** (3.0805)	0.7694*** (3.0820)	0.7830*** (3.1001)	0.7589*** (3.0514)	0.0008 (0.0076)	-0.0145 (-0.1430)	-0.0049 (-0.0481)	0.0267 (0.2620)	0.0172 (0.1682)	0.0226 (0.2219)
Age	0.3618 (0.7052)	0.3508 (0.6738)	0.4431 (0.8626)	-0.5935 (-1.4312)	-0.5721 (-1.3563)	-0.5583 (-1.3479)	0.3336 (0.7134)	0.2631 (0.5574)	0.4133 (0.8832)	-0.8238** (-2.2469)	-0.8511** (-2.2926)	-0.7904** (-2.1591)
Constant	-1.0149 (-0.3132)	-0.4914 (-0.1501)	-1.7607 (-0.5443)	5.4380* (1.6646)	5.9882* (1.8079)	4.8355 (1.4851)	1.7258 (0.6327)	2.5640 (0.9355)	0.9900 (0.3632)	7.3147*** (2.5990)	8.0790*** (2.8525)	6.7239** (2.3945)

续表

变量	总债务融资与股权融资						有息债务融资与股权融资					
	(1)	(2)	(3)	(4)	(5)	(6)	(7)	(8)	(9)	(10)	(11)	(12)
	M	R	F	M	R	F	M	R	F	M	R	F
Pseudo R^2	0. 1891	0. 1891	0. 1893	0. 1909	0. 1911	0. 1895	0. 2072	0. 2072	0. 2074	0. 1993	0. 1995	0. 1978
chi2	125. 36	125. 35	125. 50	126. 56	126. 67	125. 64	149. 87	149. 86	149. 99	144. 10	144. 23	143. 02
N	2036	2036	2036	2036	2036	2036	1660	1660	1660	1660	1660	1660

注：*、**和***分别表示在10%、5%和1%的水平下显著，括号中的数字为 t 值。

表 6-8　总债务融资与股权融资选择的产权性质差异

变量	(1)	(2)	(3)	(4)	(5)	(6)	(7)	(8)	(9)	(10)	(11)	(12)
	M	R	F	M	R	F	M	R	F	M	R	F
	非国有			国有			非国有			国有		
Ratio	-0.1727 * * * (-3.2366)	-0.1698 * * * (-3.1365)	-0.1783 * * * (-3.3349)	-0.1014 * * (-2.3561)	-0.0977 * * (-2.2271)	-0.1071 * * (-2.4822)						
Interest							-0.6874 * * * (-3.4033)	-0.6899 * * * (-3.3794)	-0.6927 * * * (-3.4326)	-0.6021 * * (-2.1918)	-0.5334 * (-1.9337)	-0.6078 * * (-2.2145)
*Lev * -Lev*	7.3255 * * * (5.2786)	7.3894 * * * (5.5436)	7.3398 * * * (5.2833)	7.5055 * * * (6.6290)	8.4265 * * * (6.9875)	7.5081 * * * (6.6312)	7.5425 * * * (5.3245)	7.6516 * * * (5.5668)	7.4750 * * * (5.2834)	7.4303 * * * (6.5391)	8.4392 * * * (6.9307)	7.3813 * * * (6.5150)
Size	0.6325 * * * (2.7124)	0.6464 * * * (2.7523)	0.6651 * * * (2.8455)	-0.0321 (-0.2191)	-0.0819 (-0.5491)	0.0017 (0.0118)	0.4079 * (1.8705)	0.4225 * (1.9180)	0.4350 * * (1.9965)	-0.1165 (-0.8043)	-0.1712 (-1.1624)	-0.0869 (-0.6030)
Col	-3.5258 (-1.0029)	-3.8009 (-1.0591)	-3.6200 (-1.0287)	-2.3156 (-0.7652)	-2.0131 (-0.6666)	-2.4213 (-0.7998)	-0.9153 (-0.2775)	-1.3251 (-0.3891)	-0.9134 (-0.2778)	-2.4449 (-0.8131)	-2.2069 (-0.7376)	-2.5355 (-0.8436)
Roa	-8.5518 * * (-2.0992)	-8.1783 * * (-2.0094)	-8.1787 * * (-2.0143)	0.0053 (0.0015)	-0.9671 (-0.2700)	0.3937 (0.1084)	-9.8938 * * (-2.4921)	-9.5262 * * (-2.4002)	-9.5271 * * (-2.4114)	0.5152 (0.1420)	-0.2331 (-0.0647)	0.8311 (0.2286)
Cashflow	-3.4819 (-1.5001)	-4.0784 * (-1.7279)	-3.4267 (-1.4758)	1.5986 (0.6677)	1.3405 (0.5589)	1.6497 (0.6889)	-2.2569 (-0.9898)	-2.9650 (-1.2726)	-2.1766 (-0.9568)	2.1924 (0.9273)	2.0564 (0.8680)	2.2648 (0.9585)
NDTs	-0.7480 (-0.1014)	-0.8351 (-0.1103)	-0.6770 (-0.0917)	11.0303 * (1.8597)	12.6720 * * (2.1096)	11.1444 * (1.8789)	-1.8562 (-0.2554)	-2.1884 (-0.2941)	-1.7037 (-0.2356)	11.9034 * (1.9384)	13.5963 * * (2.1592)	12.0073 * (1.9514)
Grow	0.5328 * (1.6870)	0.5919 * (1.7705)	0.5264 * (1.6674)	1.2113 * * * (2.9760)	1.1708 * * * (2.9056)	1.2036 * * * (2.9581)	0.5175 * (1.7186)	0.5715 * (1.7974)	0.5070 * (1.6945)	1.1948 * * * (2.8772)	1.1580 * * * (2.8279)	1.1865 * * * (2.8571)
Age	0.5522 (0.6299)	0.5301 (0.5954)	0.6394 (0.7282)	0.9043 (1.2565)	0.9207 (1.2448)	0.9915 (1.3750)	-0.8122 (-1.0733)	-0.8075 (-1.0450)	-0.7724 (-1.0203)	0.0169 (0.0308)	0.0686 (0.1216)	0.0474 (0.0865)
Constant	-6.9651 (-1.3731)	-6.9394 (-1.3619)	-7.7564 (-1.5286)	4.3347 (0.9540)	5.1387 (1.1109)	3.5263 (0.7787)	0.2390 (0.0456)	-0.0598 (-0.0113)	-0.4447 (-0.0852)	11.2612 * * (2.4786)	12.2028 * * * (2.6583)	10.6263 * * (2.3508)

续表

变量	(1)	(2)	(3)	(4)	(5)	(6)	(7)	(8)	(9)	(10)	(11)	(12)
	M	R	F	M	R	F	M	R	F	M	R	F
	非国有			国有			非国有			国有		
Pseudo R^2	0.2811	0.2810	0.2815	0.1821	0.1821	0.1821	0.2520	0.2523	0.2495	0.1947	0.1948	0.1935
chi2	70.26	70.25	70.36	74.30	74.30	74.33	62.98	63.06	62.36	79.44	79.50	78.99
N	655	655	655	1381	1381	1381	655	655	655	1381	1381	1381

注：*、**和***分别表示在10%、5%和1%的水平下显著，括号中的数字为 t 值。

表 6-9 有息债务融资与股权融资选择的产权性质差异

变量	(1)	(2)	(3)	(4)	(5)	(6)	(7)	(8)	(9)	(10)	(11)	(12)
	M	R	F	M	R	F	M	R	F	M	R	F
	非国有			国有			非国有			国有		
Ratio	-0.1863 * * * (-3.4134)	-0.1888 * * * (-3.4124)	-0.1916 * * * (-3.5004)	-0.1125 * * * (-2.8480)	-0.1093 * * * (-2.7379)	-0.1179 * * * (-2.9733)						
Interest							-0.6273 * * (-2.4828)	-0.5551 * * (-2.2047)	-0.6317 * * (-2.5017)	-0.5290 * * * (-3.0008)	-0.5309 * * * (-2.9819)	-0.5347 * * * (-3.0357)
Lev * -*Lev*	6.8554 * * * (4.4834)	6.8235 * * * (4.6768)	6.8802 * * * (4.4901)	7.1271 * * * (6.7149)	7.7103 * * * (6.9070)	7.1283 * * * (6.7148)	6.9295 * * * (4.5159)	6.7115 * * * (4.6205)	6.8480 * * * (4.4743)	6.7600 * * * (6.5218)	7.3990 * * * (6.7407)	6.7018 * * * (6.4924)
Size	0.0690 (0.3326)	0.0239 (0.1158)	0.0995 (0.4786)	0.0341 (0.2673)	-0.0116 (-0.0901)	0.0660 (0.5154)	-0.1568 (-0.7989)	-0.2014 (-1.0233)	-0.1323 (-0.6753)	-0.0675 (-0.5412)	-0.1129 (-0.8956)	-0.0418 (-0.3357)
Col	0.2742 (0.0782)	0.1723 (0.0486)	0.1870 (0.0533)	-4.1573 (-1.5442)	-3.8656 (-1.4430)	-4.2485 (-1.5777)	3.6425 (1.0939)	3.5691 (1.0589)	3.6827 (1.1076)	-3.4370 (-1.3195)	-3.2875 (-1.2609)	-3.4777 (-1.3369)
Roa	-1.1025 (-0.2822)	-0.2298 (-0.0592)	-0.7553 (-0.1937)	4.1868 (1.2110)	2.6983 (0.7754)	4.5534 (1.3127)	-1.6633 (-0.4505)	-1.0433 (-0.2866)	-1.3293 (-0.3620)	4.5928 (1.3182)	3.3707 (0.9586)	4.8874 (1.4011)
Cashflow	-9.4787 * * * (-3.4420)	-10.5311 * * * (-3.7799)	-9.4191 * * * (-3.4198)	-9.7302 * * * (-4.1499)	-9.9026 * * * (-4.2121)	-9.6737 * * * (-4.1269)	-8.4086 * * * (-3.1497)	-9.4082 * * * (-3.4856)	-8.3277 * * * (-3.1285)	-8.8009 * * * (-3.8770)	-8.8586 * * * (-3.9058)	-8.7121 * * * (-3.8455)
NDTs	4.4063 (0.5348)	4.5817 (0.5434)	4.4707 (0.5426)	15.2947 * * * (2.7244)	17.2324 * * * (2.9467)	15.3800 * * * (2.7403)	3.9079 (0.4943)	4.1962 (0.5268)	4.0502 (0.5141)	14.9487 * * (2.5182)	16.8857 * * * (2.7313)	14.9792 * * (2.5223)
Grow	0.5783 * * (1.9839)	0.6136 * * (2.0255)	0.5728 * * (1.9643)	-0.1995 * (-1.7081)	-0.2274 * (-1.9322)	-0.2051 * (-1.7548)	0.5559 * * (1.9789)	0.5832 * * (2.0160)	0.5475 * (1.9572)	-0.1612 (-1.4080)	-0.1826 (-1.5828)	-0.1642 (-1.4345)
Age	0.4172 (0.4862)	0.3264 (0.3777)	0.5002 (0.5819)	0.4408 (0.7435)	0.4459 (0.7393)	0.5239 (0.8827)	-1.3639 * (-1.9240)	-1.4517 * * (-2.0267)	-1.3326 * (-1.8813)	-0.5263 (-1.1361)	-0.4967 (-1.0551)	-0.4916 (-1.0631)
Constant	1.2953 (0.2878)	2.6593 (0.5845)	0.5499 (0.1224)	5.4678 (1.4625)	6.2107 * (1.6510)	4.6960 (1.2573)	8.8520 * (1.8793)	9.6918 * * (2.0280)	8.2038 * (1.7508)	11.0743 * * * (2.8635)	11.9207 * * * (3.0685)	10.4747 * * * (2.7149)

续表

变量	(1)	(2)	(3)	(4)	(5)	(6)	(7)	(8)	(9)	(10)	(11)	(12)
	M	R	F	M	R	F	M	R	F	M	R	F
	非国有			国有			非国有			国有		
Pseudo R^2	0. 3056	0. 3056	0. 3061	0. 1900	0. 1900	0. 1900	0. 2784	0. 2787	0. 2763	0. 1905	0. 1907	0. 1892
chi2	79. 26	79. 24	79. 37	87. 95	87. 96	87. 96	72. 19	72. 26	71. 64	88. 21	88. 28	87. 60
N	558	558	558	1102	1102	1102	558	558	558	1102	1102	1102

注：*、**和***分别表示在10%、5%和1%的水平下显著，括号中的数字为 *t* 值。

表 6-10　总债务融资与股权融资选择的负债水平差异

变量	(1)	(2)	(3)	(4)	(5)	(6)	(7)	(8)	(9)	(10)	(11)	(12)
	M	R	F	M	R	F	M	R	F	M	R	F
	负债不足			负债过度			负债不足			负债过度		
Ratio	-0.1174 * * * (-3.0434)	-0.1320 * * * (-3.2698)	-0.1231 * * * (-3.1846)	-0.1162 * * (-1.9738)	-0.0760 (-1.3529)	-0.1218 * * (-2.0640)						
Interest							-0.8026 * * * (-2.9343)	-0.6864 * * (-2.5127)	-0.8608 * * * (-3.2423)	-0.5771 * * * (-2.9296)	-0.6380 * * * (-3.1406)	-0.5535 * * * (-2.7679)
Lev * -*Lev*	7.1724 * * * (4.9423)	9.1109 * * * (5.9394)	7.5300 * * * (5.1093)	2.1431 (0.8769)	3.5651 (1.3158)	2.6958 (1.1164)	7.3200 * * * (5.0810)	9.2422 * * * (6.0270)	7.4896 * * * (5.1505)	1.6447 (0.6776)	2.8113 (1.0668)	1.9510 (0.8236)
Size	0.1410 (0.9916)	0.0807 (0.5455)	0.1380 (0.9720)	0.5132 * * (2.1399)	0.4522 * (1.9234)	0.5982 * * (2.5444)	0.0370 (0.2689)	-0.0386 (-0.2699)	0.0364 (0.2646)	0.3934 * (1.6771)	0.3739 (1.6237)	0.4621 * * (2.0197)
Col	-1.0689 (-0.4364)	-0.7581 (-0.3060)	-1.1502 (-0.4673)	-2.3977 (-0.5414)	-3.0500 (-0.6833)	-2.5400 (-0.5829)	-0.1830 (-0.0774)	-0.1544 (-0.0640)	-0.2325 (-0.0983)	-2.1731 (-0.5012)	-2.5032 (-0.5772)	-2.3399 (-0.5450)
Roa	-4.4431 (-1.3604)	-4.6615 (-1.4454)	-3.7137 (-1.1323)	-2.4240 (-0.5346)	-1.9733 (-0.4307)	-2.7612 (-0.6183)	-4.8503 (-1.5270)	-5.0825 (-1.6196)	-4.2232 (-1.3265)	-2.7447 (-0.6034)	-2.4631 (-0.5352)	-3.1113 (-0.6916)
Cashflow	-0.8879 (-0.4185)	-1.6074 (-0.7400)	-0.8551 (-0.3960)	-0.7029 (-0.2627)	-1.1736 (-0.4543)	-0.5973 (-0.2284)	0.0087 (0.0042)	-0.3469 (-0.1622)	0.0892 (0.0420)	-0.4011 (-0.1535)	-1.0520 (-0.4124)	-0.3679 (-0.1439)
NDTs	4.9346 (0.9877)	6.2495 (1.2209)	5.5312 (1.1023)	2.7023 (0.3188)	4.1402 (0.5103)	1.7351 (0.2081)	4.5594 (0.8998)	5.4069 (1.0534)	5.0340 (0.9895)	4.0780 (0.4715)	5.6428 (0.6820)	3.4507 (0.4019)
Grow	0.8499 * * * (2.6375)	0.7278 * * (2.4274)	0.8123 * * (2.5547)	0.6936 (1.6250)	1.0386 * * (2.1028)	0.7519 * (1.7442)	0.7603 * * (2.5406)	0.6584 * * (2.3496)	0.7191 * * (2.4473)	0.8001 * (1.7726)	1.1389 * * (2.2417)	0.8681 * (1.8990)
Age	0.1488 (0.2325)	0.4636 (0.6892)	0.3007 (0.4637)	0.8287 (0.9301)	0.2670 (0.3135)	0.7710 (0.8841)	-0.8676 * (-1.6452)	-0.7238 (-1.3226)	-0.7872 (-1.4861)	0.0605 (0.0862)	-0.1160 (-0.1670)	0.0243 (0.0350)
Constant	1.5407 (0.4007)	2.3091 (0.5827)	1.4186 (0.3674)	-6.3669 (-1.0063)	-3.7872 (-0.5986)	-7.9410 (-1.2803)	7.4745 * (1.8964)	9.4054 * * (2.3017)	7.1901 * (1.8226)	1.2614 (0.1981)	1.5544 (0.2433)	0.3407 (0.0543)

续表

变量	(1)	(2)	(3)	(4)	(5)	(6)	(7)	(8)	(9)	(10)	(11)	(12)
	M	R	F	M	R	F	M	R	F	M	R	F
	负债不足			负债过度			负债不足			负债过度		
Pseudo R^2	0.1506	0.1500	0.1526	0.0536	0.0538	0.0641	0.1464	0.1463	0.1432	0.0709	0.0710	0.0872
chi2	57.34	57.03	57.51	11.66	11.71	14.38	55.74	55.64	53.97	15.43	15.45	19.57
N	809	818	807	1227	1218	1229	809	818	807	1227	1218	1229

注：*、**和***分别表示在10%、5%和1%的水平下显著，括号中的数字为 t 值。

表 6-11　有息债务融资与股权融资选择的负债水平差异

变量	(1)	(2)	(3)	(4)	(5)	(6)	(7)	(8)	(9)	(10)	(11)	(12)
	M	R	F	M	R	F	M	R	F	M	R	F
	负债不足			负债过度			负债不足			负债过度		
Ratio	-0. 1353 * * * (-3. 4118)	-0. 1548 * * * (-3. 7044)	-0. 1574 * * * (-3. 3064)	-0. 1303 * * (-2. 4641)	-0. 0991 * * (-1. 9682)	-0. 1309 * * * (-2. 9273)						
Interest							-0. 5133 * * * (-2. 7370)	-0. 5785 * * * (-3. 0246)	-0. 6522 * * * (-3. 0405)	-0. 4966 * * (-2. 2200)	-0. 4064 * (-1. 7877)	-0. 4108 * * (-2. 1445)
Lev * -*Lev*	6. 8864 * * * (4. 5268)	8. 4184 * * * (5. 1627)	7. 1166 * * * (4. 5529)	7. 9126 * * * (3. 0933)	7. 3610 * * * (2. 7660)	7. 5004 * * * (3. 1354)	6. 8763 * * * (4. 6596)	8. 4441 * * * (5. 3125)	6. 9367 * * * (4. 5943)	6. 9481 * * * (2. 7055)	6. 4841 * * (2. 4429)	6. 1844 * * * (2. 5910)
Size	0. 0681 (0. 5594)	-0. 0581 (-0. 4643)	0. 0903 (0. 7253)	0. 2680 (1. 4200)	0. 3468 * (1. 8336)	0. 2761 (1. 5540)	-0. 0436 (-0. 3706)	-0. 1876 (-1. 5547)	-0. 0151 (-0. 1264)	0. 1115 (0. 6169)	0. 2289 (1. 2606)	0. 0919 (0. 5381)
Col	-2. 1929 (-0. 9266)	-2. 1046 (-0. 8767)	-2. 3515 (-0. 9775)	0. 7721 (0. 2119)	1. 1238 (0. 3163)	0. 4261 (0. 1194)	-1. 0419 (-0. 4544)	-0. 9691 (-0. 4163)	-1. 1157 (-0. 4842)	2. 6298 (0. 7667)	2. 5948 (0. 7692)	2. 5831 (0. 7687)
Roa	-2. 7064 (-0. 8083)	-1. 6701 (-0. 5143)	-2. 5088 (-0. 7413)	7. 9219 * * (2. 2309)	6. 3185 (1. 6301)	7. 2253 * * (2. 0861)	-2. 0665 (-0. 6518)	-0. 8986 (-0. 2906)	-1. 9439 (-0. 6042)	7. 4718 * * (2. 0752)	5. 5671 (1. 4357)	6. 5389 * (1. 8544)
Cashflow	-7. 8510 * * * (-3. 2605)	-9. 3886 * * * (-3. 8351)	-7. 9082 * * * (-3. 2458)	-10. 7453 * * * (-4. 3581)	-10. 1282 * * * (-4. 0530)	-10. 3677 * * * (-4. 2463)	-6. 9395 * * * (-2. 9823)	-7. 6628 * * * (-3. 3066)	-6. 9587 * * * (-2. 9710)	-9. 6252 * * * (-4. 0007)	-9. 3998 * * * (-3. 8676)	-8. 9842 * * * (-3. 8139)
NDTs	9. 8013 * (1. 8771)	12. 9774 * * (2. 3986)	10. 4064 * (1. 9542)	19. 6055 * * (2. 3676)	16. 7095 * * (2. 1300)	18. 2453 * * (2. 1940)	8. 3635 (1. 5543)	10. 4320 * (1. 8923)	8. 8554 (1. 6190)	20. 0181 * * (2. 4565)	17. 4196 * * (2. 2479)	18. 6256 * * (2. 2590)
Grow	-0. 0886 (-0. 6706)	-0. 1976 (-1. 4034)	-0. 1019 (-0. 7716)	0. 1112 (0. 6664)	0. 1666 (0. 9250)	0. 1297 (0. 7592)	-0. 0580 (-0. 4348)	-0. 1581 (-1. 0989)	-0. 0730 (-0. 5501)	0. 1398 (0. 8456)	0. 1991 (1. 1144)	0. 1685 (0. 9942)
Age	0. 4993 (0. 8392)	0. 6661 (1. 0784)	0. 4246 (0. 7067)	-0. 1096 (-0. 1424)	-0. 2118 (-0. 2805)	0. 4002 (0. 5245)	-0. 7410 (-1. 5794)	-0. 7185 (-1. 4835)	-0. 7592 (-1. 5915)	-1. 1828 * (-1. 9513)	-1. 0496 * (-1. 7465)	-0. 9572 (-1. 6351)
Constant	3. 0482 (0. 9110)	5. 7946 * (1. 6940)	2. 8710 (0. 8455)	-2. 9849 (-0. 6007)	-5. 1557 (-1. 0075)	-3. 7474 (-0. 7838)	8. 7978 * * (2. 4795)	12. 4241 * * * (3. 4165)	7. 6796 * * (2. 1495)	2. 6442 (0. 5377)	-0. 7013 (-0. 1394)	3. 5309 (0. 7455)

续表

变量	(1)	(2)	(3)	(4)	(5)	(6)	(7)	(8)	(9)	(10)	(11)	(12)
	M	R	F	M	R	F	M	R	F	M	R	F
	负债不足			负债过度			负债不足			负债过度		
Pseudo R^2	0. 1543	0. 1552	0. 1553	0. 1505	0. 1512	0. 1468	0. 1408	0. 1399	0. 1359	0. 1444	0. 1493	0. 1453
chi2	59. 34	60. 04	58. 17	42. 05	41. 51	42. 59	54. 15	54. 01	50. 91	40. 33	40. 98	42. 18
N	709	718	700	951	942	960	709	718	700	951	942	960

注：*、**和***分别表示在10%、5%和1%的水平下显著，括号中的数字为 t 值。

本章采用二项 Logit 模型，分阶段实证检验了货币政策对公司内部融资与外部融资，债务融资与股权融资的影响问题。研究发现，当存款准备金率与贷款基准利率提高，货币政策趋于紧缩时，公司选择内部融资的概率也将提高，货币政策趋于宽松时，公司选择外部融资的概率提高；而当存款准备金率与贷款基准利率提高，货币政策趋于紧缩时，公司选择股权融资的概率也将提高，货币政策趋于宽松时，公司选择债务融资的概率提高。即货币政策紧缩时，公司选择融资方式的顺序是内部融资→股权融资→债务融资；货币政策宽松时，公司选择融资方式的顺序是债务融资→股权融资→内部融资。在内部融资与外部融资的选择上，国有公司与负债不足公司对货币政策变化的反应更明显，而在债务融资与股权融资的选择上，非国有公司与负债不足公司对货币政策变化的反应更明显。

研究结论与政策建议

一、研究结论

在对相关的公司融资理论与货币政策传导理论进行梳理与总结的基础上，本书对中国的货币政策调控与上市公司融资状况进行了回顾与分析，然后基于上市公司的微观数据，对货币政策怎样影响上市公司银行借款、商业信用以及公司债务结构的动态调整和融资方式的选择顺序进行了实证研究。研究结论如下：

1. 货币政策对上市公司银行借款的影响具有显著的异质性特点

本书以中国上市公司财务数据作为研究样本，实证检验了不同货币政策工具对上市公司银行借款的影响。研究发现，货币政策对不同产权性质上市公司不同类型银行借款的影响具有异质性特点，存款准备金率、贷款基准利率与上市公司的短期银行借款、长期银行借款、总银行借款均为显著的负相关关系，符合货币政策信贷传导理论的预期；当我们把研究数据按照实际控制人性质区分为国有与非国有样本时，这一结论仍然基本成立，但是货币政策对不同产权性质上市公司银行借款的影响是不同的。具体来说，非国有上市公司的短期银行借款在货币政策紧缩时会下降得更多，符合信贷配给理论的预期，而国有上市公司的长期银行借款在货币政策紧缩时会下降得更多。当然，非国有上市公司总的银行借款无论是占总资产的比重还是占总负债的比重，都在货币政策紧缩时下降得更多，因此总体来看，非国有上市公司在货币政策紧缩时期仍然会遭遇银行体系的信贷配给。

实证结果还发现，货币政策紧缩时，非国有上市公司银行借款的成本会上升，而国有上市公司银行借款的成本则会下降，非国有上市公司所遭遇的信贷配给不仅体现在借款规模上，也体现在借款成本上；实证结果同时还发现，上市公司会以长期借款替代短期借款，而这种效应在非国有上市公司中更明显。

在此实证结果的基础上，本书又结合中国的金融业竞争差异与政府干预差异等制度背景变量，进一步研究了货币政策与上市公司银行借款的关系。结果发现，制度背景因素也能够显著影响货币政策对上市公司银行借款的效应，上市公司的银行借款在金融业竞争程度和政府干预程度不同的区域对货币政策的反应是不同的，其中，货币政策在金融业竞争程度较低和政府干预程度较高的区域对上市公司的银行借款影响更大，同时，随着金融业竞争程度的提高和政府干预程度的降低，非国有上市公司短期借款在货币紧缩时所受信贷配给能够得到缓解，而长期借款中存在的关系型融资现象也有所减少。

2. 货币政策对非国有上市公司的商业信用具有重要影响

本书在一个自然实验框架内利用双重差分模型实证检验了中国 2004 年货币政策紧缩事件与 2009 年货币政策扩张事件中上市公司商业信用的变化及相关问题。研究发现，在货币紧缩时期，相对于国有上市公司，易遭受信贷歧视的非国有上市公司的银行借款下降幅度更大，而其应付的商业信用上升的幅度更大，即商业信用在非国有上市公司中发挥着替代融资效应；通过账龄分析也发现，货币紧缩之后，非国有上市公司会用期限较长的商业信用替代期限较短的商业信用，非国有上市公司的长期商业信用比例显著高于国有上市公司。但研究同时发现，无论是在货币紧缩时期还是在货币扩张时期，非国有上市公司都对外提供了更多的商业信用，这与传统的信贷再分配理论不一致，即国有上市公司并没有对外提供更多的信贷资源。通过账龄分析发现，货币紧缩之后，非国有上市公司对外提供的长期商业信用比例显著高于国有上市公司；货币扩张之后，非国有上市公司对外提供的短期商业信用比例高于国有上市公司。

3. 货币政策紧缩能够显著影响上市公司债务结构的调整

在对上市公司银行借款和商业信用实证分析的基础上，本书把上市公司的债务融资作为一个整体，实证研究了货币政策调控下上市公司债务结构的动态调整问题。首先，我们结合动态面板数据模型和 GMM 估计方法实证检验了货币政策与上市公司债务结构调整速度的关系。研究发现，相对于货币政策扩张时期，货币政策紧缩时，上市公司债务结构的调整速度加快，其中负债过度与非国有上市公司在货币紧缩期债务结构的调整速度更快。其次，我们结合随机效应极大似然估计、随机效应 GLS 和固定效应三种方法估计出公司最优债务结构，并实证检验货币政策对上市公司债务结构偏离程度的影响。结果发现，货币政策紧缩，将增大公司实际债务结构的偏离程度，而这一效应在负债不足公司与非国有公司样本中更加明显。

4. 货币政策能够显著影响上市公司融资方式的选择

本书采用二项 Logit 模型，分阶段实证检验了货币政策对公司内部融资与外部融资，债务融资与股权融资的影响问题。研究发现，当存款准备金率与贷款基准利率提高，货币政策趋于紧缩时，公司选择内部融资的概率将提高，货币政策趋于宽松时，公司选择外部融资的概率提高；当存款准备金率与贷款基准利率提高，货币政策趋于紧缩时，公司选择股权融资的概率也将提高，货币政策趋于宽松时，公司选择债务融资的概率提高。即货币政策紧缩时，公司选择融资方式的顺序是内部融资→股权融资→债务融资；货币政策宽松时，公司选择融资方式的顺序是债务融资→股权融资→内部融资。在内部融资与外部融资的选择上国有公司与负债不足公司对货币政策变化的反应更明显，而在债务融资与股权融资的选择上非国有公司与负债不足公司对货币政策变化的反应更明显。

二、政策建议

本书的实证结果具有强烈的政策意义，由于中国目前正处于经济体制的转型时期，市场经济运行机制还不够完善，不同类型的企业面临不同的融资环境。当央行利用利率、法定存款准备金率等货币政策工具实施统一的宏观调控时，不同的企业就会形成不同的货币政策传导机制。如果实体经济的微观主体差异较大，金融体系又有特定的偏好，那么货币政策的有效性就会大打折扣。因此，本书针对研究结论提出以下政策建议：

1. 货币当局应当针对调控对象的不同执行差异化的货币政策手段

从本书的实证结果可以看出，总体上，非国有上市公司的银行借款会受到过于强烈的影响，这将导致中国的货币政策在传导方面出现问题，使得货币政策的最终效力可能会存在差异。实证结果还表明，金融业竞争程度较低和政府干预程度较高地区的公司银行借款受到的影响更大，这也意味着统一的货币政策调控，可能实际上只对一部分区域产生了过于强烈的影响，而没有达到原本希望的货币政策效果。此外，就公司的融资来源而言，内部融资、债务融资和股权融资等融资方式的选择也都会随着货币政策的变化而改变，即使只在债务融资内部，也存在长期银行借款与短期银行借款、银行信贷与商业信用的替代变化，这也要求央行高度关注其货币政策的微观基础，区分不同调控对象的异质性及所面临的制度背景，在以社会融资规模作为货币政策传导的中介目标时，不能仅仅关注规模总量的变化，也要注意其内部结构的变化，并利用其内部结构的变化为货币政策的调控提供有用的信息。

当央行面临异质性差别较大的调控对象时，货币政策作为总量调控政策，就难以实现均衡、统一的调控，从而增加了央行政策调控的难度，降低了统一货币政策调控的准确性和有效性，削弱了调控的最终绩效，难以达到货币政策宏观调控的目标。因此，作为中央银行的货币当局需要针对不同对象执行有差别的货币政策手段，如对金融业竞争程度较低或政府干预程度较高的区域，辅之以较为审慎的调控手段，而在金融业竞争程度较高或政府干预程度较低的区域，则应该加大政策力度。

2. 中国人民银行进行货币政策调控时应高度重视商业信用的作用

本书的研究结论发现，容易受到货币政策调控影响的非国有上市公司会积极寻找应对方法，寻找银行借款的替代方式也是非国有上市公司在货币紧缩时的应对措施，商业信用就在其中发挥了重要作用。而商业信用的替代融资效应和信贷资源再分配效应都将影响到货币政策对上市公司债务融资的效力。因此，货币当局在考虑货币政策调控目标时，不应仅仅关注对银行等正规金融机构的调控，也需要考虑企业间商业信用等非正规金融所起的作用，当然本书没有涉及的民间借贷融资其实也是一个重要方面，2011 年以来，中国人民银行将货币政策中介目标调整为社会融资总量，表明货币当局已经开始关注银行信用之外的其他融资方式和融资途径，但我们同时也注意到，目前的社会融资总量统计并没有将商业信用融资作为一个主要的方面，这有待中国人民银行在货币政策实施过程中逐步改进。

银行体系之外的商业信用、民间借贷融资有可能使央行的货币政策目标实现受到一定的制约，难以达到预期的调控效果，因此，货币当局的政策操作力度也有必要考虑在非正规金融的抵消影响情况下进一步加强。

3. 中国人民银行应当鼓励和引导金融体系对民营企业的融资支持

本书也证明中国非国有上市公司在货币紧缩时面临银行体系的歧视性信贷配给，虽然关系型融资能够缓解非国有上市公司在长期借款方面所面临的信贷配给，但非国有上市公司必须付出借款成本上升的代价，说明中国以国有商业银行为主导的金融体系总体上仍不利于非国有上市公司获取银行借款。而本书还发现中国非国有上市公司能够对外提供更多的商业信用，也说明中国的信贷资源分配效率存在很大的问题，国有上市公司能够获得更多的银行信贷资源，但并没有发挥信贷资源再分配的功能，因此，如果中国的金融体系能够适当减少国有公司的信贷规模，而增加对非国有公司的信贷支持，就能更好地发挥非国有公司信贷资源再分配的作用，也能间接地改善金融体系的信贷资源分配效率，所以，中国人民银行需要出台措施鼓励金融体系加强对民营经济和小微企业的融资服务。

2014 年 6 月，中国人民银行对符合审慎经营条件且对“三农”和小微企业贷款达到一定比例的商业银行实行下调人民币存款准备金率 0.5 个百分点的定向降准措施，这就是一种具有明确导向的货币政策措施，通过对发放“三农”、小微企业等符合结构调整需要、能够满足市场需求的实体经济贷款达到一定比例的银行业金融机构适当降低准备金率，能够使信贷资源流向特定的领域，针对民营企业也可以考虑类似的政策手段。除此之外，中国人民银行也可以考虑支持建立全国范围的信用评级体系，减少民营企业与商业银行之间的信息不对称状况；鼓励货币市场与资本市场加快发展，扩大民营企业的融资来源和融资渠道。

4. 中国人民银行应当努力促进中国金融业的市场化改革方向

本书研究结论还发现，中国金融业竞争程度的提高和政府干预程度的降低能够减轻非国有上市公司所遭受的信贷歧视，因此，提高金融业的竞争和减少政府的干预，应该是中国金融业市场化改革和发展的方向，而如何提高金融业的竞争程度，降低政府干预程度，也应当是中国金融业市场化改革和发展的重要研究课题。中国人民银行作为政策的制定者可以考虑降低金融行业的准入门槛，加大对股份制商业银行和城市商业银行的扶持力度，大力发展中小金融机构和民营金融机构，增加金融业的市场竞争主体，打破国有大型商业银行的垄断格局，构建为非国有经济和中小企业服务的中小型金融机构体系，从而提高中国的金融业竞争程度，构建有序竞争的金融市场体系来逐步消除信贷歧视问题，为非国有经济与中小企业的发展创造一个良好的金融市场环境。

5. 货币政策有效性的增强也有赖于其他经济政策的配合

货币政策紧缩，改变了上市公司面临的信贷环境和股权再融资环境，将增大公司实际债务结构的偏离程度，从而加快公司债务结构的调整速度，而公司债务结构的调整存在不同的方式，这必然引起资本市场和银行体系的相应变化，因此，中国人民银行在采用货币政策工具实施宏观调控时，需要配合如股权再融资管制、银行贷款政策等其他配套的措施。而货币政策对非国有公司和负债不足公司债务结构偏离程度的影响更大，都说明这两类公司的融资状况对货币政策的变化更敏感，因此，中国人民银行在实施货币政策调控时，也需要有其他经济政策的密切配合以便为这两类企业提供更多的政策扶持，如税收减免、贷款优惠等，以保障经济的平稳运行，当然这也需要其他经济部门的配合与支持。

三、未来的研究方向

首先，本书的实证研究是基于公司管理者完全理性的假设，从公司的微观异质特性出发，讨论货币政策对公司融资决策的作用，但却忽视了由于认知偏差而出现的公司管理者信心、情绪、动机等方面的变化与差异，及其在公司融资决策中的作用。因此，本书未来可考虑的一个研究方向就是结合公司管理者信心变化与差异讨论货币政策对公司融资决策的影响。

其次，由于中国的股票市场与债券市场起步时间较晚，发展过程还不成熟，为了简化研究，本书的主要研究对象为上市公司的债务融资（银行信贷、商业信用与债务结构），对于其他资本市场融资方式如股权融资与债券融资等仅在第六章融资方式的选择中有所涉及，而没有进行专门的研究。因此，如何结合中国资本市场的现状，讨论货币政策与股权融资、债券融资的关系也是未来的研究方向。

最后，由于篇幅所限，本书尚未研究货币政策调控下上市公司融资决策的经济后果如公司投资规模、投资效率、经营业绩与企业价值等，但这些也可能对货币政策的调控效果产生重要作用。因此，这也是本书未来的研究方向。

参考文献

[1] 蔡跃洲，郭梅军．金融结构与货币政策传导机制——中国转轨时期的分析与实证检验．经济科学，2004（3）．

[2] 曹廷求，朱博文．银行治理影响货币政策传导的银行贷款渠道吗？．金融研究，2013（1）．

[3] 曹永琴．中国货币政策效应的区域差异研究．数量经济技术经济研究，2007（9）．

[4] 曾海舰，苏冬蔚．信贷政策与公司资本结构．世界经济，2010（8）．

[5] 陈健．银企关系与信贷可获得性、贷款成本——基于2003年NSSBF调查的实证分析．财贸经济，2008（1）．

[6] 陈静．量化宽松货币政策的传导机制与政策效果研究．国际金融研究，2013（2）．

[7] 陈鹄飞．货币政策与最优融资选择——一个基于公司治理因素视角的研究．经济管理，2010（2）．

[8] 陈雨露，汪昌云．金融学文献通论：宏观金融卷．中国人民大学出版社，2006.

[9] 戴金平，金永军．货币政策的行业非对称效应．世界经济，2006（7）．

[10] 德怀特·贾菲，约瑟夫·斯蒂格利茨．信贷配给//本杰明·M. 弗里德曼，弗兰克·H. 哈恩．货币经济学手册（第2卷）．陈雨露，曾刚等，译．经济科学出版社，2002.

[11] 杜建华．银行业竞争与货币政策调控效果——一个自然实验框架下的分析．金融论坛，2013（7）．

[12] 杜建华．金融业竞争、债权人保护与公司长期债务融资．上海金融，2013（12）．

[13] 樊刚，王小鲁，朱恒鹏．中国市场化指数——各地区市场化相对进程2011年报告．经济科学出版社，2011.

[14] 樊明太．金融结构及其对货币传导机制的影响．经济研究，2004（7）．

[15] 方军雄．所有制、制度环境与信贷资金配置．经济研究，2007（12）．

[16] 胡莹，仲伟周．银行业市场结构与货币政策冲击．经济评论，2010（2）．

[17] 扈文秀，王锦华，黄胤英．美联储量化宽松货币政策实施效果及对中国的启示．国际金融研究，2013（12）．

[18] 江群．我国货币政策信贷传导渠道研究．湖南大学博士论文，2010.

[19] 吉红云，干杏娣．中国货币政策的产业结构调整效应．上海经济研究，2014（2）．

[20] 冀志斌，宋清华．银行高官薪酬与货币政策信贷传导效率．国际金融研究，2013（4）．

[21] 姜付秀，屈耀辉，陆正飞，李焰．产品市场竞争与资本结构动态调整．经济研究，2008（4）．

[22] 姜国华，饶品贵．宏观经济政策与微观公司行为——拓展会计与财务研究新领域．会计研究，2011（3）．

[23] 姜国华，饶品贵．货币政策波动、银行信贷与会计稳健性．金融研究，2011（3）．

[24] 姜再勇，钟正生．中国货币政策利率传导渠道的体制转换特征．数量经济技术经济研究，2010（4）．

[25] 蒋益民，陈璋．SVAR模型框架下货币政策区域效应的实证研究：1978—2006. 金融研究，2009（4）．

[26] 肯特·马修斯，汤姆森．银行经济学．綦相译．机械工业出版社，2008.

[27] 李成，马文涛，王彬．通货膨胀预期、货币政策与宏观经济稳定．经济学季刊，2010（10）．

[28] 李涛，刘明宇．资本充足率、银行信贷与货币政策传导．国际金融研究，2012（11）．

[29] 李志军，王善平．货币政策、信息披露质量与公司债务融资．会计研究，2011（10）．

[30] 廖慧，马泽昊，郑子龙．商业银行资产负债表结构与货币政策传导渠道．经济与管理研究，2013（10）．

[31] 刘飞．货币政策如何影响中国的信贷资源再分配——基于双重差分模型的实证检验．财经论丛，2013（2）．

[32] 刘飞．货币政策、信贷歧视与企业间商业信用．浙江金融，2013（2）．

[33] 刘飞．国外货币政策信贷传导研究新进展——基于微观异质性视角的述评．经济体制改革，2013（2）．

[34] 刘飞．中国货币传导的银行信贷渠道与商业信贷渠道研究——基于公司债务融资的 DID 分析．现代财经，2013（4）．

[35] 刘飞．货币政策紧缩与公司债务融资变动．上海金融，2013（8）．

[36] 刘民权，徐忠，赵英涛．商业信用研究综述．世界经济，2004（1）．

[37] 刘仁伍，盛文军．商业信用是否补充了银行信用体系．世界经济，2011（11）．

[38] 刘小鲁．中国商业信用的资源再配置效应与强制性特征——基于工业企业数据的实证检验．中国人民大学学报，2012（1）．

[39] 刘洋．不同银行业结构下的货币政策传导效果研究．统计与决策，2011（6）．

[40] 卢峰、姚洋．金融压抑下的法制、金融发展和经济增长．中国社会科学，2004（1）．

[41] 卢盛荣．货币政策地区效应．数量经济技术经济研究，2007（3）．

[42] 雒敏，聂文忠．财政政策、货币政策与企业资本结构动态调整——基于我国上市公司的经验证据．经济科学，2012（5）．

[43] 雒敏，苏文兵，聂文忠．宏观经济政策与公司资本结构动态调整路径研究——基于我国上市公司的经验证据．南京社会科学，2013（11）．

[44] 吕光明．中国货币政策产业非均衡效应实证研究．统计研究，2013（4）．

[45] 陆静，黄霞．宏观信贷政策、政治关联和公司资本结构．山西财经大学学报，2013（3）．

[46] 陆正飞，杨德明．商业信用：替代性融资，还是买方市场？．管理世界，2011（4）．

[47] 陆正飞，祝继高，樊铮．银根紧缩、信贷歧视与民营上市公司投资者利益损失．金融研究，2009（8）．

[48] 马理，黄宪，代军勋．银行资本约束下的货币政策传导机制研究．金融研究，2013（5）．

[49] 马理，巫慧玲，张琴．央票交易的货币政策传导效应研究．经济理论与经济管理，2013（11）．

[50] 马文超，胡思玥．货币政策、信贷渠道与资本结构．会计研究，2012（11）．

[51] 庞欣，刘志新，孙欧．上市银行经营绩效与货币政策信贷传导有效性．系统工程，2013（4）．

[52] 彭方平，王少平．中国货币政策的微观效应——基于非线性光滑转换面板模型的实证研究．金融研究，2007（9）．

[53] 钱雪松．公司金融、银行业结构和货币传导机制．金融研究，2008（8）．

[54] 青木昌彦．比较制度分析．上海远东出版社，2001.

[55] 申俊喜，曹源芳，封思贤．货币政策的区域异质性效应．中国工业经济，2011（6）．

[56] 盛松成．社会融资规模与货币政策传导．金融研究，2012（10）．

[57] 盛松成．社会融资规模是符合金融宏观调控市场化方向的中间目标．金融时报，2011-03-08.

[58] 石晓军，张顺明，李杰．商业信用对信贷政策的抵消是反周期的吗？——来自中国的证据．经济学季刊，2009（1）．

[59] 苏冬蔚，曾海舰．宏观经济因素、企业家信心与公司融资选择．金融研究，2011（4）．

[60] 汪川，黎新，周振峰．货币政策的信贷渠道：基于“金融加速器模型”的中国经济周期分析．国际金融研究，2011（1）．

[61] 王元．货币政策非对称性研究．中国社会科学院研究生院博士论文，2012.

[62] 徐涛．中国货币政策行业的效应分析．世界经济，2007（2）．

[63] 叶康涛，祝继高．银根紧缩与信贷资源配置．管理世界，2009（1）．

[64] 于则．中国货币政策的区域效应分析．管理世界，2006（2）．

[65] 余辉，余剑．中国金融状况指数构建及其对货币政策传导效应的启示．金融研究，2013（4）．

[66] 余婧，罗杰．中国金融资源错配的微观机制——基于工业企业商业信贷的经验研究．复旦学报（社会科学版），2012（1）．

[67] 余明桂，潘红波．所有权性质、商业信用与信贷资源配置效率．经济管理，2010（8）．

[68] 战明华，许月丽．公司融资、结构调整、部门异质性与中国信贷渠道的存在性．财经研究，2010（12）．

[69] 张辉，黄泽华．中国货币政策利率传导的实证研究．经济学动态，2011（3）．

[70] 张太原，谢赤，高芳．利率对上市公司资本结构影响的实证研究．金融研究，2007（12）．

[71] 张西征，刘志远．货币政策调整如何影响中国商业银行信贷资金分配？．财贸经济，2011（8）．

[72] 张旭韬，胡莹．银行业市场集中度、竞争程度与货币政策传导．山西财经大学学报，2010（12）．

[73] 张娅，任婕柠．信贷政策与企业资本结构．山西财经大学学报，

2012 (10).

[74] 郑国英. 关系型融资对货币政策传导的影响效应探析. 数量经济技术经济研究, 2007 (7).

[75] 郑军, 林钟高, 彭琳. 货币政策、内部控制质量与债务融资成本. 当代财经, 2013 (9).

[76] 周小川. 研究和完善货币政策传导机制需要关注的几个问题. 金融时报, 2004-04-11.

[77] 朱新蓉, 李虹含. 货币政策传导的企业资产负债表渠道有效吗?. 金融研究, 2013 (10).

[78] Adams, R. M., Amel, D. F.. The Effects of Local Banking Market Structure on the Bank-Lending Channel of Monetary Policy. *Finance and Economics Discussion Series*, 2005.

[79] Alencar, L. S., Nakane, M. I.. Bank Competition, Agency Costs, and the Performance of the Monetary Policy. *Banco Central do Brasil Working Paper*, 2004, 81.

[80] Allen, F., Qian, J., Qian, M.. Law, Finance and Economic Growth in China. *Journal of Financial Economics*, 2005, 77 (1).

[81] Altunbas, Y., Gambacorta, L., Marqués, D.. Securitisation and The bank Lending Channel. *European Economic Review*, 2009 (53).

[82] Angelopoulou, E., Gibson, H. D.. The Balance Sheet Channel of Monetary Policy Transmission: Evidence from the UK, *Bank of Greece Working Paper*, 2007.

[83] Arellano, M., Bover, O.. Another Look at the Instrumental Variable Estimation of Error-Components Models, *Journal of Econometrics*, 1995.

[84] Arena, M., Reinhart, C., Vázquez, F.. The Lending Channel in Emerging Economies: Are Foreign Banks Different?, *NBER Working Papers*, 2006.

[85] Ashcraft, A. B.. New Evidence on the Lending Channel, *Journal of Money, Credit and Banking*, 2006 (38).

[86] Atanasova, Christina. V.. Wilson, Nicholas., Bank Borrowing Constraints and the Demand for Trade Credit: Evidence from Panel Data. *The Economics of Credit Management*, 2003, 24 (6/7).

[87] Aysun, U., Hepp, R.. Securitization and the Balance Sheet Channel of Monetary Transmission, *Journal of Banking & Finance*, 2011 (35).

[88] Baglioni, A.. Monetary Policy Transmission under Different Banking Structures: The Role of Capital and Heterogeneity, *International Review of Economics and Finance*, 2007 (16).

[89] Baker, M., Wurgler, J.. Market Timing and Capital Structure. *Journal of Finance*, 2002 (57).

[90] Berger, A., Udell, G.. Small Business Credit Availability and Relationship Lending, *Economic Journal*, 2002 (112).

[91] Bernanke, B. S., Gertler, M.. Inside the Black Box: The Credit Channel of Monetary Policy Transmission, *The Journal of Economic Perspectives*, 1995, 9 (4).

[92] Bernanke, B. S., Blinder, A. S.. Credit, Money, and Aggregate Demand, *The American Economic Review*, 1988, 78 (2).

[93] Bhaumik, S. K., Majumdar, S.. The Impact of Monetary Policy on Corporate Borrowing in India: An Empirical Investigation, *Money and Finance*, 2007, (9).

[94] Black, L. K., Hancock, D., Passmore, W.. The Bank Lending Channel of Monetary Policy and Its Effect on Mortgage Lending, *FEDS Working Paper*, 2010.

[95] Bluedorn, J. C., Bowdler, C., Koch, C. Heterogeneous Bank Lending Responses to Monetary Policy: New Evidence from a Real-time Identification. *Working Paper*, *Federal Reserve Bank of Dallas*, 2014.

[96] Blundell, R., S., Bond.. Initial Conditions and Moment Restrictions in Dynamic Panel Data Models, *Journal of Econometrics*, 1998 (87).

[97] Booth, L., Aivazian, A., Demirguc-Kunt and V. Maksimovic. Capital

Structures in Developing Countries, *The Journal of Finance*, 2001, 56 (1) .

[98] Brissimis, S. N. , Delis, M. D.. Bank Heterogeneity and Monetary Policy Transmission, *ECB Working papers*, 2010.

[99] Brooks, P.. The Bank Lending Channel of Monetary Transmission: Does It Work in Turkey? *IMF Working Paper*, No. 07/272, 2007.

[100] Bryson, T.. Firm Investment and Monetary Transmission in Jamaica: An Investigation of the Balance Sheet Channel with Micro-Level Firm Data, *Bank of Jamaica Working Paper*, 2009.

[101] Burkart, M. , Ellingsen, T.. In-kind Finance: a Theory of Trade Credit. *American Economic Review*, 2004, 94 (3) .

[102] Butzen, P. , Fuss, C. , Vermeulen, P.. The Interest Rate and Credit Channels in Belgium: An Investigation with Micro-level Firm Data, *ECB Working Paper*, No. 107, 2001.

[103] Byoun, S.. How and When Do Firms Adjust Their Capital Structures toward Targets? *Journal of Finance*, 2008, (63) .

[104] Cava, G. L.. Financial Constraints, the User Cost of Capital and Corporate Investment in Australia, *RBA Research Discussion Paper*, 2005.

[105] Cetorelli, N. , Goldberg, L. S.. Banking Globalization, Monetary Transmission, and the Lending Channel, *NBER Working Paper*, No. 14101, 2008.

[106] Chatelain, J. B. , Generale, A. , Hernando, I. , et al. New Findings on Firm Investment and Monetary Transmission in the Euro Area, *Oxford Review of Economic Policy*, 2003 (a), 19 (1) .

[107] Chatelain, J. B. , Ehrmann, M. , Generale, A.. Monetary Policy Transmission in the Euro Area: New Evidence from Micro Data on Firms and Banks, *Journal of the European Economic Association*, 2003 (b), 1 (2-3) .

[108] Chatelain, J. B. , Generale, A. , Hernando, I.. Firm Investment and Monetary Policy Transmission in the Euro Area, *Monetary policy transmission in the euro area*, 2003 (c) .

[109] Choi, W. G., Kim, Y.. Trade Credit and the Effect of Macro-Financial Shocks: Evidence from U. S. Panel Data, *Journal of Financial and Quantitative Analysis*, 2005, (40).

[110] Cleary, S.. The Relationship between Firm Investment and Financial Status. *Journal of Finance*, 1999, 54 (2).

[111] Cook, D. O., Tang, T.. Macroeconomic Conditions and Capital Structure Adjustment Speed. *Journal of Corporate Finance*, 2010, 16 (1).

[112] Chirinko, R., Fazzari, S., Meyer, A.. How Responsive is Business Capital Formation to its User Cost? An Exploration with Micro Data. *Journal of Public Economics*, 1999, (74).

[113] Cull, R., Xu, L. C., Zhu, T.. Formal Finance and Trade Credit During China's Transition. *Journal of Finance Intermediation*, 2009, (18).

[114] Cunat, V.. Trade Credit: Suppliers as Debt Collectors and Insurance Providers. *Discussion paper of financial markets Group*, *London School of Economics*, No. 365, Nov. 2007.

[115] Dedola, L., Lippi, F.. The Monetary Transmission Mechanism: Evidence from the Industries of Five OECD Countries. *European Economic Review*, 2005, 49 (6).

[116] D'Espallier, B., Vandemaele, S., Peeters, L.. Corporate Investments and Financing Constraints: Unraveling Investment-Cash Flow Sensitivities, *Review of Business and Economics*, 2009, (4).

[117] De Blasio, G.. Does Trade Credit Substitute for Bank Credit? Evidence from Firm-Level Data, *International Monetary Fund Working Paper*, 2003.

[118] Ehrmann, M., Firm Size and Monetary Policy Transmission: Evidence from German Business Survey Data. *European Central Bank Working Paper*, No. 21, Frankfurt, 2000.

[119] Fischer, E., Heinkel, R., Zechner, J.. Dynamic Capital Structure Choice: Theory and Tests. *Journal of Finance*, 1989, 44 (2).

［120］ Flannery, M. , Rangan, K. P.. Partial Adjustment toward Target Capital Structures. *Journal of Financial Economics*, 2006, (79) .

［121］ Freixas, X. , Rochet, J. C.. *Microeconomics of Banking.* MIT Press, 2008.

［122］ Gambacorta, L.. Inside the Bank Lending Channel, *European Economic Review*, 2005, 49.

［123］ Gambacorta, L. , Marques-Ibanez, D.. The Bank Lending Channel: Lessons from the Crisis, *Economic Policy*, 2011, 26 (66) .

［124］ Ge, Y. , J. Qiu.. Financial Development, Bank Discrimination and Trade Credit, *Journal of Banking and Finance.* 2007, (31) .

［125］ Ghosh, S.. Firm Characteristics, Financial Composition and Response to Monetary Policy: Evidence from Indian Data, *Journal of Indian Business Research*, 2010, 2 (4) .

［126］ Ghosh, S. , Sensarma, R.. Does Monetary Policy Matter for Corporate Governance? Firm-level Evidence for India, *Advances in Financial Economics*, 2004, (9) .

［127］ Guariglia, A. , Mateut, S.. Credit Channel, Trade Credit Channel, and Inventory Investment: Evidence from a Panel of UK Firms, *Journal of Banking &Finance*, 2006, (30) .

［128］ Guiso, L. , Kashyap, A. , Panetta, F. , Terlizzese, D.. Will a Common European Monetary Policy have Asymmetric Effects? *Federal Reserve Bank of Chicago Economic Perspectives.* 1999, 23 (4) .

［129］ Gunji, H. , Miura, K. , Yuan, Y.. Bank Competition and Monetary Policy. *Japan and the World Economy*, 2009, (1) .

［130］ Haan, L. D. , Sterken, E.. Capital Structure, Corporate Governance, and Monetary Policy: Firm-Level Evidence for the Euro Area, *WO Research Memoranda*, Netherlands Central Bank, 2000.

［131］ Hann, L. D. , Sterken, E.. Corporate Governance, Relationship Lending and Monetary Policy: Firm-Level Evidence for the Euro Area, *WO Research Memoranda*, Netherlands Central Bank, 2002.

[132] Hovakimian, A., Opler, T., Titman, S.. The Debt-Equity Choice: an Analysis of Issuing Firms [J]. *Journal of Financial and Quantitative Analysis*, 2001, (36).

[133] Jaffee, D., Russell, T.. Imperfect Information, Uncertainty, and Credit Rationing, *Quarterly Journal of Economics*, 1976, 90: 651-666.

[134] Jalilvand, A., Harris, R. S.. Corporate Behavior in Adjusting to Capital Structure and Dividend Targets: An Econometric Study. *Journal of Finance*, 1984, (39).

[135] Jiménez, G., Ongena, S., Peydró, J-L., Saurina, J.. Credit Supply: Identifying Balance-sheet Channels with Loan Applications and Granted Loans. *Working Paper*, 2010.

[136] Kaplan, S., Zingales, L.. Do Investment-Cash-Flow Sensitivities Provide Useful Measures of Financing Constraints?. *Quarterly Journal of Economics*, 1997, (112).

[137] Karim, Z., Ngah, W., Saini, W. A., Karim, B.. Bank Lending Channel of Monetary Policy: Dynamic Panel Data Evidence from Malaysia. *MPRA Paper*, 2010.

[138] Karim, Z.. Monetary Policy Effects on Investment Spending: A Firm-Level Study of Malaysia, *Studies in Economics and Finance*, 2012, 29 (4).

[139] Kashyap, A., Lamont, O., Stein, J.. Credit Conditions and the Cyclical Behavior of Inventories. *Quarterly Journal of Economics*. 1994, (109).

[140] Kashyap, A., Stein, J.. What do a Million Observations on Banks Say about the Transmission of Monetary Policy? *American Economic Review*, 2000, 90.

[141] Kashyap, A., Stein, J., Wilcox, D.. Monetary Policy and Credit Conditions: Evidence from the Composition of External Finance, *American Economic Review*, 1993, (83).

[142] Khwaja, A. I., Mian, A.. Tracing the Impact of Bank Liquidity Shocks: Evidence from an Emerging Market, *The American Economic Review*, 2008, 98 (4).

[143] Kiyotaki, N., Moore, J.. Credit Cycles, *Journal of Political Economy*,